建设知识型、技能型、创新型劳动者大军，弘扬劳模精神
和工匠精神，营造劳动光荣的社会风尚和精益求精的敬业风气。

——中国共产党第十九次全国代表大会报告

庆祝中国劳动关系学院建校 70 周年

庆祝中国劳动关系学院举办劳模本科教育 25 周年

中国劳模口述史

第 一 辑

CHINESE
MODEL WORKERS'
ORAL HISTORY

李 珂 编著

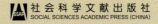

社会科学文献出版社

SOCIAL SCIENCES ACADEMIC PRESS (CHINA)

记忆劳模的新传统

——《中国劳模口述史（第一辑）》序

赵旭东[*]

最近，李珂博士拿来他刚刚编著好的《中国劳模口述史（第一辑）》一书请我作序，我也很荣幸有这个机会发表一下我对劳模群体研究的一点人类学的看法。李珂本人是在中国劳动关系学院工作，平常有很多机会接触到来自全国各地的劳动模范。之前，他曾在我的指导下完成了一篇有关乡村带头人的博士论文，所用的方法也是社会学、人类学的田野调查方法，而我之前也曾经跟他闲聊到，要密切关注对中国工人群体的研究，特别是对工人群体中有引领性和带动性的人群的研究。

实际上，在我看来，"劳模"乃是一种新文化传统的创造，它是对劳动价值的一种荣耀性的认可。在一个由资本完全支配的社会中，劳动就是一种人和金钱之间的交换，无所谓作为劳动突出者的那些劳模的存在与否。但在社会主义中国，我们重新创造出了荣誉性的劳模的价值，使之成为对所有劳动者具有引导性的价值预设，在这个意义上，劳模生活史不仅实实在在地存在，而且还会成为一种新的故事讲述类型。

劳动因此不再是资本盘剥下的一种剩余价值最为赤裸的体现，作为整体的工人群体也不再是异化劳动的典型性的代表。在一个时代所塑造起来的"比学赶帮超"的新文化价值氛围的影响之下，其中的出类拔萃者、其中的佼佼者，成为所有人学习的楷模和榜样，"榜样的力量是无穷的"，由此在社会主义的中国营造出了一种新的公共意识空间，即所谓的工厂的空间。这种公共性特别体现在彼此平等的地位认同的公共性上。人们在一段

---

[*] 赵旭东，博士、教授，中国人民大学人类学研究所所长，博士生导师。

时间里所强调的"以工厂为家"成为一种风气，而原来私有的"家"的观念得到了一种在新语境下的全新的拓展。在此种单位公共性的文化氛围之中，劳动者去掉了曾经影响他们生活的种种阶层意识，大家在观念上变得更为平等并会追求这种平等、享受这种平等，所有人都为一种"劳动最光荣"的价值观所引领，每个人都试图去认同的也是此种价值观而非其他。此时，劳动者的劳动不再是一种纯粹的谋生工具，而是借此能获得一种社会认可的新文化资本。

借助一种劳动的观念，人们彼此形成一种共同体意识。这是一种新传统的营造，是社会主义制度优越性最为真实的表现。可以想见，在每一个劳模的身上，实际上都凝缩着这种新传统的影子，他们不是以纯粹个体的发明家、财富的独自占有者、资本的暴发户以及某某专利的实际拥有者而著称于世，他们不过就是最为普通工人群体中的一员，他们会因为自己的一技之长，因为技术上的某一次发明改进，或者仅仅是因为兢兢业业的辛苦努力而获得其应有的社会认可，这同时也是社会对他们的贡献的一种确认，由此而获得一种"劳模"的称号，形成引导社会前行的动力来源。显然，纯粹为自己的人，容易形成行动上的低欲望者，而为他人的人，则会表现出一种强劲的在行动上的驱动力。在这一点上，劳模显然是为他人的人，显然是一种通过服务并贡献他人而成就自己的人。这在本质上是一种社会主义的分享、共享理念的具体体现。而这个新传统的保持和维护，才可谓是真正实现一种社会价值取向而非个体价值取向的价值观的核心。

劳模是中国社会发展中的一个特殊群体，也是社会主义中国社会中新精英群体的一个重要组成部分。如何能够通过细致深入的实地研究，描述他们的行为特征，解释他们作为一个群体的存在价值，并为这个群体的未来发展给出一种恰如其分的且有着时代特征的表达，这对于当下工人群体的研究者而言，仍旧是一个带有极大挑战性的研究课题。希望李珂博士编著的这本书的出版，能够真正带动这一领域有一个新的拓展。

二〇一七年十二月二十七日写于四书堂

目录

北疆"兵工车王"的精彩人生

——内蒙古北方重工业集团有限公司防务事业部车工郑贵有的故事

人物小传

郑贵有 男，汉族，1971 年 9 月出生，中共党员。内蒙古北方重工业集团有限公司防务事业部高级技师、中国兵器首席技师、国家级技能大师工作室负责人、中华技能大奖获得者、全国劳动模范、内蒙古自治区第十次党代会代表、内蒙古自治区总工会兼职副主席。先后荣获包头市、内蒙古自治区、兵器工业集团、全国技术能手等荣誉称号，并享受国务院政府特殊津贴。25 年来，郑贵有进行的科研试制、技术攻关和技术革新达 80 余项，为公司节创价值达 1000 余万元。

一　我的北方我的家

父亲的这一次经历，在我的心中埋下了兵工人恪尽职守与敢于担当的深刻记忆。困难本身不可怕，勇于面对困难才是难能可贵的。

我的工作单位是内蒙古北方重工业集团有限公司（简称北重集团），坐落在祖国美丽的北部边陲"草原钢城""稀土之都"——包头市。北重集团始建于1954年，是国家"一五"期间156个重点项目之一，隶属于中国兵器工业集团公司；是国家重要的火炮研发生产基地，国家高强韧炮钢研发生产基地，中国矿用汽车研发生产基地。公司占地面积320平方公里，资产总额150亿元，从业人员约12000人，有各类高精尖设备9300余台（套）。经过60多年的发展，公司已具备特种钢冶炼、铸锻造、热处理、机械加工和总装调试等生产能力。近年来，公司始终坚持服务国家国防安全和国民经济发展两大使命，军民融合发展，形成了防务装备产品、特种钢及延伸产品、矿用车等工程机械三大核心业务，为国家和国民经济建设做出了重要贡献。

我的籍贯是河北省怀安县，1956年父母为支援北部边疆建设来到内蒙古包头市，参加兴建昆都仑水库；大坝修完，正赶上包头兵工厂招工，1958年父亲进入国营内蒙古第二机械制造总厂（也就是现在改制后的内蒙古北方重工业集团有限公司）。当时的国营内蒙古第二机械制造总厂是亚洲最大的火炮厂，是共和国第一门大炮诞生的地方。父亲在厂运输处汽车队当了一名汽车司机，母亲在厂基建处工程队当了一名抹灰工，可以说我是真正的"兵二代"。

我有一个既好记又普通的小名——"包青"，从字面就可以理解，我是在包头市青山区出生的。家里兄弟姊妹3人，有哥哥、姐姐，我排行老小。入职25年来，我能够从一名学徒工成长为一名全国劳模，父母对我的影响非常大。虽然父母的文化程度都不高，但是他们在工作、生活中那种敬业、踏实、本分、执着、敢担当、讲奉献的精神，从小就深深地影响了我。父亲也曾经是工厂多年的先进工作者、岗位标兵。记得小时候在家里曾经看到过，柜子里有很多大大小小红色的荣誉证书和奖章。印象当中父亲工作特别忙，可能是当司机的缘故，经常出差，有时半夜才回来，让母亲很是担心。

父亲开了一辈子汽车，不管是开货车还是开轿车，从没出过事故，他不仅会开车还会修理。父亲的动手能力非常强，家里用的好多东西都是他自己做的，如手动钻、钩针、小板凳……包括家里的梁房都是父亲自己盖的，让我很是崇拜。记得 1986 年夏天，15 岁的我正在上初中一年级，父亲去四川重庆铁马集团接重型卡车。"蜀道难，难于上青天"，返程时父亲冒着风雨驾车行驶，一路盘山路、一路维修车。那时通信也不方便，父亲想尽一切办法，克服一切困难，历时两个多月将车接回来了。与父亲同行的小伙子，因害怕山路艰险，悄悄地买火车票自行返回了。可我的父亲硬是咬牙坚持，一路历经艰险，将车开到北京，兜里仅剩 7 元钱。此次行程有两个多月的时间，我正处在快速生长期，父亲为我买的裤子我穿上以后已成了九分裤。父亲的这一次经历，在我的心中埋下了兵工人恪尽职守与敢于担当的深刻记忆。困难本身不可怕，勇于面对困难才是难能可贵的。

母亲是厂基建处工程队的一名抹灰工，工作很累、很辛苦，按常理说这种重体力活应该是男人干的，但是当时家境不好，就父亲一人工作，孩子又多，为了家里的生计，母亲也是迫不得已。那个时候土建盖楼，地基都需要人工去挖，工程队时不时还会分给母亲一些土建挖沟的重体力任务。记得在我上初中的时候，一放学就会跟哥哥跑去工地帮妈妈挖沟，虽然当时很苦很累，手上也磨起了水泡，但全家人心里是快乐的，现在回想起来蛮幸福的。直到现在，每当我出远门时，母亲都会在我临行前，给我包上一顿热气腾腾的饺子，她说这样吉利，可以保平安回家。

哥哥是北重集团服务保障事业部的一名业务员，姐姐在原北重集团蓝羚自行车厂当喷塑工，现已退休。哥哥特别有兄长的样儿，孝顺、顾家、稳重、包容、体贴。姐姐细心、踏实、能干，特别会过日子。

我和我爱人经过两年多的恋爱，于 1999 年 12 月 25 日结婚。结婚以后妻子一直在外面打工，也没有固定的工作。那时我的工作特别忙，基本上是早 8 晚 10，周六、周日还得加班。虽然妻子有怨言，但还是很支持我的工作，家里的事务基本上都靠她。2016 年初我来中国劳动关系学院上学，妻子就放弃了原来的工作，专职在家陪孩子读书，帮儿子度过"中考"这个人生关键时期。很庆幸努力没有白费，孩子也很争气，顺利考上了理想的重点高中——北重三中。

这就是我从小生长的环境，一个普通的边疆兵工家庭。

二 技工之路

当我进入高大、整洁的机械加工厂房，面对一台台高速旋转的机床时，我的两只眼睛就有些不够用了。一切都是那么新鲜，一切都是那么深奥。我听见自己的心在怦怦地跳，和着机床的旋转共同律动着、飞旋着……

走近"四大金刚"

在我很小的时候，父亲就常常跟我讲工厂里他看到的、听到的事，说机加车间八级工匠有多牛、有多吃香，多么有优越感，并告诉我长大后多学点技术、学门手艺，将来能自立、能养家糊口，因此我从小就有了这个念头，初中毕业后义无反顾地选择就读北重集团技工学校车工专业。当时包头市技校很多，以我的成绩考比较热门的电力技校、城建技校、铁路技校，都没有问题。

经过3年的刻苦学习，1992年9月我从北重技校车工专业毕业，按照进入企业工作的规定，进厂时，需按照个人考试成绩排名顺序挑选工作单位。当时，我所在的89级车工班共有40人（男生22人、女生18人），我考试成绩位列全班第三名。当年，所有毕业生的技术等级是四级工，学校为了鼓励学生学好技术，每个班有15%的名额可以晋升技术等级。结果，我与其他5名同学享受到了五级副的晋级待遇，进厂工资要比别的同学高出7元钱，高出月工资的1/8，我感到极大的满足和骄傲。拥有这样一个优秀成绩，我完全可以挑选一个理想的好单位。按照年轻人的认识，好单位的标准就是工作环境好、单位效益好，而科研军品单位当然是首选。但是，我却偏偏选择了机电公司（原来叫机械处，1998年改制后叫机电公司），一个北重集团下属的民品子公司，主要承担北重集团内部设备的大修任务，以承揽国内外非标冶金成套设备加工为主业。由产品的性质所决定，常常是一边生产一边研发，对一线工人的技术能力更是巨大的考验。

这里的技术工人，要比干通用件、标准件岗位的工人见识多、成长快。上初中时经常从同学母亲那里了解到（同学母亲是机电公司的一名工程师），在机电公司有赫赫有名的车工"四大金刚"，他们大都是自治区、包头市、北重集团技术比武的冠、亚、季军。正是了解到这些信息，我才义无反顾地选择了机械处。

当我进入高大、整洁的机械加工厂房，面对一台台高速旋转的机床时，我的两只眼睛就有些不够用了。一切都是那么新鲜，一切都是那么深奥。我听见自己的心在怦怦地跳，和着机床的旋转共同律动着、飞旋着……

进厂一周后，了解到我的河北老乡李凤英是被称为机电公司车工"四大金刚"的杨学忠、芦文利、赵新生、张耀辉4人的师傅，是师爷级的人物，他的细长杆加工技术在当时包头市工业企业中是数一数二的，人送雅号"金箍棒"车王。据说，李老因当年干出规格为外圆30毫米、长度为6.3米的细长丝杆，一次得到了5000元的奖励。那时候这个数额足可以买套房子了。我在工作及业余时间经常跟他套近乎，每一次都收获不少。其实我的真正师傅是芦文利，他也是我初中同学的母亲推荐的。芦文利脾气非常倔，爱钻技术，车间人送外号"芦老邪"，干活经常不按常理出牌，但结果确实让领导非常满意，其实放在现在那就是技术创新。

最年轻的车工班长

在学徒期间，我将别人娱乐休闲的时间用在了对知识的追求上，涉猎了《车工工艺学》《金属切削理论》《刀具切削与刃磨》《一般复杂工件加工方法》等专业书籍。实际操作方面我不耻下问，虚心向老师傅、工友们学习、请教，不断提高自己的技艺。从工件的装夹、刀具的刃磨到切削参数的选用，经对比后进行实践，果真起到了事半功倍的效果。俗话说，要干好车工，靠的是"三分手艺、七分刀具"。一开始看到别的师傅刀具磨得好，也不好意思问，等下班后，便偷偷地看，试着磨。其实这偷艺还真有点让人脸红。入厂仅三个月，师傅因事办理了停薪留职手续，我提前破格出徒独立操作设备了。由于机电公司多是承担全厂的设备大修任务，工件精度高，对工人的技术要求也非常高，取得好的成绩是非常不容易的。曾有老师傅说过，要想在机电公司什么活都能干、都会干、都能拿下来，没有个五六年的锻炼是干不出来的。

在实际工作中，多看、多想、多问、勤动手，成为我的座右铭。在工作中，别人不愿干的活我干，别人不愿钻的技术我钻，别人不愿放弃的业余时间我放弃，只有这样你才能比同龄人进步得快、成长得快，并能得到领导的认可。

1995年10月，北重集团热加生产线上的关键设备2000吨水压机需要大修，连接横梁和底座的M42mm的螺栓需要更换，时间紧，任务量非常大。为此，我所在的车间领导安排了13台C620型车床同时加工此螺栓。当时，我们的老班长因意外去世，车间主任孙田忠、副主任陈树清临时研究决定，要以此次螺栓任务为契机，开展技术比武，谁干得又快又好，谁就当班长。大家都跃跃欲试，早早地到库房领料。我拿到材料，感觉厂房格外安静，只有机器转动的声音。我很快车出了外型，到了最关键的工序：挑螺纹。挑螺纹最关键的是需要快速退刀在同一地方。我每次在四分之一圈处便屏气凝神，凭感觉退刀，每一次都恰到好处。经过紧张的3个小时的测试，最终，我干的螺栓最多、质量最好，以车间第一名的成绩当选为车工班班长，成为当时工厂里最年轻的车工班班长，这在上万人的大厂还真是一个新的纪录。

工匠精神

面对企业的快速发展，我也深感自身知识的贫乏，在繁忙的工作之余，学习理论知识和实操练习，广泛汲取各方面的知识，不断提高自己的理论知识，以理论指导实践。从简单的轴类零件加工到螺纹加工，从壁薄零件加工到丝杠、曲轴加工等，不断学习实践。在实际工作中，遇到技术难题，就动脑筋、想办法，并及时向有经验的老师傅、同事请教，解决了车床上一个个技术难题，如在车床上利用增大螺距拉键槽、采用无夹力装夹加工壁薄套筒、利用车用夹具车削曲轴等高难度零件。

过去在机械加工行业流传着一句顺口溜："紧车工，慢钳工，溜溜达达是电工。"虽然有些片面，但的确说明车工这个岗位非常辛苦，又脏又累，劳动强度大，技术要求又高，工资待遇却不高（我们技校89级车工班坚持干老本行的，由当初毕业的40人到现在仅剩3人坚持在车工岗位上）。从1995年我带徒弟开始到现在，已带出20多个徒弟，但坚持下来的却不多。辛苦而不富有，是中国当代产业工人的真实写照。

工作中的"勤学、勤问、勤想、勤练"四勤原则，为我今后的技术比武储备了良好的理论知识和扎实的操作技能。从1995年至2006年，我代表车间、子公司、北重集团、包头市、内蒙古自治区、兵器工业集团参加各类职业技能大赛，均取得了较好的成绩。

1995年，首次参加北重集团"跨世纪杯"青工大赛，获得车工组第二名。

1996年，代表北重集团参加内蒙古自治区职业技能大赛，获得车工组第三名。

2000年，参加北重集团中青工技能比武，获得车工组第一名，并取得高级工资格。

2003年，参加北重集团职业"精英赛"，获得车工组第一名。

2004年，在中国兵器工业集团公司职业技能大赛中荣获车工组第一名，同年获机电公司"成员单位级关键技能带头人"称号。

2006年，参加兵器集团职工职业技能大赛，获得车铣复合加工第八名，并获得"兵器集团技术能手"称号。同年参加内蒙古自治区职工职业技能大赛，获得车工组第一名，并获得"自治区技术能手"称号，取得了高级技师资格。

在求知、求艺，探索前行的路上，没有捷径可走。在经历一次次挫折后，跃起身子，顽强向前，催生着更新、更强、更旺的技术技能和生命活力。追求职业技能的极致化，对工作耐心专业、执着坚守，对产品精雕细琢、精益求精，这就是"工匠精神"。

从2008年起，我积极发挥关键技能带头人的引领示范作用，从"运动员"变为"教练员"，并在公司积极开展留住"大工匠"技艺的传承活动，通过技术讲座、经验交流、现场指导等方式，面对面地向工友们传授操作技巧和经验，为北重集团高技能人才培养做出了自己的贡献。

2013年4月，我获聘首批"中国兵器首席技师"。集团公司领导为了让我发挥更大的引领示范作用，将我从机电工具公司调到液压机械厂（现在的防务事业部），负责科研军品攻关及技能大师工作室的运行。

2015年4月28日，我在北京人民大会堂参加庆祝"五一"国际劳动节暨表彰全国劳动模范和先进工作者大会，被授予"全国劳动模范"荣誉称号，受到党中央、国务院的表彰。

2016年3月，在各级党委、领导的关心、支持下，我带着北重集团领导的嘱咐和工友们的祝愿，带着亲人的眷恋和期望，怀揣大学梦走进培育专业型工会干部的摇篮——中国劳动关系学院劳模本科班，进行学制四年（脱产两年、在岗定期返校两年）的社会工作专业学习。能够实现儿时的梦想，走进梦寐以求的大学校园，我从心底里珍惜这次难得的学习机会，并把大学校园作为提升自我修养、提高理论水平的神圣殿堂。由于我做人低调踏实，赢得了同学们的信任，我被选为2016级劳模本科班班长。

2016年12月8日，第十三届高技能人才表彰大会在北京举行，我很荣幸地获得了"中华技能大奖"，并在中南海接受了党和国家领导人的亲切接见。中华技能大奖是原劳动部从1995年开始，会同46个行业主管部门，对在技能方面有突出贡献的高技能工人进行奖励而设立的奖项，这也是国家对技术工人技术、技能的最高奖励。迄今为止，全国共评出230人。有人比喻，能评上这个奖的，可以说是工人里的"院士"。作为一名从事装备制造业的一线技术工人，能获此殊荣，我备感光荣和自豪。

"拼命三郎"的绝技

在单位，我有个绰号——"拼命三郎"。工友们都说我干起活来就像拼命三郎，从不惜力。但身高一米八三的我，也有扛不住的时候。记得是2003年9月，机电公司承担本部锻造公司350支出口马来西亚火车轴的加工任务。由于任务重、工期短，车工班采取人停机不停的两大班生产作业，作为一名班长、一名党员，我要以车间生产任务为重，带头主动上大夜班，连续奋战18天，最终高效、保质保量地完成了任务，为装配赢得了时间，但由于劳累过度，发高烧住院治疗。

还有一次是在2006年7月，机电公司承担山东莱钢大H型钢连铸连轧项目，车工班承担近20个品种2000多件不锈钢管接头的加工任务，我带领全班成员连续奋战11天，每天加班到晚上10点，最后一天带领全班成员加班干到凌晨1点，最终保质保量地完成了任务，由于劳累发高烧住院治疗。

回忆起两次发高烧的经历，让我想起来都后怕。因为不明原因的持续一周高烧40度以上，让家人和同事非常担忧。每次经专家会诊后综合给出的病因，都是劳累过度，免疫力低下……这让我想到小时候的高烧，悄悄地埋在心里没有告诉母亲。

儿是母亲身上掉下的肉。老母亲每次见到我时，最多的嘱咐就是让我注意身体。母亲回忆说，我在4岁时，就不知什么原因，总是高烧不退，连续住了好几次医院，输了900多CC的血，而且每次住院时间都在两个月以上，一次医院甚至下了病危通知书。眼见得我一天天长大成人，身体竟然强壮了起来，母亲真是高兴极了。每每听到我一次次获得荣誉时，老母亲总是抹着眼泪念念不忘地说，我儿大难不死，必有后福……

2009年8月23日，时任国家副主席习近平来北重集团调研，我在三万六千吨黑色金属垂直挤压机厂房受到接见，与习主席的一次握手，让我终生难忘，感到非常荣幸。

作为一线高技能工人的代表，我参加了中共内蒙古自治区第九、第十次党代会。作为基层党代表，自己能够认真学习领会党的十九大报告精神及修改后的新党章，理解新时代的内涵，时刻牢记入党、入职时的初心，坚守共产党员底线，始终保持一颗爱岗敬业、刻苦耐劳的初心，充分发挥自己的技术专长，主动攻坚克难，创新干事。在北重集团开展的"党员创新工程"活动中，我将"技能攻关、技术创新和人才培养"作为党员创新登高的目标，争做"四优"共产党员。作为一名共产党员、劳动模范，我始终以组织关心为勉励，以荣誉称号为起点，在工作中任劳任怨，尽职尽责，用自己的实际行动回报组织。

有付出就会有收获。从2006年起，我先后被授予"自治区五一劳动奖章""自治区第二届技师、高级技师突出贡献奖""自治区劳动模范""自治区金牌工人""自治区优秀共产党员""兵器集团优秀共产党员""兵器集团技术能手""自治区技术能手""自治区草原英才""自治区北疆工匠""中国兵器首席技师""全国技术能手""全国劳动模范""中华技能大奖"等荣誉称号，并享受国务院政府特殊津贴。

为贯彻落实中央党的群团工作会议精神，增强工会组织的广泛性和代表性，2016年1月20日，在内蒙古自治区总工会十届三次全委会上，作为生产一线技术工人的代表，我荣幸地当选为内蒙古自治区总工会兼职副主席，成为自治区首位一线工人兼职副主席。

"郑氏切削法"

俗话说，车工怕车细杆，刨工怕刨薄板。细长轴类是车工加工中的难题，当工件长度与直径之比大于 25 时，称为细长杆。长径比值越大，加工难度越大。在日常的生产实践中，我潜心钻研，尤其是在长杆、轴类加工中，总结出一套科学、合理的加工方法，被工友们戏称为"郑氏切削法"，其技术要领是——

切削法其一：由于受切削力、自重和旋转时离心力等的作用，会产生弯曲和振动。因此，在加工过程中控制圆柱度形位公差和表面质量必须具有高超的技艺。在车削过程中，工件受切削热的影响，容易产生弯曲、竹节、菱形、腰鼓形和锥度等现象，车削就很难进行，因此在工件装夹上也非常讲究。

切削法其二：内应力是引起细长杆变形的主要因素，因此为防止和减小细长轴变形，除进行严格调质热处理，使之具有细化晶粒稳定组织外，还要在加工过程中合理地安排时效处理，以便消除切削过程中产生的内应力。同时，细长轴热处理后产生弯曲，校直后必须经过回火处理，以消除校直后产生的内应力。

切削法其三：细长杆在加工过程中，工件装卡具有一定技巧，如果两端卡紧，工件必然产生弯曲。所以在反向车削加工中，坚持运用科学方法，在细长杆与三爪之间增加一个钢丝环，使其具有柔性，起到调节方向的作用，减小细长轴原有的弯曲对车削的影响，或者在卡爪端车出一小段"缩颈"。

切削法其四：采用反向走刀车削细长杆。一般情况下，细长的物体受压容易弯曲，受拉不易弯曲。采用正向进给车削时，由于工件装夹在卡盘中，切削时产生的轴向分力指向主轴箱，使工件受压容易弯曲，而采用反向进给车削时，切削产生的轴向分力将工件拉向尾座，不易造成弯曲而减小了变形。细长轴加工过程中要随时掌握其受热伸长的情况，及时调整尾座顶尖的顶紧和放松程度，这个调整量以用大拇指和食指捏住转动顶尖，顶尖不转，工件转动，松手后，顶尖能继续随工件灵活转动为宜。

切削法其五：车削时必须时时注意调整跟刀架支撑爪，应先调整后支撑爪，调整时应综合运用手感、耳听、目测等方法控制支撑爪，使其轻轻接触工件，然后再调整上支撑爪，调整到上述同样感觉为止，跟刀架的支撑爪和工件接触压力不宜过大，如果压力过大会把工件车成"竹节形"，压力过小甚至没有接触，那就不能起到跟刀架的作用。

细长杆刚性差，加工刀具的角度、形状等也非常关键。径向切削力越小越好，尽量增大车刀主偏角。为减小切削力和切削热，应选择较大的前角，选择正刃倾角，使切削流向待加工表面，切削刃表面粗糙度要在Ba0.4以下，并要经常保持锋利。加工细长杆虽然加工难度大，但它有一定的规律可循，只要能合理使用跟刀架，掌握工件受热变形伸长的原理以及合理选择车刀的几何形状，问题就会迎刃而解。

创新，永远在路上

2007年7月中旬的一个星期天，我因手指受伤在家休息，本想好好地陪陪家人。11点多突然接到公司生产科科长王力新打来的电话，要求我立刻进厂指导并完成某科研水陆两用坦克推进器主齿轮轴的精加工。我放下电话，匆匆骑车赶往公司，当来到车间时，已有十多位公司领导、军代表、技术员、质检员、调度员、工人在等候。领导首先向我介绍主齿轮轴的精度及进度，要求我务必在下午3点前保质保量完成，否则会影响推进器的装配节点，甚至会影响水陆两用坦克的科研进度。我听后，来不及换上工衣就拿起图纸细细地琢磨起工艺技术参数来，现场制定了加工流程及切削参数。此产品的主要特点：产品尺寸精度、形位精度及表面粗糙度要求高，大端外径 $\phi263.2h9$，小端外径 $\phi16k6$，长度799mm，大小端外径相差较大，尤其是小端外径太细，容易产生弯曲变形。而技术要求加工出的产品同轴度为0.015mm，圆度公差为0.005mm，表面粗糙度为0.8，加工技术要求相当高，再加上此零件经过表面渗碳，两次淬火处理，原用的定位基准已经变形。我认真研究消化图纸，并采取四爪卡盘夹住大端尺寸，以大端分度圆直径找正，再用中心架架住中间定位基准外径，用自制刀具反复修小端中心孔直至保证大径、定位圆与两端中心孔同轴0.005mm，最后再进行精加工。我不顾手上的伤痛亲自上手，通过两个多小时的精心加工，最终圆满完成了任务，经检测精度完全符合技术要求，受到在场领导和军方的认可。但受伤的手指再次被感染，不得不再次去医院接受治疗。

2009年7月13日，经过3年多艰苦攻关，由内蒙古北方重工集团联合清华大学等单位研制的3.6万吨黑色金属垂直挤压机获得成功，这是目前世界上最大的黑色金属垂直挤压机。3.6万吨黑色金属垂直挤压机的研制成功，打破了国外技术垄断的窘境，填补了国内空白，实现了我国重型挤压技术的跨越发展，对国家经济建设产生了重要影响（仅大口径厚壁无缝钢管价格降低一项，每年就为国家节约采购资金50亿元）。为保证给3.6万吨黑色金属垂直挤压机正常工作提供高质量的模具，北重集团专门订购了八米数控立车为其护航，修复挤压筒模具和墩粗筒模具。由于订购时没有考虑到小直径内孔的加工，致使数控刀架X轴光栅尺短500mm，小于 $\phi900mm$ 的内孔均无法加工，而在实际加工挤压模座450模具时，内孔只有450mm，并且台阶孔处有110°锥面和120°±0.05°锥面。用普通刀架虽然能加工内孔，但刀架搬角度的范围是 −15°~30°，两个锥面均无法加工。如外委加工，一是费用大，二是保不了工期。公司领导找我，让我限期攻关解决。我经过仔细琢磨后，决定在数控刀架的右侧安装自制偏刀杆，使装刀的位置向工件的中心偏移230mm，通过三角函数计算出刀杆伸出长度不大于275mm，再通过编程最终实现110°锥面和120°±0.05°锥面的加工。在后续生产中，利用此刀杆又实现了挤压模座620和850系列模具的加工，产生了很好的经济效益。此建议获北重集团2011年优秀合理化建议二等奖。

2012 年底，已运行多年的 3.6 万吨黑色金属垂直挤压机的主油缸在维修时需要进行机械加工。此次维修加工难度之大、技术之复杂，在北重集团机加制造史上前所未有。经过慎重论证，项目维修指挥部做出了维修方案。同时为配合维修，北重集团前期拨专款近一千万元购进一台专用设备。当领导把这个艰巨的主油缸机加维修任务交给我时，我一时犹豫了……

此次维修的油缸高 3.4 米，重 23 吨，技术要求是：表面粗糙度 Ra0.4，圆度、圆柱度 0.06mm，两人多高又这么重的一个大家伙，头重脚轻，如何把它请上床子是个大难题。怎么装夹固定，怎么吊装，用什么刀具，我琢磨了好几天。如何把油缸固定卡紧，如何确保油缸内孔加工的同轴度、直线度技术要求，面对主油缸这一庞然大物，我当时心里直打鼓，这大家伙从来没见过也没干过，一是油缸体积太大，二是油缸外径中部有一个缠绕的工序，缠绕完之后随着加工工序的行进，内孔随之可能发生微妙的变形，三是油缸加工到一半时需要掉头接刀干，掉头接刀是个难点，需要不停地找正，且精准度要求特别高。面对这个难题，我仔细思考加工过程中每个环节可能会遇到的问题。白天在单位冥思苦想方案，晚上在家挑灯夜战苦学，有时在梦境中都会出现思考的问题。

最终确定的加工流程是：粗车—缠绕—半精车—磨削—精整加工，同时，采用设计特殊卡具增加稳定性，减少刀具径向切削力，双向分段加工方法。经过前前后后两个多月的鏖战，这个庞然大物终于被我雕琢成图纸上的形状。经检测，各项尺寸均符合要求，圆度、圆柱度保证在 0.04mm 以内，节省外委加工资金 62 万元。

三年后的 2015 年 6 月，北重集团特种钢管分公司大修设备时拆开这个主油缸，仍然完好无损。这在北重集团机械加工史上可谓浓墨重彩的一笔。

2015 年 1 月 15 日，以我名字命名的"郑贵有超大口径重载液压缸缸体加工法"被编入《中国兵器工业集团公司创新竞赛成果荟萃》一书。我自己还撰写了《超大口径重载液压缸缸体加工技术》论文，并获 2015 年度内蒙古北方重工集团学术论文二等奖。创新成果"超大口径重载液压缸缸体加工技术"获 2016 年内蒙古自治区职工优秀技术创新成果二等奖。

2012 年腊月二十九，由于前期北重集团特种钢管分公司生产任务非常繁重，机器长时间超负荷使用，导致 360—900 型号挤压筒模具磨损严重，无法正常使用，严重影响到后续厚壁管的顺利产出，延误了生产任务，会影响后续产品订单。任务紧急，我主动请战，克服人员不足的困难，在没有工艺技术支撑的情况下，边干边琢磨，为了顺利完成这个高精度零件的加工，我从腊月二十九一早坚持干到深夜，从大年初一到初七连续加班，中间只休息了半天时间，家人无奈地说："贵有的熬年太特别了……"伴着震耳欲聋的迎春鞭炮声，我一个人在空荡荡的车间操控八米数控立车，顺利地完成了需要两人才能完成的 360—900 型号挤压筒的修复任务。

2015 年我承担了某型号科研小口径多管自行高炮关重件的攻关任务。炮尾体是该项目中的关键零件之一，零件结构复杂、精度高，加工周期长、加工及检测困难，为确保零件的质量和进度要求，集团公司副总经理芦正伟亲自指派我来承担炮尾体的车削及夹具的设计制作攻关任务。由于单位生产任务非常繁重，而我操作的设备又承担着集团公司多个主产品关重件的生产任务，无法再排产科研长线件炮尾体的加工。根据集团公司生产制造部的指令，利用外部社会资源在包头市智丰机械制造有限责任公司租赁了一台 CK6180C 卧式数控车床，并临时借调我来承担炮尾体的加工任务。

针对转管炮尾药室位置精度及尺寸精度要求高的特点，我重新编制相应的工艺，设计制作专用偏心工装夹具并配置平衡块，利用两销一面定位及轴向压紧的方式与炮尾体进行连接，加工中针对淬火马氏体时效超高强度钢材料，合理选用加长整体硬质合金刀杆，优化切削及刀具参数等措施，历时两个多月，圆满完成炮尾体轴向横截面6个均布药室、闭锁齿槽、药室前端面处与身管尾锥配合锥孔及环形密封槽、轴承滚道等精密加工任务。此项目获2015年度北重集团企业技术进步一等奖，并在2016年11月获中华全国总工会职工创新补助资金20万元。

心有多大，舞台就有多大

推进中国兵工事业的发展，我一个人的作用是有限的。只有通过平台教出、推出一批人，一批带一批，不断壮大北重集团技能人才队伍，实现构筑"金字塔"形技术、技能人才队伍的目标，才能提升企业核心竞争力。

这个心愿终于在一个硕果累累的季节里实现了。

2013年8月28日，在北重集团会议中心，中国兵器工业集团公司"国家级技能大师工作室命名揭牌仪式"隆重举行。来自人力资源和社会保障部、国有资产监督管理委员会、国家外国专家局、中国兵器工业集团公司、内蒙古自治区、包头市等部门的领导代表，对北重集团以国家技能大师工作室为依托，实施技术引领和高技能人才培养，尤其是对我的成长、成才给予了充分的肯定和褒奖。尊重技能、尊重人才、尊重创新，成为大会内外的传播主题。

在正式揭牌仪式前的2012年，以我名字命名的"郑贵有国家级技能大师工作室"，在原劳模创新工作室的基础上就已正式注册成立。同年8月，正式通过了内蒙古自治区人社厅申报，并报国家人力资源和社会保障部审批核准，成为国家级150个技能大师工作室之一。

"郑贵有国家级技能大师工作室"设在北重集团防务事业部402新大件车间，工作室使用面积达200多平方米，拥有成果展览室、团队办公室、团队交流吧、劳模讲堂等，工作室拥有核心成员13名，其中兵器首席技师1人，高级技师3人，技师3人，研究员级高级工程师2人，工程师2人，团队成员平均年龄43岁，是一支结构合理、充满朝气活力的高技能人才团队。工作室日常管理严格，管理考核制度健全，凸显了明确的工作目标、工作定位，即开展重点技能攻关、加强技能创新研究、加强专业人才培养、实施技能学习交流。

《国家中长期人才发展规划纲要（2010—2020年）》中提到，适应走新型工业化道路和产业结构优化升级的要求，以提升职业素质和职业技能为核心，以技师和高级技师为重点，形成一支门类齐全、技艺精湛的高技能人才队伍。

按照这个思路，工作室采取"松散式管理，集中式攻关"的活动办法，把课题分解落实到个人，自行研究，每月定期活动一次，集中攻关解决难题。近几年，正值北重集团产品转型升级的关键时期，军民品科研任务非常繁重。工作室紧紧抓住这一有利契机，以创新为突破口，积极在科技攻关、技术创新和工艺改进上大力开展工作，参与了企业多项军民品重点项目的试制和加工任务，在生产中先后完成了多项军民品科研、360主油缸和大型模具及各类工装卡具、量具等关重件试制加工达80多项，为北重集团创造了近千万元的经济效益。其中国家发明专利1项，国家实用新型专利11项，申报专利3项，4项创新成果获自治区、兵器集团职工优秀创新成果奖，6项工艺攻关获北重集团企业技术进步奖；总结、提炼特色操作法13项；撰写论文11篇；提合理化建议及承诺改善560多

条，为公司节创经济价值达 657 余万元。4 年多来，创新团队先后举办了 15 期技能培训班、12 场高技能人才技艺现场演示会，向工友们传授高超技艺和绝技绝活，使 1000 多名技能人才受益。创新团队直接培养的 40 多名中青工，现在都已经成为车间生产骨干，多名成员成为公司关键技能带头人。

工作室发挥了拓展领域、传经送宝、培育新人的积极作用。在工作室培训的北重集团青工张涛参加 2013 年内蒙古自治区"振兴杯"青年职工技能大赛，荣获车工第 4 名，技术等级晋升为技师。工作室成员张艳敏参加内蒙古自治区职工职业技能大赛，获数控车工第 5 名。在工作室指导下的北重集团技校在校生付红在参加 2014 年内蒙古自治区中等职业技能比赛中，获车工第一名。2015 年团队成员孟长利，取得了内蒙古自治区职业技能比赛车工组第 3 名的好成绩。2013 年 8 月，我在中国兵器工业集团公司组织的"大师讲坛"活动中，主持了为期三天的技艺展示、技能交流活动，解答了从兵器系统征集汇总的 20 多项技术难题。由于工作室创新成绩突出、成果显著，2014 年 12 月，自治区总工会和包头市总工会命名郑贵有劳模创新工作室为"内蒙古自治区职工创新工作室"和"包头市劳模（职工）创新工作室"，2015 年 10 月工作室入选内蒙古自治区"草原英才"工程——高技能人才团队，2015 年 12 月工作室入选包头市"鹿城英才"工程——创新创业团队，2017 年 4 月工作室被包头市总工会授予"工人先锋号"荣誉称号。2017 年 11 月工作室被中华全国总工会命名为"全国示范性劳模和工匠人才创新工作室"。

其实，在我工作的 25 年当中，故事还有很多很多。身边工友经常问我："工作这么拼，工资也不高，你图个啥?"其实我当时也没怎么想，只是为尽快完成生产任务，多学点技术。现在回想，没有当年的打拼，也不可能有我今天的成就；多年的辛苦付出，终于有了回报。

作为自治区总工会兼职副主席，2016 年暑假期间我陪同自治区总工会及相关部门领导，先后到呼伦贝尔、乌海、赤峰等地，实际了解自治区钢铁、煤炭行业发展及运行情况，了解化解过剩产能过程中职工安置情况，形成一手实际材料，上报自治区党委，协助自治区党委、政府做好职工的安置工作，切实维护好职工和企业双方的合法权益。

三　迎接产业工人的春天

　　在这个关键时期提出的这个方案，我觉得非常有必要，也非常及时，让产业工人看到了"春天"，而产业工人自身也需要识变、应变、求变，提高自身素质，适应时代变化的要求。

　　上个世纪90年代以来，一线工人成了整个社会的弱势群体。中国社会科学院社会学研究所曾经做过"当代中国社会结构变迁研究"，把当代中国人划分为十大社会阶层，而产业工人阶层排在第八位。工作在一线的"70后"的我，这么多年来确实能感受到产业工人在社会上的尊重度、关注度在下降，不管在薪酬待遇上还是社会地位上，均处于劣势。而在社会观念上，这么多年来，社会对产业工人尤其是对一线技能工人的认知，就像一堵看不见的高墙，使得大部分年轻人不愿意走职业成长、技能成才之路。产业工人是企业经济发展的重要力量，是企业加快产品转型升级、推动技术创新、提高企业核心竞争力的中坚力量。我想不管是地方、国家还是整个社会，都要重视产业工人队伍建设，切实让一线劳动者活得体面、活得自信、活得精彩。

　　近几年确实有很多企业许以高薪，希望我加入，都被我婉言谢绝。实事求是地讲，我的思想确实有过波动，谁不想着去拿高薪，让家庭生活过得优越一些、富足一点？曾经也想过要放弃，觉得一辈子守着一台设备，每天起早贪黑，还这么脏、这么累，到底值不值。"就凭你的技术，到哪里都是顶尖的，挣钱还多。"同学鼓动我，看到身边的同学、工友们一个个都千方百计转行，有的转入管理岗、辅助岗，还有的下海经商，挣了很多钱，让我很是羡慕，那个时候曾经想过要放弃。即便是现在我的各项待遇提高了，跟我几个要好的同学还是没法比。但毕竟是北重集团培养了我这么多年，给了我这么多荣誉、这么多光环，人得学会知恩图报，我真是不舍得也不应该离开这个培育我的地方，我应该尽职尽责回报北重集团。我要心怀报恩之情，不辜负厚望，把我的知识和技能传授给同事，带领大家一起为打造阳光、开放、高效的现代化北重集团做出自己更多的贡献。

这几年随着国内经济增长进入"新常态"，以"工业4.0"为代表的智能化新技术的到来和"中国制造2025"的出台，都是为了提升我国制造业的核心竞争力，加快建设创新驱动的制造业强国。2017年2月6日上午，中央全面深化改革领导小组第三十二次会议审议通过了《新时期产业工人队伍建设改革方案》。技术工人是创新技术技能、创造社会财富的主要力量，在推动技术创新、经济发展和社会进步中发挥着基础性作用。为贯彻落实党的十八届五中全会提出的"提高技术工人待遇"的要求，鼓励辛勤劳动、诚实劳动和创

造性劳动，进一步增强生产服务一线技能岗位对劳动者的吸引力，扩大中等收入者比重。在这个关键时期提出的这个方案，我觉得非常有必要，也非常及时，让产业工人看到了"春天"，而产业工人自身也需要识变、应变、求变，提高自身素质，适应时代变化的要求。对于振兴国家装备制造业来讲，也具有里程碑式的深远的历史意义。党的十九大报告提出，"建设知识型、技能型、创新型劳动者大军，弘扬劳模精神和工匠精神，营造劳动光荣的社会风尚和精益求精的敬业风气"，这对我们产业工人提出了新要求，赋予了新使命。

四　北重人的金色梦想

迎着晨晖我看到：此刻的"北重人"在打造祖国北疆亮丽风景线的进程中，构筑起一条全新的前行之路、金色的梦想之路……

就目前状况而言，企业一线技能人才非常匮乏，必将严重影响到企业的可持续发展。为此，我将发挥自身的技术专长，借助"工作室"平台，培养企业急需的技能人才。今后我将在自主创新、技艺传承及协同创新等方面进一步努力。

继续发挥自身在车削技艺方面积累的专业技术优势，依托国家级技能大师工作室、全国示范性劳模和工匠人才创新工作室的平台，不断聚集车削方面的技能人才，提升对技能人才的培养能力，进一步创新和完善团队建设机制，为加快培育北重集团专业领域的专门技能人才提供有力支撑。

准确把握车削前沿技术发展趋势，利用近年多次参与重点科研军民品工程关键零部件加工和技术攻关积累的技术能力，进一步提升和拓展自身的车削加工技艺，积极参与企业技术创新建设，紧紧围绕生产中的制造瓶颈和难题，攻克关键产品和高难度产品的加工难点，每年要完成攻关项目不少于10项，提合理化建议及承诺改善不少于30项。

进一步总结提炼自身多年来通过技术创新实践，总结形成的加工技艺，针对一系列有代表性的工艺技术难题，对于刀具选用、工件装夹、工件测量、切削参数和设计工装等关键技术问题，形成、固化一批有效的操作方法，争取为公司在突破关键零部件加工技术难题方面，提供重要技术保障和经验借鉴。

进一步拓展车削加工技术，继续强化普通车床和数控车床在车削方面的能力相互结合、相互补充，最大限度地提升车削加工效率和攻关能力。

充分发挥"传、帮、带"作用，开展导师带徒，定人员、定计划、定目标，要以"传人以业，授人以法，授人以道"的标准来培养中青工，每年要至少培养5名以上青年技能骨干；定期开展大师讲坛活动，举办新工艺、新设备、新方法专题研讨，组织青年技能人才培训学习活动，组织成果推广应用和交流等活动，实现高技能和绝技绝活的代际传承。

以"技能创新突破"为抓手，开展先进工艺、特色操作法等的提炼和总结，积累创新成果，每年至少为公司完成5项创新成果的总结和申报，积极探索新技术、新工艺，努力形成一批有针对性的专有技术，积极争取国家专利技术申请，使北重集团在关键技术领域的技术实力得到进一步提升。

知识改变命运，劳动成就事业，技能改善生活。成功的人不是做了多少伟大的事，而是能把每一件平凡的小事都做好，人只要有理想、有追求，再把这份理想和追求付诸实际行动中，把工作当作自己毕生的事业去做，就一定会成功。

伴着星辉月光，我心中萌生了几行诗句，沉思许久，就用《技能圆梦》来表达我的心声——

铁甲轰鸣

深情捧出迷彩的诗行

一代兵工

励志镌刻创新的篇章

将劳动汗水

洒进这共和国的基石

让技能之光

永远笑迎东升的太阳

用我平凡劳动

编织朴实的理想

靠我真挚忠诚

构筑起坚固的脊梁

高擎知识型技术型创新型大旗

啊

让这旗帜的色泽融进中国梦想……

迎着晨晖我看到：此刻的"北重人"在打造祖国北疆亮丽风景线的进程中，构筑起一条全新的前行之路、金色的梦想之路……

致敬词

　　再苦再累的活，他抢着干；再忙再多的班，他争着加。他有"拼命三郎"的干劲儿，也有"甩开膀子"的冲劲儿；他勤学苦练、实干创新，练就一身攻坚克难的车工绝技，用二十五年的敬业、精业、乐业，"车"出了自己的精彩人生。

　　他，就是北疆"兵工车王"——郑贵有。他用自己的辛勤劳动、无私奉献，生动诠释了人民兵工"劳动神圣"的动人精神。

　　致敬——内蒙古北方重工业集团有限公司防务事业部车工郑贵有！

17 本工作日志摞起来的"检车状元"

——昆明铁路局昆明北车辆段昆东运用车间检车员陈向华的故事

人物小传

陈向华 男，汉族，中共党员。1974 年 9 月 24 日出生于云南省曲靖市一个普通工人家庭。1991 年高中毕业，参加铁路招工，成为昆明铁路局昆明北车辆段一名货车检车员。26 年来，先后从事过现场检车员、列检值班员、列检工长、作业场值班主任、车间技能培训总教官、车间安全员等岗位工作，从一名学徒工逐步成长为货车检车员、高级技师。2007 年，在云南省职工技术技能大赛铁路系统货车检车员比赛中，以精湛的专业技术，夺得"全能第一"，被授予云南省"职工技术状元"，被昆明铁路局授予"技术标兵"，同年被评为铁道部全路"技术能手"。全国劳动模范、全国五一劳动奖章获得者。

一　高考落榜，开启人生新模式

父亲沉默着，使劲忍下那股无明之火，什么话都不说，只用信任的目光定定地看着我。在从来就不知道什么叫难或怕的父亲面前，自己突然感到了惭愧，脸红了起来，喏喏的话语，不知不觉成了给父母的一篇保证书：一定努力工作，用最好的工作成绩报答父母的养育之恩。

"铁饭碗"的落差

1991年，高考落榜的我陷入了人生的最低谷，机缘巧合得到铁路招工的消息时，就像乌云里透进来一束阳光，我相信，能吃苦肯干活的我，一定能在另一个舞台上找到自己的人生价值。怀着这样的梦想，我走进了铁路，来到昆明北车辆段宣威列检所，当上了一名货车检车员。

1991年12月以前，自己和父母一样，根本不知道铁路工作具体是干什么的，在印象里，铁路除了那条神秘地通往远方的铁道，就只有远方那缕隐隐约约的鸣笛声了。从小生活在父母身边，对铁路的认识也仅限于课本上，和校园外传来的火车声，曾经以为，铁路就是那趟时远时近在铁道上来来去去的火车。对于路外人士来说，所有的列车都统称火车。没想到，现在自己真正成了一名铁路职工。就这样，告别了父母，我兴冲冲来到了昆北车辆段。

一开始，能端上这样的"铁饭碗"让我很兴奋，在我想象中，自己应该是在高大明亮的厂房工作，或者是在铁路上开火车，根本就不知道铁路还有检车工作。跟师父干了几个班后，我就再也高兴不起来了，三班倒和重复单一的检车作业、户外的日晒雨淋，特别是夜班的困倦，每天干得灰头土脸、满身油泥，与自己当初的想象不一样，心理落差很大，我开始怀疑自己的选择。

于是我就不想干了，假都不请，一溜烟儿就跑回家，朝着父母张口诉苦："原来自己以后要干的工作就是在车底下钻来钻去，这样的工作没意思，不干！不干！开不成火车，我回来以后当老板、扫大街、街头卖菜，都行！"父亲是一位正统而严谨的人，忽然发现我出大问题了，盛怒之下，几乎要对我棍棒加身。父亲沉默着，使劲忍下那股无明之火，什么话都不说，只用信任的目光定定地看着我。在从来就不知道什么叫难或怕的父亲面前，自己突然感到了惭愧，脸红了起来，嗫嚅的话语，不知不觉成了给父母的一篇保证书：一定努力工作，用最好的工作成绩报答父母的养育之恩。

回到岗位后，师傅知道了我的想法，一边摇头一边叹气："如果干这怕苦、干那嫌累，去到社会上又能怎么样？难道想让父母养你一辈子？"师傅的话每一个字都深深刺痛着我的心。我暗下决心，自己选择的路，就算再难，跪着也要走完，绝不能让人看不起。

是师傅、同事、领导在生活上、工作中点点滴滴的关心，使我树立了"三百六十行，行行出状元"的思想，静下心来，认认真真地工作；是老师傅们点点滴滴的行为深刻影响着我，使我在工作中学会踏踏实实、兢兢业业；是领导点点滴滴的关心和鼓励，使我树立了"干一行、爱一行、专一行"的信心。为了能够较快地熟悉和胜任本职工作，我虚心向别人求教，不怕脏、不怕苦，对工作中的疑难问题更是精敲细磨，通过积极的学习和锻炼来不断地提高自己的业务技能，很快便成为一名合格的货车检车员。

成功没有捷径

成功没有捷径，检车员的岗位尤其如此。为了不输给别人，我选择了最笨的办法，就是勤学苦练，为了搞清技术业务，我满脑子都是问题，有时睡到半夜突然一骨碌爬起来翻书，直到把问题弄清了才安心去睡。别人休息看电影，我待在宿舍学理论，别人聚在一起打扑克，我一人摸到练功场学实作，反复地练习如何更换车辆配件，腰酸背痛、两手酸肿，一次休班回家，母亲看到我手抖得连筷子都拿不住，心疼地说："向华，你看你现在又黑又瘦，别把身体拼垮了！"我安慰母亲："我还年轻，身体壮着呢！"说实话确实很累，但我觉得值，不吃苦中苦，哪来硬功夫？

1993 年，刚参加工作两年的我在车间领导的鼓励下，参加了段举行的"青工技术表演赛"。为了拿到好成绩，我刻苦地背书、刻苦地练习实作技能，整个人都瘦了一圈，然而在比赛中却什么名次也没拿到。痛定思痛，自己认识到了技术素质的提高不是靠背书、靠集中训练几天就能实现的，得靠平时点点滴滴的积累。通过两年不断地学习、积累，我终于在 1995 年

的技术比赛中获得了段、铁路局全能第一，这对自己是一个很大的鼓励和鞭策，更让自己深刻认识到了日积月累的重要性，从此，在工作中，我更加注重生产活动中的点点滴滴，不断使自己的业务经验、技能得到提高。在后来的技术比武中，我先后赢得了段级、省级乃至全路所有级别的检车员技术比赛奖项。

2004 年，我代表路局参加全路货车运用系统基本功大比武，获得"全能第八"的好成绩，荣获全路"百强检车员"称号，被铁总授予"火车头奖章"，被昆明

铁路局授予"劳动模范"称号；2005 年荣获昆明铁路局"十佳青年"称号；2006 年获得全国铁路关工委岗位自学成才先进个人称号，同年获得昆明铁路局"十一五"建功立业奖章；2007 年，在云南省职工技术技能大赛铁路系统货车检车员比赛中，以精湛的专业技术操作水平，力克众多好手，夺得"全能第一"，被授予云南省"职工技术状元"，被昆明铁路局授予"技术标兵"，同年被评为铁道部全路"技术能手"；2008 年，荣获云南省"劳动模范"荣誉称号；2009 年被昆明铁路局授予"优秀导师"；2011 年被昆明铁路局授予"首席技师"；2013 年被昆明铁路局授予"优秀导师"；2014 年获得昆明铁路局"工人创新能手""安全之星"称号，被中华全国总工会授予"全国五一劳动奖章"；被云南省人力和社会保障厅授予"云岭首席技师"称号；享受国务院政府特殊津贴；2015 年被党中央、国务院授予"全国劳动模范"荣誉称号；2016 年被全国铁路总工会授予"全路首席技师"荣誉称号。

以上这些荣誉，放在以前，自己想都不敢想。

17 本工作日志摞起来的经验

技术业务的提升增强了我的自信心，也使我尝到了学技练功的快乐。尽管如此，我对铁路的安全责任还没有真正理解，总认为只要干好自己的本职工作，不比别人差就行。直到有一年，成昆线发生了一起由车辆热切

轴导致的 6 辆货车颠覆的大事故，我跟随师傅们赶到现场参与抢险救援，看到庞大的车辆横七竖八地倒在线路两旁，扭曲变形，装载的货物和车辆配件支离破碎、散落一地，那场景十分惨烈。事故原因就是一名检车员未认真执行手摸轴温作业标准，没有及时发现轴温过高的隐患，导致车辆带病运行发生断轴，造成列车脱轨颠覆。这起事故让我深深体会到铁路安全责任的重大，如果在作业中不认真落实标准，哪怕是一丁点儿马虎，都会酿成可怕的后果。从那一刻起，我在心里时刻提醒自己，对待工作必须做到"执行标准一丝不苟、排除隐患一个不漏"。

　　一直以来我都是个本分、随和的人，但工作却让我变得爱钻牛角尖，有什么搞不清弄不懂的，吃饭睡觉都不踏实。

　　一次我听说红果列检所发现了一起罕见的车辆钩尾框折断故障，勾起了我的探索心，我赶往红果，将那个钩尾框的故障位置标注清楚，并画了下来，研究透彻后，掌握了检查判断这类故障的方法。从那时起，我学会把工作中的每一点小心得、小体会、小经验、小改进都及时记录下来。一天夜班，班中两位老师傅争执在列车队中更换制动阀，哪种方式快、哪种方式省力，争得面红耳赤，各不相让，我在旁边悄悄地把他们的方法和程序分别记下来，下班后跑到练功场进行演练，得出了自己的最佳答案，并将结果告诉两位老师傅，得到了他们的认可和夸奖。我体会到了记笔记的好处，车辆哪个位置最容易发生故障，故障现象是什么，现场如何处理，我都记录得清清楚楚。这样的笔记本我记了 17 本，最长的已经跟随了我20 年，如今虽然有些发黄，但我依旧珍藏，碰到问题拿出来看一看，还会给我帮助，记笔记的习惯我也就一直坚持到今天。

在技术创新的舞台上大显身手

　　凭着一股韧劲，经过不断地磨炼，我的技能水平逐步提高，不但赶超了身边的师傅们，还光荣地成为一名共产党员。我清楚地记得入党宣誓的那天，车间党总支书记拍着我的肩膀说：做一名优秀的共产党员，带着大家一起进步。看着胸前闪闪发光的党徽，我觉得肩上的责任更重了。身为一名党员，我要比别人技能更加精湛，也要比别人更加标准规范地作业，更要比别人多一分追求创新的精神。传统的单车技检"二十八步"检查法已沿用多年，还没有谁敢于挑战它的权威性。但我发现，这种作业法是针对早年结构复杂、笨拙的老旧车型，随着新车型、新工艺的大量投入运用，车辆的配件结构和安全关键发生了很大变化，这种作业法明显已经不能适应工作需要。

工作中，我对现场作业标准进行反复研究和对比，用了3年时间不断验证改进，梳理出车辆6大部位、156个必检点，绘制成"二十三步"作业流程图，提交技术部门反复验证、审核，得到了领导和同事的认可，新的作业法相比旧的作业法，检查车辆关键部位更加准确、发现故障隐患更加稳妥，还缩短了技检时间，降低了劳动强度，成为我段新的单车技检作业标准。

尝到了技术创新的甜头，我劲头更足了，先后参加段及车间的科技创新，研制了一批提高劳动效率、保证车辆质量的工装设备和作业法，路局、全国铁路总工会、云南省总工会、云南省人力资源和社会保障厅，还以我的名字命名建立了"陈向华劳模创新工作室"和"陈向华技能大师工作室"，让我有了大显身手的空间和舞台。

结合现场实际进行技术革新，制作一些小、实、新的工具，提高现场故障处置的能力。2014年成立技能大师工作室以来，我带领工作室成员完成了执行器风管收集器、下作用车钩互钩差调整工具、处理70吨级车辆粗人力制动机链开焊专用卡子、塞门铆接工装、心盘落位检查及标记工具、THDS动态检测车和现场班组在用黑体温度的一致性、MT－2缓冲器压缩

装置、制动梁端轴自动除锈机、便携式试风装置、打号机及字板夹紧装置的改进、更换货车空车摇枕弹簧工具、120 型控制阀作用原理电子教学模板、制动阀多功能安装小车、新型轮对转镐、罐车呼吸阀分解机、应急主管法兰连接管、K2 改造旁承定位装置、客货车轮对推轮器、列车漏风试验装置、外出调查救援的工具材料搬运小车等 60 多项成果服务于现场，直接产生经济效益 500 多万元，其中执行器风管收集装置、遥控自动推轮装置已被国家知识产权局授予实用新型专利。

针对在使用执行器风管收集器之前，在每次试风作业完毕后，首、尾部检车员都要花费大量时间来手工盘绕长达 20 米的执行器风管，盘绕不好时，还容易绊倒行人，使用了执行器风管收集器后，大大提高了检车员的工作效率。利用带导向装置的风管收集器，只要转动手轮，风管就能均匀地缠绕到收集器里，要使用执行器时可以轻松拉出风管。

针对现场列车队车辆的车钩 50% 均为下作用式车钩，列车编组后互钩差超限时，使用传统的互钩差调整工具从车钩底部向上顶升时，顶升点不牢固，容易发生崩镐；且部分作业场股道心内安装了车辆防溜装置，不能支镐。经过现场调研制作了下作用车钩互钩差调整工具。将镐基支在钩托梁上，13A、13B 型车钩向上顶升直接将钩头提升；16、17 型车钩向上顶升将钩头提升的同时，向下压缩支撑弹簧实现互钩差的调整，解决了传统互钩差调整工具不能调整的问题。

针对在沿线和列检所处理故障车较多，处理完后要进行制动、漏风的单车试验，而沿线处理故障地点无风源，电源离得较远，当时的办法是部门协调机车进行试风，之间可能要等待机车 1~2 天或者更长，为提高列检单车试风作业效率，缩短等待机车的漫长过程，设计制作便携式单车试验器。利用自带动力的便携式空压机作为独立风源，来实现充风、保压、排风、紧急排风等试验，提高列检单车试风作业效率。

针对列检各运用车间外出沿途各站调查处理车辆故障、抢险救援时，所携带的工具、材料需要调查救援人员往返搬运，耗费体力，影响调查救援时间。经过现场调研，制作了外出调查救援工具、材料搬运小车，可以在平路上推行，也可以在线路钢轨上推行；外出调查处理车辆故障或抢险救援时，将所携带的工具、材料一次性摆放在搬运小车上，推行到调查救援的故障车辆位置，可提升调查救援时间，同时节省救援人员往返搬运工具、材料的体力。

　　针对传统的更换货车空车摇枕弹簧工具较笨重，更换摇枕弹簧时费时费力，经过现场调研，制作更换货车空车摇枕弹簧工具。购置分离式液压镐、液压泵、高压油管等材料，制作更换货车空车摇枕弹簧工具，可将液压镐直接支在侧架与摇枕之间，顶升摇枕，将折断的摇枕弹簧取出更换。该工具除了不能更换带轴箱弹簧转向架的摇枕弹簧，其他现有货车转向架摇枕弹簧均可快捷地更换。

　　注重把学习成果和比赛经验转化到工作中，攻克了多项技术难关。根据货车车辆结构特点和检修技术质量要求，创新发明货车单车技检"二十三步"检查法、单车故障"156 部位"磁钉标识练习检查法、车辆交叉支撑装置"五"字检查法、制动梁闸瓦厚度差检查法、闸瓦托铆钉故障检查法、列车软管连接器检查法、车列（车辆）常用制动紧急调查快处法等方法，作为经典教案广泛应用于检车员岗位技能培训。主动参与段技术科对《货车运用作业标准"一口清"》《货车检车员岗位技能"一手精"》《货车检车员岗位作业指导书》的编制和修订工作。为此，结合现场实际，对一列车"十五字"作业标准从检查程序到易发生故障部位及图片、发生故障的处理方法、质量要求、安全防护等逐字进行标准分解细化，提供给作业场、班组进行培训学习。参与车间安全管理工作，先后牵头制定了车间《铁路交通事故应急救援办法和预案》，建立了完善的应对突发事件的组织体系和救援机制，多次组织车间事故应急小分队开展救援演练，提高应急救援能力。

分享的快乐

我乐于把自己工作的技巧和心得毫无保留地传授给自己的工友，让大伙受惠共享，2008 年担任车间技能总教官，负责车间转岗职工和"三新"人员的技能培训工作以来，指导培训新入路大中专毕业生、转业军人 6 批共计 400 余人次。

2011 年，我在全路货车运用系统职业技能竞赛昆明铁路局选拔赛上担任教练工作，对参赛的轴温检测员起玉春进行精心培训辅导，帮助他在大赛中取得"单项第三""综合第十"的好成绩；2013 年负责培训的昆明铁路局 7 名参赛选手在当年全路货车运用系统职业技能竞赛中均取得优异成绩，其中一名队员获得全路新长征突击手称号，三名队员获得单项第一名，一名队员获得单项第二名，两名队员获得单项第三名。

一线职工都特别羡慕别人能够提干，我也曾有过这样一次机会。2007年，段里招聘一批安全监察和技术干部，领导和同事都鼓励我去竞聘。说实话我纠结了好几天，但最终还是放弃了，我认为，人只有在自己最熟悉、最擅长的领域，才能展示自我、实现自身价值。如今回想起来，我仍然不后悔当初的选择，正是因为干一行爱一行的执着和坚守，我的人生价值得到了体现和升华，全国劳模的荣誉让我站上了人生的巅峰，也给了我丰厚的回报。我相信，再平凡再普通的岗位，只要努力、勤奋，也能走出精彩人生！26 年来，我从一名普通的检车员成长为一名高级技师，经过我检修的 20 多万辆货车，从没出过任何安全隐患，为此我感到自豪。

成功的背后——女儿的称赞、妻子的理解、单位的认可

成功往往也会伴随着一些无奈。在同事们眼里，我是个"好工友""好兄长"，但在我内心里，自己却不是一个称职的儿子、父亲和丈夫。结婚 18 年来，我与妻女待在一起的时间少得可怜；父母家人住院，我从来没在他们身边陪伴过。对他们的亏欠实在太多太多了。

2004 年，因为工作需要，段上将我从宣威调到安全责任更重、工作压力更大的昆东运用车间。听说我要调去昆明，我爱人左右为难，一边是我

们刚满 3 岁的宝贝女儿和她打理了 10 年的小商店，另一边却是我成功的梦想。收拾行李准备出发那天，她跟我商量：想把商店转让出去，然后专心在家带孩子，这样我就不用太牵挂她们母女，也好安安心心投入工作。其实，我比谁都清楚，她是多么舍不得那间处在市区黄金地段、生意红火的小商店，但是为了我的事业，她选择放弃自己的梦想、成就我的梦想。

这些年来，我一直忘不了陪同妻子去办完转租手续后，妻子离开时，一步三回头看着商店那不舍的眼神……从此，一直事业心很强的妻子，变成了彻彻底底的家庭主妇……

除了愧对妻子，在女儿的成长过程中，我经常缺席，女儿的家长会，我缺席；女儿生病住院，我缺席；女儿参加心爱的拉丁舞比赛，我还是缺席……每次我都对女儿解释：宝宝最懂事了，爸爸工作很忙，下次一定好好陪你！

每次女儿都相信我，但这辈子我说得最言不由衷的话，就是对女儿的承诺。

女儿经常骄傲地对她的同学说，我爸爸是铁路检车员中技能最高的人，我爸爸又发明创造了一个非常好用的工具……特别是当她知道我成为全国劳模的那天，她在电话里高兴得大喊："爸爸，你太棒了！"那一瞬间，我觉得，什么都值了！因为对工作的坚守、对事业的追求，我没有缺席！

在我成长的道路上，身边的工友、师傅和单位的领导，也给了我极大的关心和支持。记得一次作业中，我们在处理车辆摇枕弹簧故障时，我发现采用千斤顶手动顶升摇枕，容易发生偏移和崩镐，存在劳动安全隐患，而且处理过程耗时费力。我就想，能不能用一种既安全又高效的工具来处理这个故障？我就利用休息时间到机电市场去寻找是否有类似工具，但没有找到。日勤组工长了解情况后，给我提建议：去购买类似的机电设备，咱们一起想办法改造。车间领导得知我的想法，也很高兴："向华，需要人力物力支持，你尽管说！"有了车间和工友的支持，我信心倍增，和几名工友买来设备，加班加点分头画图、钻孔、焊接、实验，经过 10 多天的努力，成功研制出更换摇枕弹簧专用工具，投入现场使用后，工友们都说好用。

这是我工作以来的第一项小发明、小创造，现已被纳入技能大师工作室成果。没想到能获得如此高的赞誉，大大激发了我的技术革新热情。当然，如果没有工友们的付出和支持，凭一己之力，我也很难完成。

女儿的以我为荣、妻子的理解支持、单位的欣赏认可，让我觉得，人生最大的幸福，莫过于此！

再圆大学梦

2016 年 3 月，又迎来了我人生的一件大事——脱产上大学。经过段、铁路局、铁路总公司层层推荐，我来到了北京中国劳动关系学院，成为学院 2016 级劳模本科班的一名学员。重新走进阔别 25 年的校园，这是一线职工一辈子想都不敢想的事，为此我衷心地感谢我的单位和企业，圆了我的大学梦。在这里，我结识了来自全国各地 21 名各行各业的优秀劳模同学，也结识了讲授各门课程的专业老师。刚到学校时，因为自己来自西南，普通话讲得不好，生活上不善于和同学交流，学习上不敢主动发言。但经过一段时间相处，在老师的关心和同学们的帮助下，很快就打消了顾虑，和老师、同学们相处得非常融洽，为此我非常感谢老师和同学们。在以后的学习和生活中，我将珍惜机会，认真学习各门功课，积极参加学校组织的各种活动；同时学习同学们各自身上的优点，让自己学有所成，以优异的成绩回馈单位，感恩企业。

回顾自己的工作和生活，"没那么轰轰烈烈的英雄壮举"。其实，每一个时代都有一种先进的精神。几十年来劳模的结构在变、形象在变、工作方式在变，但不变的是执着于事业、不断超越的热情和爱岗敬业、甘于奉献的精神。这种精神源于我们身边每一个身份普通、岗位平凡、业绩突出的劳动者，这种精神成为推动社会前进的原动力，引领着无数人战胜困难，不懈创新，勤勉开拓。"时人莫小池中水，浅处无妨有卧龙"，我的岗位很平凡，每天从事的就是一些很普通的工作，但就是在日复一日、年复一年的逐步积累中，我不断地实践，不断地摸索，不断地改进。人们总说：是金子总会发光的！是啊，平凡的你我，只要扎扎实实、爱岗敬业、甘于吃苦、乐于奉献，抱着对企业高度负责的工作态度，尽心、尽力、尽职、尽责地干好每一天的工作，也一定会在平凡的工作岗位上创造出人生的辉煌。让我们以此共勉：

一个人有技术，自己有前途；

一群人有技术，企业有前途；

一代人有技术，国家有前途！

致敬词

他，是"全能第一"的"检车状元"。鞋，别人穿三个月，他的一个月就磨坏了；锤，别人用三年，他的一年锤杆就弯了；班，别人一个班走十多公里，他却要走上二十多公里。

他选择了自己喜爱的岗位，就兢兢业业，从一介"文弱书生"变成一个敦实的"拼命三郎"。他信奉对工作负责，就是对自己的人生负责！在锤起锤落间，坚守着那每一锤的人生"分量"，用数百双鞋迈出了人生的长度。他用优异的成绩垫起人生高度，以爱岗敬业的精神持久践行、诠释了当代"云岭"铁路人的品质担当。

致敬——昆明铁路局昆明北车辆段昆东运用车间检车员陈向华！

绽放的花儿最美丽

——河南商丘市汇丰棉业有限公司纺织工
高美丽的故事

人物小传

高美丽　女，汉族，中共党员。1983 年 6 月 3 日出生于商丘市虞城县站集镇前朱楼村。河南省商丘市汇丰棉业有限公司纺织挡车女工，现任细纱车间主任。全国劳动模范、全国五一劳动奖章获得者，十八大代表，2013 年上榜中国好人榜，曾获"全国优秀农民工""河南省优秀三农人物""感动商丘十大新闻人物"等称号。

一 面对生活的艰辛，向苦难说不

十岁那年我又学会了开四轮车、拉麦子、打麦子，我学会了好多生活技能，这样就能帮妈妈分担更多的活儿。

我出生在一个地地道道的农民家庭，小时候家里极其困难。我的父亲身体很不好，腿经常疼，走起路来都是一拐一拐的，有时胳膊也疼得厉害，连伸一伸都很困难，更别说干活了。我们家唯一的生活来源就是靠我母亲种地。在我八岁那年，妈妈又给我生了个弟弟，我们家的生活变得更拮据了。妈妈一边照顾弟弟，一边干家里的农活，还要供我上学，她身上的担子真的太重了。看着母亲每天起早贪黑地劳作，真是太辛苦了，我非常心疼，就下定决心要替妈妈多分担一些家务。就是从那时起，我开始学会了洗衣、做饭，帮妈妈照顾弟弟，礼拜天写好作业就帮妈妈到地里去干农活。在干活的过程中，我的手曾被烫伤过，也被烧伤过，有一次，在地里割麦时还被镰刀把脚腕割了一道深深的口子，虽然很痛，但是我忍着没有哭，自己默默地用手帕包扎好，又继续干活儿，心里面什么都没想，就一心帮妈妈多干点活儿，多为她分担一些家务和农活。十岁那年我又学会了开四轮车、拉麦子、打麦子，我学会了好多生活技能，这样就能帮妈妈分担更多的活儿。

从此以后，我就一边上学一边帮妈妈分担家务和农活。但是好景不长，就在2000年——我十六岁那年，初三下学期时，我爸爸的病情变得严重起来，急需住院治疗，而我弟弟又赶上要考中学，重担又一下子落在了妈妈一个人身上。没有经过妈妈的同意，我就自作主张跟随来我们村带工的工头外出打工了。

工头把我们带到了浙江海宁服装厂，这是一家私营企业，去时工头说得特别好，可是到了之后才知道是一家黑工厂，每个月只发生活费，我们每天最少干16个小时，有时为了赶活还要熬通宵。那时的我由于没有技术，对电机一窍不通，所以也只能干些没什么技术含量的活，譬如扫地、拖地、打包装、熨衣服等，虽然这些活又脏又累，但是我从没叫过苦，从没喊过累。我清楚地记得我们五个人第一个月的工资，每人发了64块钱、

50 元饭票。第二个月我在组长的指导下，经过自己的勤奋努力，很快把电机学会了，我们五个人里面我是第一个先上机做衣服的，第二个月的工资，我比他们多发了 100 块钱和 10 张饭票，虽然不多但是心里很甜。就这样我坚持了大半年，到中秋节将攒下的 500 块钱给妈妈寄回去了，希望爸爸妈妈能过一个愉快的中秋节。就在给妈妈寄钱的途中却出现了一次意外，还算幸运，我捡回了一条性命。

事情是这样的，那时，我为了节省时间走了一条小道，但过这条小道需要横穿铁道，当时左看右看没有看见火车驶来，就想直接穿过去，就在我走在铁道中间时，突然开来一列火车，眼看火车就要飞速来到我跟前，当时的工作人员也吓得直喊，我也被吓傻了，瘫坐在地上一动也不敢动，七八个工作人员迅速跑来把我拉了回去，他们把我狠狠地训了一顿，记得一位叔叔说："孩子，你差点会没命的，你为什么要穿越铁道呢？"我把寄钱的事告诉了叔叔，叔叔扶着我把我送出了铁道。他说以后无论有多着急的事也不要再横过铁道了，太危险了，我充满感激地点点头。

妈妈收到钱后，根据我提供的地址，给我回了一封挂号信，她在信中说，钱已收到，还了不少账，让我在外面照顾好自己。

看到这封信，我深深地知道，这点工资是根本解决不了我们家困境的，于是就产生了换厂的念头。当天我就从浙江跑到了昆山，凭着一个地址，在昆山找到了我的同学，并在这位同学朋友的帮助下，进了一家电子厂，这个厂主要生产手机、笔记本电脑、照相机的外壳。生疏的工作、陌生的环境，又一次磨炼了我。这个厂两班倒，每天工作 12 个小时，计件制。那天，我问了一位老员工，工资每月 2000 块钱左右。白天，我跟着师傅学，师傅工作八小时就下班，我就跟着班上的那些老员工学，在我的勤学好问下，仅仅半个月的时间，我的速度就赶上了那些老员工。班长看我这么用功也特别照顾我，她没事就跑过来给我帮忙。在月底发工资时我竟拿到 1923 块钱，这时我才知道自己并不比老员工差，我当时激动得都跳了起来。下了班就赶快给妈妈写信，把这件事告诉了她。三个月的试用期过后，我每月的产量都是我们班最高的，当然工资也是最高的，每年年终奖必得，就这样我在这个厂一干就是四年。

二 在感恩中成就梦想

我一直感恩所从事的工作，是它给我提供了实现人生价值的平台，使我能够在工作中成就梦想，并能为家人带来生活保障和生活质量的提升。感恩的心就是责任心。

做自己工作领域的专家，才能做到不是让工作来挑你，而是你来挑工作，才能永远立于不败之地。

2003年底，我在妈妈的催促下结了婚，婚后我带着老公又回到厂里干了一年，直到我们的儿子出世。当时，我的婆婆身体不是很好，有五六种病缠身，最厉害的是胃下垂七公分，所以我只好选择在家一边照顾孩子，一边照顾婆婆，就这样在家一待就是一年半。

2006年春，商丘市汇丰棉业有限公司招聘员工，当时我的孩子还小，家庭又需要照顾，汇丰公司就在家门口，既可以照顾家又能挣钱，我就抱着试试看的态度来到汇丰公司应聘。从那以后我就开始与汇丰公司共同成长了。因为有在外工作几年的经历，加上我踏实、敬业，很快胜任了这项工作。我认为踏踏实实工作、坚守岗位比什么都重要。在工作中我也悟出了很多干好本职工作的经验和方法。

我先简单介绍一下我们公司这十年的历程，也是我在厂里工作的十年。我们厂当时使用的是最古老的纺织机，叫纺车子，用一句《木兰诗》来形容它："唧唧复唧唧，木兰当户织。"后来厂里引进了一批比纺车子先进的纺织设备，虽然用机器，但是络纱、接头、换粗纱必须停车，停车后用腿顶一下才能络纱、接头，效率还是比较低。2006年底我们厂正式投产，又引进了当时最先进的机器，接头、换粗纱、做清洁、络纱都不用停车，不用用腿顶，既提高了效率，同时质量也得到了保障。这就是我所在的企业——商丘市汇丰棉业有限公司。

十年的工作历程，让我深深感到，干好本职工作需要做好以下几点：

懂得感恩

无论干什么工作，首先都应该懂得感恩。因为只有懂得感恩，才能承担起属于自己的一份责任。我一直感恩所从事的工作，是它给我提供了实现人生价值的平台，使我能够在工作中成就梦想，并能为家人带来生活保障和生活质量的提升。感恩的心就是责任心。我初到公司的时候，一切还没有就绪，设备还没有完全安装完毕，办公楼还没有启用，初到的员工要负责打扫卫生、整治厂区。在劳动中，我不怕脏、不怕累，不放过每一个角落，不漏过每一个细节。老板见我工作认真，吃苦能干，人又勤快，就有意识地对我进行重点培养，派我和20名姐妹们到江苏常州航月纺织有限公司培训。初到常州，每天面对机器的轰鸣、闷热的工作环境，八小时不停地走动，反复练习"接头"和"换粗纱"动作，很不适应。但我格外珍惜这次培训机会，上班跟老师刻苦学习和训练，认真记住每一个要领，仔细揣摩每一个动作，下班后留下来继续练习。在培训中我学得比谁都认真、比谁都专心，有时为纠正"拔管"手势，忘记了吃饭，有时想把"掐头"做到位，每天都练习到深夜。培训期间，参加培训的姐妹们一下班就出去玩，大家喊我，我一次也没有出去过，总是一个人在揣摩、推敲，反复做着重复的动作，小姐妹都说我神经了。功夫不负有心人，不到两个月的时间，我便可以提前上岗了。航月公司的教练见我勤学习，肯钻研，学到了真本事，就有意挽留我。我想：是家乡企业给了我培训的机会，让我把技术学到了手，我要以脚踏实地的工作，回报我的企业和家乡，我要为企业、为家乡做贡献。

努力成为优秀员工

随着社会的进步，人们的知识背景越来越趋同，学历文凭已不再是单位挑选员工的首要条件，很多单位考察员工的第一条件是敬业，其次才是专业水平。把单位当做家，把工作当成事业，时刻想着公司、想着集体，对待工作一丝不苟，做好自己应做的工作，主动尽责，把自己融入企业中，关心企业成长，与企业同甘苦，不断把自己的好想法、好建议奉献给企业，做企业的参与者，努力成为优秀员工，而不是简单地把自己当做看客、打工仔。

从航月公司培训回来后，我向陈总主动请缨，要求负责公司新员工的培训工作。当时陈总还有点犹豫，认为我才接受培训不到两个月，就算能提前上岗，毕竟没有工作经验，况且 23 名新员工又没有任何技术和工作经验，交给我还是有点不放心。我看到陈总有点犹豫，就说："陈总，我保证不出一月，就让这些姐妹上岗。"陈总看到我的决心很大，又没有很合适的人选，就把培训新员工的任务交给了我。接过任务后，我才有些后怕，毕竟这些姐妹们没有任何技术和工作经验，万一完不成培训任务，不是费时费力了吗？不是给公司正常投产找麻烦了吗？到时自己失脸事小，公司损失事大。后怕归后怕，开弓没有回头箭，既然承接了任务，就已经没有退路了，只有顶着压力想办法去完成。

农历五月，天气已经很热了，我和姐妹们每天坚持在大仓库里反复练习"接头""掐头"等动作，对每个动作的要领我都要反复示范，汗水湿透了衣服也全然不顾。小姐妹们让我休息一下，我说："公司把培训的任务交给了我，我有压力啊！我恨不得一下子把你们教会。"这23名小姐妹，有的几遍就掌握了动作要领，有的十几遍甚至几十遍示范都掌握不了要领，对她们我总是不厌其烦，耐心地手把手地教，硬是在短短13天把这23名新员工培训成能独立操作的挡车工。当我告诉陈总培训任务完成的时候，陈总大吃一惊，简直不相信自己的耳朵，以为我是开玩笑。新员工试

机操作时，陈总才不得不相信这是真的。他说："美丽，你真了不起，在常州最快还得两个月，没想到，你不到半月就能让她们上岗了，公司给你嘉奖。"嘉奖不嘉奖对我来说也没有什么大不了的，这十三天，我忍受着天气的炎热，从没叫过苦，指甲掐劈了，手指练肿了，从没喊过痛，从没告诉过任何一位小姐妹。多年来，我一直认为公司交给我的事是大事，始终坚持思想工作做到前、艰巨任务抢在前、完成任务干在前、遵守制度走在前、关心工友想在前。在我带出的 80 多名徒弟中，按期上岗率达到100%，其中有的已经成为操作尖子和技术能手。郭书霞是我带出的第一批细纱挡车工中的一员，被称为"大徒弟"。经我的言传身教，她的业务素质与操作技术水平都是出类拔萃的，已担任了细纱带班班长一职。徒弟焦钦梅说："我刚进厂的时候什么都不会，是美丽手把手把我教会的。她态度特别好，一遍教不会，再教第二遍，有的人她教十几遍才教会，就那都没见她烦过。"

做自己工作领域的专家

工作要干一行爱一行专一行，勤于思考、善于钻研，做就要做到最好。作为一名优秀的员工，一定要有自己的特长，要找准自己的定位，把工作开展得有声有色，在工作中要有自己的追求，不要把一项工作只是简简单单完成了事，而要把工作当做长远的事业来做，不断进取，刻苦钻研业务，争取做到最棒，做自己工作领域的专家，才能做到不是让工作来挑你，而是你来挑工作，才能永远立于不败之地。在上岗后，我一直没有放松对业务的钻研，为了减少空锭率，我反复思索，认真揣摩，并把这个思路应用到实践中，创造了独特的接线方法，使空锭率降低为零。在公司大力推广后，产量由原来的每月 200 吨提升到 280 吨，仅此一项公司每月增效 20 多万元。为了减少污染，我还发明了滤尘沉淀法，把排出的皮棉杂质全部过滤沉淀到水中，在水中发酵后可当农家肥料，这样不但减少了污染，而且创造了良好的经济效益和社会效益。2010 年，公司扩大规模，新设备上满后，细纱断头较多。为了解决这一问题，公司组织了以厂长和我为骨干的攻关小组。我接到这一任务后，一边查阅资料，一边请教熟悉的专家，并大胆试验，通过凸轮反装，解决了许多专家没有解决的问题。凸轮反装的成功运行，不仅使千锭每小时断头 58.3 根减少到 29.7 根，而且减少了人工成本，使原来的每人操作一台车变为现在每人最低操作两台车。不仅提高了质量，而且增加了效益。目前我们员工每人最低操作五台车，最高七台车。我们细纱生产车间每当进入夏季，温度居高不下，通过维修后，温度下降 1~2℃，但效果不明显。我经过几天仔细观察，终于找出了原因。原来是棉絮阻碍风口，导致风不通畅。针对这个情况，我提出了加大空隙的建议，被公司采纳后，细纱车间温度下降 10℃，不仅为员工创造了舒适的工作环境，而且每小时还节省了 10 多度电。

2012 年，我们的第二个子公司投产，纺织机是从德国进口的，是目前全国最先进的机器，它的特点是：自动接头、自动换管、自动落纱、自动做清洁，就是个机器人，代替了人工，减少了劳动力。第一个子公司 7 万锭用工就将近 400 人，而我们这个公司 30 万锭才用 68 人，新的高科技给我们员工减轻了劳动量。

俗话说，"三个女人一台戏"，我们公司人多，90% 都是女同胞，绝对是女人的天下。2012 年，我被调到公司人事部兼任办公室主任，既要负责技术培训，还要负责后勤保障。人们常说：人多事就多，难免有些磕磕绊绊，姐妹们发生矛盾时，她们第一个想到的就是我，找我去调解。有时兄弟姐妹病了，我就号召她们在不影响正常工作的情况下去探望，就这样，我赢得了兄弟姐妹们的信任。姐妹们看到我是一个热心人，就什么话都告诉我。新工卢红允是个活泼好动又有点儿急躁的女孩子，在练技术时情绪不稳定，当"掐头"动作练了很长时间还不标准时，小姑娘就觉得自己不成器，不是干纺织工作这块料，就要辞职。我知道后很生气，对她说："你连这点儿最基本的动作都没耐心学好，以后还能干啥！"这一吵把小姑娘给镇住了。然后我又和蔼可亲地帮她一步一步分析要领，终于让小卢掌握了技术。卢红允真诚地说："美丽姐有时是师傅，有时是长辈，但更多的时候是知心姐妹。"细纱车间的郭书霞因家庭矛盾也来找我，让我给她拿主意，我认真地分析了她们产生矛盾的原因，就让她换位思考，并针对具体问题对她进行了开导，终于使她破涕为笑。她就抱着我说："我知道了，谢谢你老高！"在企业里她们要么叫我美丽姐，要么叫老高，有的叫中间一个字"美"。就这样和兄弟姐妹和谐相处着，我融入了一个幸福和谐的大家庭。

三　荣誉，让我肩上的担子更重了

不管到哪里，只要有人邀请我都去，因为这是我的职责，也是我的使命。

在学习中，我找到了快乐，也感受到了幸福。

在公司的这么多年中，我在领导的关心、工友的帮助和自己的不断努力下，踏实工作，爱岗敬业，履职奉献，赢得了领导的认可和兄弟姐妹们对我的支持。先后多次被公司授予"岗位能手""企业标兵""优秀车间主任"，被镇政府授予"先进工作者"，被县妇联授予"三八红旗手"，被县总工会授予"五一劳动奖章""技术能手"，被县委授予"优秀共产党

员"，被商丘市委授予"感动商丘十大新闻人物""商丘市爱岗奉献道德模范""商丘好人""中国好人"等荣誉。2008 年 11月，国务院农民工工作联席会上，我有幸被授予"全国优秀农民工"称号，这次会议授予"全国优秀农民工"称号的仅 1000人。2009 年，我又有幸作为"全国优秀农民工"四位代表之一，参加了全国第一次表彰农民工大会，登上了国庆 60 周年观礼台，受到了党和国家领导人的亲切接见，在人民大会堂领了奖章，当时的心情非常

激动，我一定要在自己的工作岗位上起到模范带头作用，给企业做出更大的贡献，也想通过自己的努力，为家乡做出更大的贡献。

2012 年 11 月 8 日，我出席了中国共产党第十八次全国代表大会。在赴北京参加十八大期间，我见到了那么多的领导、那么庄严的场面，感到无所适从。在一次会议的间隙，我见到原商丘市委书记陶明伦，说："陶书记，我没有出过门，没见过怎大的场面，感到心理压力可大了，有点怯场，也不知道说啥好。"陶书记微笑着说："小高，不要怕，不要慌，你是

一个农民工代表，就说点和咱农民工相关的事。这样的会议能让你长知识、长见识，在会上要用心学习，多记录。"听了陶书记一席话，我顿时轻松了不少。再者说，参会的领导对农民工非常尊重，很多领导上下楼梯时都是先让着我，他们都很可亲可敬，我感到大家就像一个大家庭成员，慢慢地我的心理压力就没有了。

还有一次，时任河南省委书记卢展工见我局促不安的样子，就很和蔼地问我："工作几年了？找对象没有？"我很紧张地向卢书记汇报了自己的情况，并说我爱人也姓卢。卢书记立即笑着说咱们原来是一家人嘛，一论辈分，卢书记长我爱人两辈，应该喊他爷爷。几句玩笑话，一下子让我卸下了心里的包袱。在之后的一次座谈会上，卢书记还专门提到我，他说："在座的有一位高美丽同志，她是咱全国优秀农民工代表，大家应该多关心她。"我说："领导对我的关爱，其实也就是对农民工群体的重视。"

从北京回到虞城后的第二天，我就来到了虞城县委，在县委常委会上传达了十八大精神。随后，在汇丰棉业公司组织了职工大会、党员干部座谈会学习十八大精神，我主动深入车间，向姐妹们传达十八大精神。我传

达过以后，和我同一个车间的林翠娥说："我们原来以为十八大精神离我们很远，我们也学不懂、学不会，高美丽回来一传达，我们才知道，十八大精神给我们农民工带来的是实实在在的福音，包括提高待遇、增加收入、城乡一体化等，将来都能给我们带来看得见、摸得着的实惠，我们特别高兴。"

随后，我又在市委常委会上传达了十八大精神，紧接着，团省委、市妇联、睢县县委等纷纷邀请我前去做报告。光在省

里就做了 3 天报告，3 天下来，喉咙累得说不出话来，疼得难受，但心里面没感到一点累，浑身上下都是劲。接连两个月，邀请我做报告的电话一直不断。由于自己的知识能力有限，害怕对十八大精神宣传不到位，我总是坚持挤时间学习。不管到哪里，只要有人邀请我都去，因为这是我的职责，也是我的使命。

作为农民工党代表，参加十八大归来，我身上的担子更重了，公司又把办公室主任的担子压在我的身上。办公室人员少、业务多、工作繁杂，既要负责人力资源，又要负责后勤保障；既要负责员工思想教育，又要安排好员工的生活，还要负责人员的招聘和调度、企业文化。我虽然感到很忙很累，但总不会忘了微笑。为把党的十八大精神贯彻到基层，我总是挤时间参加省、市、县各级各单位组织的十八大精神学习宣传活动，半年做报告、讲党课 32 场次，参加人员 1.6 万余人次。同时，我还要完成公司领导交给的任务，越来越感觉到自己的知识和理论功底远远达不到新形势新任务的要求。为了掌握十八大报告的要领和精髓，我反复研读十八大报告全文。每次参加十八大精神报告会，我都仔细聆听报告，并认真记录，深入领会学习报告会精神。为不断提高自己的知识和能力，我还报名参加了省委党校经济管理大专函授班。2016 年，我应全国总工会邀请，到中国劳动关系学院学习，学制四年。现在一有空闲时间，我就抓紧学习，把没学的都补回来。在学习中，我找到了快乐，也感受到了幸福。

四　家的温暖，伴我舞出美丽人生

在我收获荣誉的背后，有很多人在为我默默地付出，默默地支持我、鼓励我、帮助我呢。其中一位就是我的婆婆，也就是我的第二个妈妈。

我会在这个平台上舞出美丽的人生，不忘初心，继续前行。

当人们看到报告席上激情而又乐观的我，又有谁知道我内心的难处。当时婆婆病了，我没有时间去伺候，只有夜里去探望。我婆婆刚出院，孩子又住进了市第一人民医院，我清楚地记得，那是晚上七点，我正在车间加班，家里人给我打电话说孩子病了，我给家人说我正在加班走不开，你们带孩子去医院看看吧。母亲带孩子去了医院，医生说你们还是到大医院去吧，晚上九点，母亲又打来电话说孩子病很严重，你快回来吧。我安排好手里的工作后，赶回家把孩子带到了商丘市第一人民医院。当值班医生一看孩子，就把我和丈夫狠狠地说了一顿："你们是怎么带孩子的？你们再晚来 15 分钟孩子就没了。"当时就如当头一棒，看着生病痛苦的孩子，我内心充满了自责和愧疚。后来好多人给我打电话询问孩子的病情，我说："我们也不知道得了啥病，医生就说再晚 15 分钟孩子就没了。"很多人劝我说："美丽，你是党的十八大代表，找找医院领导，他们会给孩子照顾的，找一个好的医生。"但我始终没有这样做，我认为，我虽然是十八大代表，也是一个平常的人，也还是一个农民工，和普通的农民工没有什么两样，没有什么可以骄傲的资本。就这样，我坚持白天宣讲十八大报告，夜里去照顾孩子，去看孩子时几次都是偷偷地流泪。第三天检查结果出来了，是小脑共济失调，严重的话会留下后遗症，可能走不了路，恢复好了就是个奇迹。就这样我坚持了一个多礼拜，孩子终于康复了，医生说没想到能恢复得这么好，真是奇迹啊！当时我又高兴又难过，对孩子来说，我没有尽到母亲的责任。

在我收获荣誉的背后，有很多人在默默地为我付出，默默地支持我、鼓励我、帮助我呢。其中一位就是我的婆婆，也就是我的第二个妈妈。她今年 70 岁，现在身体比我们结婚那时好多了。在 2006 年她身体慢慢恢复后，她对我说："我必须坚持，不能倒下，因为我要帮你们把孩子带大，让你们趁年轻多做点事。"就这样，我孩子两岁时，婆婆的身体还在恢复中，我就把孩子交给了她，进了汇丰棉业公司，从此工作中我们娘儿俩就配合着，我上白班，夜里我就带孩子，我上夜班时，她就辛苦了，白天和晚上都是她带孩子，有时她看我累了，不声不响地就把我的衣服和孩子的衣服全洗了，至于做饭我从来没做过，她说家里的农活你公公干，家里的活我干，你工作够辛苦的了，把厂里的工作干好就行了，还做什么饭呢，我每次下班回到家，婆婆都是做好饭等着我，就这样我们娘儿俩在一起坚持了十三年。

记得有一次，在儿子四岁的一天，他和奶奶一起看电视，他就说了句"他怎么能飞，我怎么不会飞"，就一个人跑到我们院子里，一直跑到平房顶上，叫着"奶奶我也会飞了"，没等他奶奶反应过来，他就从平房上跳下来了。我婆婆吓坏了，以为孩子的腿和胳膊摔断了，哭着喊着她的孙子，我公公就找邻居给我打电话，我婆婆却说"你别给她打电话，会影响她工作的，她请假了工作谁来做？咱们先带孩子去医院检查"，结果孩子的胳膊和腿好好的，这时婆婆和公公才算松了一口气。

记得被评上党代表那年，虽然我为了工作没有照顾好家里的老人、孩子、丈夫，但是他们从没埋怨过我，对我的工作非常支持。这几年来，我付出这么多并不想图什么，只想让姐妹们能拿到高工资，有个好的工作环境。而我的付出又一次得到认可，2014年4月我获得了全国五一劳动奖章，2015年又荣获全国劳动模范称号。

这么多年来，我始终感恩所在的企业，感恩社会。在不影响工作的情况下，我还放弃和家人团聚的时间，去敬老院看望老人，和他们聊天，到留守儿童那里去，陪孩子们玩耍，去帮助那些需要我们帮助的人。我一直在坚持着，每次学校放假，我回到家都会去看他们，就是为了让他们感受到社会的温暖和关爱。

有了一定的知名度后，我把关注点还放在了农民工维权和妇女权益保护上。有一次，几位从山东威海、文登打工回来的农民工慕名向我求救，请我为17位农民工讨要14.8万余元的工资款。我二话没说就把这事应下来了。虞城县法院院长在不知道我身份的情况下，接待了我，还当即要求法庭的同志立即立案办理，并对诉讼费予以缓交，法官们当天就赶赴山东办理案件。事情办得很顺利，从当年3月6日立案到为农民工追回工资款，仅用了12天的时间。直到我与农民工一起到法院表示感谢时，虞城县法院的同志才知道我的真实身份。之后，我为农民工"讨要工资款"的事就成了当地的新闻。

为引领好人新风尚，宣传好人事迹，让更多的人加入好人行列，商丘市委决定成立好人联谊会，我当选为好人联谊会副会长，肩上的担子更重了，我在市人代会上提出让好人有好报的议案被采纳。会长黄伟说市委宣讲团推出10人，我入选宣讲团做报告。我接到任务，苦思冥想，反复易稿，还是不满意，我找睢阳区教体局黄杰。当时，他在临河店贾楼驻村，他白天工作，晚上帮我改材料，有时改到深夜，他被我的事迹感动了。经过多次修改，终于定稿《立足岗位做贡献，劳动创造新辉煌》，市委宣讲团带领我们深入虞城县、宁陵县、睢阳区、梁园区等地，分赴机关、学校、农村宣讲，每到一处，听报告的人真多，被我的事迹所感动，这就是好人力量汇聚迸发能量。如今，我在中国劳动关系学院深造，聆听老师教诲，虚心向劳模班同学学习，自我加压，弥补了知识的不足。我要从企业走出去，发挥我的潜能。在各级领导关心下，在朋友支持下，领导给我一个平台，我会在这个平台上舞出美丽的人生，不忘初心，继续前行。我的好友商丘市外国语实验小学孟庆丽老师时时给我鼓励，商丘市军分区干休所政委张存科给予我太多的指导，商丘市水上义务救援队队长、商丘好人联谊会会

长黄伟给予我太多的安慰，商丘市义工联会长李东亮给予我太多的鼓励，我时刻铭记在心。面对荣誉的花环，我没有陶醉，我感谢公司、虞城县委县政府、商丘市委宣传部给我提供了这样一个展示自我的平台，今后，我只有用踏实勤奋的工作来回报。再多的荣誉只能代表过去，对我来说只有把荣誉当做压力和动力，在自己的岗位上，从严要求自己，努力学习各种理论知识，勤奋工作，以优异的成绩回报社会。

致敬词

简约朴实、总是抿嘴微笑的十八大农民工党代表，在平凡中创造了奇迹。她独创的"高氏接线法"速度快，空锭率为零；她发明的滤尘沉淀法，产生了巨大的经济效益和社会效益。她善揣摩，一个青年女工，吃苦耐劳、乐于奉献、技术精湛，在工作中善于动脑、心灵手巧，必然脱颖而出。

她，是一名普通的细纱挡车工，从小事做起，从一点一滴做起，却成就平凡中的不平凡，成为"感动商丘十大新闻人物""商丘好人"。

致敬——河南商丘市汇丰棉业有限公司纺织工高美丽！

探索机械生命的快乐工程师

——福建漳州招商局码头维修工黄景图的故事

人物小传

黄景图 男，汉族，中共党员，漳州招商局码头维修工。2009 年取得维修电工高级技师职称，2014 年取得国家安全注册工程师职称。曾获得漳州招商局码头公司岗位能手称号，2009 年获得招商局国际首届"金质荣誉勋章"，是海西经济区建设首批"福建省优秀高技能人才"。2010 年在"'工人先锋号'活动月"电气比武中获得第一名；2013 年被评为福建省劳动模范；2015 年先后获得漳州市践行社会主义核心价值观基层"最美职工"、漳州市金牌工人称号，漳州市"中国梦·劳动美"第二届职工技能大赛电工技能竞赛一等奖。为中国工会第十六次全国代表大会代表、福建省总工会委员、漳州市总工会兼职副主席。

十四年前，我乘船跨过厦门海峡，来到漳州招商局码头。至今十几年的时间里，在码头公司从水电工到机修工再到高级技师，通过不断的学习、钻研，在港机设备维修方面独当一面，开展多项技术改造、革新，多次成功解决了一个个"疑难杂症"，屡创奇迹，为公司创造了很大的经济效益。既展示了自己的绝活儿，又实现了自我人生价值，更收获了无与伦比的快乐。

我的祖籍是福建省南安市，我于1971年出生于美丽的霞山村。几十年后的我能在维修领域有一席之地，实属不易，我那些所谓的"绝活儿"是怎么来的呢？我为什么热衷于维修，解决每一个设备问题时为什么会那么快乐？这里面有老百姓一代代传下来的一种尊严做人的样本，也是几代人渴望的那份付出和感恩。

一 榜样的力量

我父亲是我人生中最重要的一个样本——做最好的自己，做一个用出色的劳动赢取体面的人。

我的父亲是个裁缝，70年代，在我们老家那一带，他是个传奇人物。大家都觉得他的衣服做得很神奇，能穿上黄师傅做的衣服是件挺有面子的事，他做的衣服能使矮个显高挑、胖子变苗条。中山装做得那才叫个绝，从来没有见过的海外新款式，他只要瞧上一眼，连夜就能做出一件一模一样的，所以当时我父亲在当地非常吃香。

大家尊重我父亲，我的体会很深刻。每户人家招待他的，都不是一般的点心，我有时会在上点心的时候，"一不小心"串门过去，就能吃到东家精心制作的美食。

嚼着香味四溢的美食，我对父亲既羡慕又崇拜，有一门手艺多好啊，到哪儿都是笑脸，永远都不怕饿肚子。

在闽南，流传着一句俗语："有手工，吃不空。"在我幼小的心里，父亲给了我一个方向，虽然那时不知道长大了要做什么，但确定是要做一个"吃不空"的、手上有绝活儿的人。

对每个小学生来说，背诵拼音字母表是必须迈过去的坎儿。自幼有点小聪明的我却在这道坎儿上迂回了很久：拼音字母表顺着背没问题，但如果随机抽出一个字母来，我立马就傻眼了。

父亲要求两个姐姐每天对我进行抽考，为了不耽误时间，头脑灵活的父亲还想出了一个办法。

他找来一张用过的厚纸，又操起剪刀在纸上剪了个不大不小的窟窿。"景图，帮阿爸把课本拿来。"我狐疑地找来课本递给父亲，只见父亲将纸蒙在书上，纸上的窟窿刚好透出一个字母，随着纸张的移动，字母也随机地变化着。"哎呀，阿爸，你太厉害了！"两个姐姐惊喜地叫起来。父亲摸摸我的头说："做什么事都要用脑子，要学会去找方法，一定要用心做事、做人。"

在后来的求知道路上，每当钻研遇到瓶颈时，这句话就会回响在我的耳边。

二 用稚嫩的肩膀挑起生活的担子

做最好的自己，不仅仅要耐得住寂寞，还要有超乎常人的付出。吃得了超乎常人的苦，那么，你的内心就可以强大到所向披靡。

我七岁时，父亲意外过世，物质与精神上的顶梁柱倒了，巨大的压力让整个家庭陷入了困境。身为长子，我却帮不了母亲。母亲常常一个人悄悄地躲在角落里流眼泪，每天天不亮就上山砍柴，帮人挑石头……用血和泪挣扎着把我们五姐弟拉扯大。

记得，村里包产到户后，我们家分到一亩多田，第一年，家里的田是好心的乡亲们帮助犁好的，第二年我12岁了，春耕的时候，我和母亲商量着，今年我们得自己来，我说：我一定行的。

那天一早，天还蒙蒙的，母亲扛着犁，陪着我到了田边。早春的寒气透过赤裸的脚底钻心，我努力回想着别人犁田的样子，双手紧紧地拽着犁把，踉踉跄跄地开始承受生活的担子。

那年夏种时，我就懂得利用控制牛的速度、掌握犁的角度把地瓜垄犁得高高的，来减轻母亲的工作量，而且还教比我大十几岁的人怎样犁好地瓜垄，把自己的经验分享出去。还有插秧，我也是一把好手，不用绳子拉直线，一来一回地插，不分左右手，整块田一株株秧苗横是横、纵是纵……劳动美，也许就是这么得来的吧！

我不想详细说这一天，我想提的是当天晚上的那场高烧，一个体力严重透支的 12 岁孩子，一整夜发着烧，好像是给我人生的一种疫苗，从此后，肉体上再也没有不可逾越的痛苦。那种成功后的喜悦使我忘了苦痛，反而觉得自己了不起，因为，我也能帮妈妈啦！

从那以后，此生没有苦，只有快乐。

当你懂得在苦难中学会感恩，并使其成为一种生活态度，从此，你的生活将会充满魔力，带来神奇的变化。

三　修理电器：一个注定的缘

跟自己较劲获得绝活儿是我最大的快乐。而我确定自己较劲的方向，却是一件很偶然的事。

电器修理成为我的职业，虽然源于一个偶然事件，但今天看来，又好像是一个亿万年前注定的事情，因为这里面有我要挑战的极限和机遇。

那是看《射雕英雄传》的年代，一村子人围着一台南洋寄来的黑白电视机，剧中郭靖、黄蓉被一群丐帮弟子围困，生死难料，关键时刻，电视突然闪了一下，所有的人物都不见了。

那一刻，大家都傻在那里，东家喊来会修电器的师傅，那可得跟请一尊神一样侍候他，但是，等他弄了半天修好以后，连续剧已经结束了。那天我和所有人一样，都非常沮丧，回家的路上，我心里就暗暗地想好了，这辈子要做什么事啦。

1988 年念完高中，经舅舅介绍，我到镇上一家电器维修铺当学徒。但我只在那里待了一天半。因为听一位师兄说，他在那里已经都三年了，还没出师。我想：我们家可等不起哦，我更耗不起。

几天后，我带着母亲省出来的几百元钱来到梅山一家培训学校，报名参加了一个为期三个月的家电维修班。在班里我是班长，在班上，我是提问最多、手脚最勤的学生，当别的学员还在摸索时，我已经组装出了第一台电视机。在那一个月内，我晚上跑去帮老师组装黑白电视机，老师呢，给我"开小灶"，所以我进步非常快，老师提前 2 个月让我结业了，说我完全可以独当一面，自己开店去，不用在学校浪费时间。

过完春节我就开始组装黑白电视机卖了起来，干起了家电维修这一行当，跟模拟电路结下不解之缘。当时组装黑白电视机，我第一批原本想进十台，后来因为钱不够只能进八台，回来恨不得一口气就组装好卖出去，换回钱来。所以，经常是听到鸡叫的时候，才意识到要赶紧睡一会儿。中间母亲常常提醒：该睡啦，很晚了！

祖奶奶留下的一张古床，同时成了我的工作台，累了就缩在床后边睡会儿，梦中笑醒了就又爬起来继续组装。这也是我人生中第一桶金，终于可以撑起这个家，不至于那么拮据了。更重要的是，我从技术创造的自我价值中尝到了甜头，从此永不回头。

此后，如果不是偶然遇到了华侨大学的王教授，我现在应该是一个出色的乡村家电维修工，跟我父亲一样，也是一个会被这边人请来那边人请去、有好点心吃的"小黄师傅"。虽然我老爸走得早，但是，父亲的为人处世、对技艺执着追求的形象一直烙在我心里。因为怀有一身绝活儿而被人崇敬的样子，成了我一辈子的梦想。

一次，在泉州一家电器配件店，我偶然遇到了一个对电气原理很专业的老先生，就抓住机会请教了他几个问题，在短暂的交流中，我一下来了精神，对编程控制技术产生了浓厚的兴趣。

奇迹就是这样发生的，这位老先生说："下学期华大开一门新课，PLC，报我的名字，你可以去听。"PLC，中文名叫"可编程控制器"，是一种自动化控制领域的核心技术，这门课程，一直是我钻研中的瓶颈，我将信将疑，这样天大的好事怎么会砸中我？！

半个月后，我来到华大课堂，讲课的王教授正是那天让我来听课的那位老先生。此后整整半年，每逢王教授的课，教室里总有一个来自山村里黑黑瘦瘦的旁听生。

必须从零开始恶补，我没有基础，很难跟得上王教授的教学进度，记得当时为了能跟得上别人的脚步，不至于上课时听不懂，每次上课前我都先熟悉课件，有目的地学习。有时为了了解一个问题会翻阅好几本相关书籍，带着问题去上课，因为自己觉得这种学习机会非常难得，不容错过。这样断断续续坚持了下来，功夫不负有心人，总算让我这个门外汉觉得小有成绩，也能玩起 PLC 来了。在 2000 年之前，懂得 PLC，再加变频器的应用的人，那可是工控界的领跑者、大咖级人物。

课程结束后，王教授对我说："要想在行业里有发展，就一定要到企业去。"

四　在绝活儿里找到快乐

到了工厂，面对庞然大物，我的体会是要有绝对的诚意，才能接触到绝活儿。能跟机器以诚相待，每一个绝活儿里面，都有无比的快乐等在那里。

王教授引荐给我的第一个职业，是到厦门一家淀粉公司应聘，每月工资 800 元。面试的考题是当场画出星三角启动的接线图。当老板接过画得工工整整的图纸后，马上说："明天你就来上班，月薪 1000 元，其他的看你的表现，咱们到时再说。"那时我想，这个老板人好糊涂，写着 800 元月薪，现在却说给 1000 元，心里既高兴又纳闷。后来才知道，原来他的那个厂里已经连续有 7 个电工辞职了，来了没多久就辞职——搞不定淀粉厂设备。没办法，后来有位行内专家给老板支了一招儿："往后你招电工，只要他能画得了星三角启动接线图，你厂里的图纸他肯定也不会有问题，电路图看得懂维修就不是个问题。"可大家知道吗？我也只是学了些理论，连最起码的接触器、继电器、开关、按钮也没见过，但是，喜欢挑战自己的我没有像前面 7 位一样——辞职。为了能够胜任这份工作，不辜负老板和老师的知遇之恩，我用一周时间翻阅了一大柜子资料，大中午尤其晚上就偷偷躲在配电房里拆解认识接触器、继电器、开关、按钮等元器件。不懂就电话请教王教授，或者向西门子技术支持的师傅咨询。两个星期后我完全可以独立处理那些家伙了，心里再也不怕了。

有了华侨大学扎实的理论基础，我将理论付诸实践，在聚祥（厦门）淀粉有限公司大展拳脚。没想到的是，过了半年时间，我为淀粉厂先后成功改造了两条变频控制的淀粉生产线，当时这可是全国淀粉行业里最先进的生产线。目前，我自己独自改造的淀粉生产线还在为老板赚着钱呢。所以，当时老板一下子给我的工资翻了两倍，而我只是一个小电工，破了行业规矩——拿了高于厂长的工资。

我一直很喜欢这位看起来很"糊涂"的老板。

在这期间，我参加了自学考试，报考了福州大学机电一体化专业，我一边学理论一边联系实际。专业课程对我来说一点不累，当然啦，除了英语。也正是自考让我系统学习了基础理论知识，尤其是数字电路，那可是质的飞跃，因为以前只懂得模拟电路而对数字电路一窍不通。不怕大家笑话，自考我整整花了6年时间，后面三年就单独考一门英语，好多人建议我用别的学分来抵，可我就一根筋，是有点傻哦！

我的专业视野完全被打开，是我被推荐到招商局码头以后，那些各时期进口的庞然大物，像一堆世界难题在那里等着我，现在想来还是好激动。因为每个难题的背后，都是回味无穷的快乐享受。我太太曾问过我："如果每天都给你这些傻傻的乐，不给你工资，你干不干？"我的回答让她很不高兴，我说："我干，干吗不干？！"

我的理由是，高兴不需要理由。爱并欣赏你的劳动，无论你从事什么样的工作，对所从事的工作心怀感恩，你就会以愉悦的心情投入工作，回报你的财富和成功也会随之增加。

顺便跟大家分享一下，每当我修好一台设备，我都会像欣赏自己刚出生的儿子一样，左看看右看看，看着它们能在我手底下恢复正常的欢快运行，那种滋味不是金钱所能买得来的，那种感觉简直太美妙了！这就是为什么我热衷于维修的原因。我能切切实实地在维修中获得满足和快乐，确认自己存在的社会价值。

五　在技术创新中体验快乐

因为好奇而跻身变频等驱动器维修领域，第一次应用新技术、新科技大胆改革创新，尝到了变革带来的甜头，这也是我快速进入工控行业一次非常重要的历练机会。

2000年，正是变频器被逐步应用在工控领域的时候。虽然价格昂贵，但是由于变频器独特的调速功能和保护功能，逐渐得到投资者的青睐，比较有实力的老板都愿意进行变频改造，而且在较短时间内就可收回成本。恰逢新技术应用春风，我们老板也被我说服，非常乐意进行试点改造。物理变性的辊筒生产线我使用"一拖八"方式,也就是一台37kW三肯变频器拖动八台3kW辊筒滑差电机,而每台辊筒又可以根据自身生产进度使用原来的调速器实现二次调速。更没想到的是,电力公司第二个月反映说我们厂电费突然减少6000元左右,是不是计量表出了故障,经过校对没问题。后来经过我实地测量发现,改造前后整条线电流减少了35%,电费下降是有根据的。变频改造是成功的,成效是显著的,不但在实际生产操作方面方便实用,而且节能效果非常显著,因为减少了辊筒电机全速运行带来的能源浪费。

接下来老板要扩大生产规模,烟台有名的淀粉设备生产厂家如果按照我们的技术要求,一条线的新型变频控制的电控系统报价就是48万元,可我核算了一下,硬件价格应该不出13万元,当时由于一时冲动,初生牛犊不怕虎的我,自己承揽了下来,虽然辛苦点,但是这是一次历练自己的好机会,我不能错过。下定决心后我找到小老板,商量后,他马上带我一起找大老板拍板。大老板一听我的方案可行并确定我有把握后,非常高兴,马上要求与烟台厂家进行谈判,修改合同,只买他们的粉碎机、辊筒等机械产品,其他控制系统由我负责配制、安装,并配合总体调试。

四个月后,机器试产成功而且还有两大重要突破:一是产量可以在不影响产品质量的前提下随意调节,能耗随着变动,实现成本最低;二是最为让人兴奋的突破,生产线可以满足多系列的变性生产条件,一改原有的产品单一化。

我这是第一次应用新技术、新科技大胆改革创新,尝到变革带来的甜头,也是我快速进入工控行业一次非常重要的历练机会。这一平台不是一般人能随便捡到的,所以,我感恩聚祥(厦门)淀粉厂及其老板,没有他们就没有我今天在技术上的成就。

说到变频器维修,其实也是出于好奇以及对新科技的向往和追求。自从有了变频器的应用,随之而来的就会有维护以及故障维修等问题,随着我对变频器维护的深入钻研,以及自己原有的弱电维修基础,很快我就能处理一些简单的内部故障。接下来不断地收集、学习相关维修技术材料,结合实际故障现象,加上自己的努力研究探索,维修水平迅速提高,处理常见故障没有问题。这也是我最为擅长的学以致用、以用求学的一种学习技术方法。

六　走近"大块头"，天地更广阔

　　我并未被这些"大块头"吓住，反倒是这些"大块头"为我的好奇和发挥聪明才智开辟了更为广阔的天地。从那天起，我更忙了，更爱学了。

　　2003年4月，我离开厦门，到了漳州招商局开发区。最初，我是工程技术部水电班的一员，负责码头电力设备的运行维护。说白了就是对八个高低压变电站巡视巡视，晚上手动开开高杆灯，每年7月份台风到来之前保养一下高杆灯，没有什么挑战性的工作。闲暇看看书，准备自学考试科目，买来芯片，对照书本一个一个地利用万能板实物做实验，掌握其功能及其应用。嘿，这一招儿非常实用，还真的让我在电子芯片上有了感性的认识，技术上得到喜人的跨越。后来在毕业前的实践课中果真拿了高分。

　　在这期间，我虽然没有在吊机维修队，但是偶尔会帮助维修班组的同事维修驱动器，原有的扎实功底让维修班的领导和同事很是信服。

　　2008年，我凭着工程部领导对自己技术的认可，顺理成章地转到维修班工作。面对远比家电大得多的码头门机、桥吊、龙门吊等庞然大物，我并未被这些"大块头"吓住，反倒是这些"大块头"为我的好奇和发挥聪明才智开辟了更为广阔的天地。从那天起，我更忙了，更爱学了。家里、码头，见证着我无数次埋头钻研、勤奋学习的身影，着魔一般潜心研究，寻找着维修技术改造带来的成就感。"进去了"是一种什么状态，我最清楚。有时候着迷了，我可以好几天甚至一礼拜都不下楼，一头扎在机械理论书籍里。可谓两耳不闻窗外事，一心只读"维修"书。

　　在我的房间里，环视一周，满眼都是电阻、芯片、线头等。这些不起眼的东西，被我视若珍宝。电磁炉、电饭煲等家电，经常是我从废品回收店淘回来，自己动手，鼓捣一番就变废为宝。前不久，一个被我淘回来的电磁炉经我的手稍微整修一下，立马运作正常，转手送给亲戚用，两全其美，大家都很开心。家里好多家电都是修了再修，不是差那个钱，是觉得丢了可惜，何况这些旧家电给了我更大的维修实践空间。我太太为此曾抱怨："自嫁给你，都没怎么用过新的家电，说是原配，用的却是二手的。"但是，我却乐此不疲。提起设备维修、故障处理，我会两眼放光，滔滔不绝，如数家珍。

在出租屋里，除了七零八落的机器零件，还有一大橱柜维修类书籍。我把这些书当宝贝来看待，为了给自己"充电"，一有空，就在家研读维修类书籍，挤出时间去参加各种专业技能培训。因为我是半路出家的，不学习，没法处理故障，跟不上时代的发展。

设备更新日新月异，掌握的知识需要再提升一个档次。2004年，我决定自考大专，并选择机电一体化专业。那段时间，16门理论课、6门实践课，只能沉下心来一门一门考。白天上班，下班一有空闲就挤时间学习。经过日复一日地学习，同事们惊奇地发现，我这个"半路出家"的电工在机械维修方面有了质的飞跃。2009年5月，经过厦门大学的系统培训，我又顺利通过相关考试，成为全漳州招商局开发区第一位高级技师。

七　码头生产设备的"救护员"

我始终认为"兴趣是最好的老师""知识是钻研出来的"。对机械维修保持浓厚的兴趣，让你情不自禁地去钻研它、弄明白它。

吊机维修班是我们工程技术部至关重要的一个班组，负责对码头所有进口机械设备的维护保障。这些进口机械设备是码头最核心的"家产"。维修班的工作与水电班有天壤之别，工作强度更大、技术要求更高。只要有时间，我便借阅各种计算机程序，钻研码头设备（主要是进口设备）的检修知识。我始终认为"兴趣是最好的老师""知识是钻研出来的"。对机械维修保持浓厚的兴趣，让你情不自禁地去钻研它、弄明白它。

保证设备的正常作业至关重要，况且机器故障出现的时间是不定时的，随时都有"罢工"的可能。曾经出现12分钟内接到5个报修电话，3个对讲机报告抢修的状况。"码头机械修理工时刻要与时间和效率赛跑，要求又快又稳，但急不得。""人家再怎么急，你都不能急。"为确保机器正常运转，我都是时刻待命，随时准备应对设备出现的故障和疑难问题。

2006 年，我独自完成招银港区 6 号泊位战备码头双缸吊桥液压系统同步控制技术改造，并增加了遥控装置，使战备吊桥手自两用方便实在。利用休息时间为设施室多次修复多台闸杆、多台地磅主机。2008 年，码头公司租用的几台场桥，由于设备是早期从芬兰进口的产品，内部控制的电子元器件经常出现故障，且产品大多已停产，采购困难，更换价格昂贵，加上公司生产紧张，解决设备故障问题迫在眉睫。我加班加点设计图纸、选购配件，经过反复试验调试，成功地用万能板自行设计制造了 6 块电路板，替代损坏的电路板，性能非常稳定，还为公司节省了 9 万多元维修费用。同年，修复 SCT 场桥两台 ABB 远程输入输出模块，为公司节约维修费近 10 万元。安全技术部电动巡逻车直流调速器进水损坏，厂家报价维修费用 4500 元，我只花了三分之一的成本，利用三天的休息时间将它修好。2009 年 3 月，4 号正面吊驾驶室终端状态显示及取样反馈处理电路板因外围故障烧坏无法维修，如购买新配件不仅需要花几千元，还得等上两个月。我从电路分析、图纸设计、元器件选购到制作调试，只用了三天时间就成功地交付使用，及时满足了生产要求。

我喜欢搞些小发明、小革新，给公司创造了巨大效益。

2011 年 5 月，我变废为宝，自制骨架和绕制线圈，用于改造轮胎吊主接触器，彻底解决了主接触器屡次被烧毁的故障难题。

2011 年 6 月，通过小革新，对集装箱空叉倒车控制手柄进行改造，以一元的打火机成本直接创利三千元的惊人之举，救活了国外凡特斯公司的特有手柄。

2012 年 4 月，为使码头 6 台老场桥顺利通过质量验收，我顾不上回家，用一个多星期时间，每天坚持到凌晨一两点，用不到 2 万元的成本，改造了 13 块电路板和两个特殊模块，救活了设备，节省资金近 90 万元。

"墙内开花墙外香"，我不只做好公司内部设备维护工作，还经常为区内其他单位排忧解难。

2008 年，招银港区国检部门的一台放射性检测仪器出了故障。这台设备是从法国进口的，国内罕见。厂家驻北京的总代理派技术员来了两趟也查不出症结所在。厂家表示唯一的办法只能是送到法国总部维修。"将整台机器拆下来，别说费用惊人了，来回都得折腾很多时间，生产耽搁不起。"公司工程部领导发话，让我试试看，"死马当活马医"。

临危受命，我一下子来劲儿了。因为这个仪器怕紫外线，我只能等白天上完班，晚上才开展维修工作。等天黑打开仪器一看，里面整整齐齐几块电路板，和一些从未见过的器件，而且还没有配备详细的技术资料，只有一小本英文说明书。没有独自修过这种洋设备的工作经验，依靠仅有的一点英文说明书，我有点茫然。但不能放弃呀。接下来的几个晚上，我一下班，随便扒拉几口饭，就赶过去闷头围着机器转，甚至一日三餐时候，都是嘴里嚼着饭，心思还落在机器维修上。那几天，我寝食难安，一门心思想着如何尽快找出故障所在，让仪器重新恢复使用。为了不损坏零部件，我必须小心翼翼地调试、检测、再调试、再检测，反复研究、分析硬件电路及内部功能芯片，并查阅了大量相关资料，花了好几天工夫。对整个电路的设计理念和流程有了清晰的了解后，发现这套设备虽然在技术上比较先进，但在设计上并不十分合理。最后，经过我的巧妙处理，通过修复、改进，使检测仪使用功能更加高效合理，换上配件，检测仪重新发出美妙和谐的声响，任务圆满完成了，紧锁的眉头终于能舒展开来。仅此一项就节省了21万余元的维修成本。

通过这件事，我信心大增——外国人能做到的，码头工人照样能做到，甚至做得更好。

2007年10月，我还独自帮助漳州海达航运公司完成"元祥"轮双直流供电电源系统对地（船体）保护防御改造工程，保证了船上直流用电设备安全，也保障了车客轮渡安全。自那以后，一遇到疑难杂症，我就成了海达公司外请的"御用"维修工。

诸如此类的例子不胜枚举，我俨然是码头生产设备的"救护员"，器械维修、器械改造，各种各样的疑难杂症，一到我手里，都能处理得干净利落。公司粗略统计过，我维修机械设备，直接省下的经费超百万元。

八　乐于分享的技术维修带头人

在自己不断进步的同时，也将自己的技术经验毫无保留地与同事分享。

让他亲身实践，试着摸索，而我在旁边做技术指导，坚持将自己所了解和掌握的技术和方法，毫无保留地传授给在场的工作人员。

码头机械维修行业的发展壮大，需要一个梯队式发展的人才队伍，技术的分享和交流显得格外重要和可贵。

2006 年，我所在的工程部被国务院国资委评为"中央企业学习型红旗班组"。我们研制的散粮堆高设备，使平仓堆存能力提高了近 45%；改造 RTG 动力系统，减少待机消耗，节省燃油量近 10%；积极研究探讨节能措施，使港区照明设备节能近 25%；以工程部为主研制开发的门机轻型耙式节能抓斗获得了国家专利，抓斗效率提高近 20%，节能 1%……学习型班组给了我成长的大舞台。

平日里，我不懂就问，晚上借着宿舍的灯光，钻研大量的维修书籍。在自己不断进步的同时，也将自己的技术经验毫无保留地与同事分享。

我觉得传帮带固然重要，但是传统简单的师傅带徒弟的模式已经不适合时代的发展。为了与同事更好地交流，培养更多的年轻人，在工作现场，我不是让徒弟在一边观摩师傅维修机械，而是经过一定的交流后，直接让徒弟上阵，让他亲身实践，试着摸索，而我在旁边做技术指导，坚持将自己所了解和掌握的技术和方法，毫无保留地传授给在场的工作人员。

天道酬勤，日见其心。经过不懈努力，我成长为码头公司人人称道的技术维修带头人，而漳州招商局码头公司的设备完好率也正因为有了我们这样一群好学的维修工，得到极大的提高。

九　永远快乐的维修标兵

我的目标，是在确认自己的同时，成为最好的自己。相信自己也会成为一个像我父亲一样的人生样本，一种确实拥有的、能抚平人生所有坎坷的无与伦比的快乐。如果这些快乐能折合成人民币，我一定是全世界最富有的人。

作为维修班的一员，我和班组成员就像抢险队员，24小时待命，哪里有故障，哪里就有我们的身影。一旦设备出故障了，我们就第一时间赶赴现场，维修起来常常顾不上吃饭、休息。寒冬季节，顶风作业，等维修完毕，手脚早已冻僵，累得直不起腰。酷暑时候，通常是处理好故障后，汗水早已湿透了衣裳。遇上雨天，更是分不清脸上流淌的是雨水还是汗水。

一个冬天的晚上，码头3号桥吊作业时吊具挂舱，又遇到直落潮，非常紧急，当我接到抢修任务通知后，立即赶到现场。维修过程中，蹲在四十多米高空中作业，风急天冷，咬着牙，一直坚持紧张地抢修。直至把吊具安全升起，才挺了挺弯了许久的腰身，擦擦沾满油污的双手，轻松地舒了口气。

2008 年 8 月的一天中午，2 号门机突然整机停电，大豆船又值抢潮水。我顾不上吃午饭，迅速拿上工具投入工作，登到门机顶上时已大汗淋漓。此时的机房温度高达 40 多度，等维修完毕，整个人就像是从水里捞出来似的。

三伏顶烈日、三九冒严寒，风里来雨里去，起早贪黑、加班加点，"干一行，爱一行，精一行"，我从来没有抱怨过。为保证一线生产，我还经常主动请缨要求值班。在同事眼里，我有责任心，工作踏实刻苦。班组领导评价："有一技之长，肯钻研，乐于助人，乐于奉献。"我觉得是公司给了我发挥才能的舞台，我乐于为公司的发展贡献自己的力量。我是平凡人，却从细微处体现了新时代码头工人的伟大。

我从水电工到机修工，从机修工到高级技师，这一路上，我经历了大大小小几千次的检修、几百次的抢修，独自承担了几十项重大项目的紧急攻关任务。

自 2013 年以来，我带领的"黄景图劳模创新工作室"，立足港口码头，大胆创新，实现了各类技术创新 70 余项，围绕提高企业经济效益、改善环境和促进安全生产，在工艺创新、技术创新、商务模式创新、管理创新方面取得了重大突破，如船舶漂移自动报警装置设计、原木工艺创新、场桥油改电工程、BTOS 系统设计思想、拖车网上办单费、供应商增值服务等 17 项，创造出的经济效益以千万元计。

在这么多的重要项目中，运用绝活儿、展示绝活儿不是我的目标，我的目标，是在确认自己的同时，成为最好的自己。相信自己也会成为一个像我父亲一样的人生样本，一种确实拥有的、能抚平人生所有坎坷的无与伦比的快乐。如果这些快乐能折合成人民币，我一定是全世界最富有的人。这一点，我太太都相信了，虽然她说过，作为原配，从没用过一手全新家电，嫁给我真冤。其实，她更相信，我做的是最好的自己，里外都是相称的，我的快乐是有根据的，我的富有是真实的。她跟我说，就是要嫁给"虽然钱不多，但一点也不穷"的我。

致敬词

　　从小就爱思考、善琢磨，信奉真本事，他为此做了最专注、最专一的人生追求。在探索机械生命的每一步，他坚信，电器动力是有灵性的，唯有用情感、智慧、技术与之交往，才能见证能量，创造饱含生命奥秘的奇迹！

　　别人一个月做成的事，他三天做到！别人花几十万元做成的事，他花几千块钱做得更好！别人几年没有解决好的难题，他花一个星期将一个企业的设备功能刷新一次！几个外国专家在几年里没有解决的遗留故障，他用三十个昼夜完成了！一位普通码头工人，交出了100分的答卷。

　　致敬——福建漳州招商局码头维修工黄景图！

生命线上的担当：雪域汉子的粮食情怀

——西藏那曲地区班戈县粮食公司
先进工作者拉加次仁的故事

人物小传

拉加次仁　男，藏族，中共党员，1983 年 3 月出生于西藏拉萨，现任西藏那曲地区班戈县粮食公司办公室主任。2003 年 11 月以临时工身份开始在班戈县粮油公司工作，2005 年 12 月转为国家合同制工人。2003—2007 年担任公司秘书，2007 年起兼任统计工作员、社会管理综合治理工作员、普法工作员、消防信息员、气象信息员、结算员等。2006 年至今连续被班戈县粮食公司评为"先进工作者"和"先进个人"。2014 年被西藏自治区授予"西藏自治区劳动模范"荣誉称号。2014 年被那曲地委授予"那曲地区五一劳动奖章"。2015 年被中共中央、国务院授予"全国劳动模范"荣誉称号。同年被班戈县委、县政府评为班戈县"优秀共产党员"。

一　童年的梦想

从父亲放手让我独自开车的那一刻起，我肩上就扛起了一份责任，既是对自己又是对家人，更是对我挚爱职业的一份担当。

我出生在拉萨市的一个普通家庭，出生时正逢改革开放的初期，虽然藏族地区较为落后，但是我出生时家里的条件还是可以的。我父亲所在的地质系统单位有自办的学校，职工子女能享受到幼儿园教育，早晚父母接送，中午校方供应伙食，而且学校的老师都是从内地调来的汉族人，所以我从小就受汉文化的熏陶。逐渐步入了小学、初中，到初中以后由于自控能力较差，再加上外部环境的影响，我成了一名辍学生。

受父亲的影响，我从小就有个驾驶梦，想跟随父亲学开车。刚开始父亲不同意，觉得开车太危险，让我去学其他手艺，不想让我吃这份苦，所以我们僵持了半个月，谁也不让步。为了圆自己的开车梦，我找了一家汽车修理部当学徒，心里暗想不让我学开车那我就先学修车。做学徒那段时间每天晚上回家时我都是满身油腻腻的，时间久了父亲开始心软了，被我强烈的决心打动，终于同意我跟着他学开车。从2000年起我就跟随父亲开始了自己的驾驶生涯，从一名学徒慢慢地开始自己驾驶，也收获了人生第一笔收入，心里无比高兴。虽然当驾驶员是一个有着生命危险的职业，但是，自己的梦想和喜爱的职业，驱使着我每一次出车都全力以赴。我知道，从父亲放手让我独自开车的那一刻起，我肩上就扛起了一份责任，既是对自己又是对家人，更是对我挚爱职业的一份担当。

二　援藏生命线上的真情回报

小小的工地成了我的学校，包工老板让我懂得了大丈夫的抱负。19 岁这一年的经历，为我以后走上工作岗位打下了坚实的基础。

2002 年夏天，我在西藏那曲地区尼玛县一个修路的工地上找了一份工作，工地很偏僻，距县城又很远，老板和工人都是汉族人，对当地的地形不熟悉，所以他们的食品来源很困难。老板听说我是藏族人又会说汉语，很爽快地答应我在工地工作，我的工作就是开车到250公里外的尼玛县购买食品。这份工作对我来说很轻松，一方面我只有19岁，敢闯敢拼，相对于之前开车跑过的路程，这点路程少多了，另一方面我是当地人，熟悉路况，况且工资不低，所以自己非常满意。

这期间，我基本上是隔一天就得跑一趟县城购买食品，一有空闲就喜欢帮老板干点别的活。学汉语是我非常喜欢做的事，泡在汉族人群里，我先从认识人名开始，一有机会就问工人的名字，怎么读、怎么写……工地的老板人很好，不仅教会我这些工人的名字怎么写、怎么读，还教会了很多我不认识的汉字。很快我就融入了汉族工人队伍里，建立了友谊，工作也就如鱼得水了。

初到西藏，好多工人都不同程度地有高原反应，但都觉得适应一段时间就好了，他们继续为修那曲公路坚持着。一天夜里，工地上所有人都睡了，我被一阵急促的敲门声惊醒，开门一看，是老板。老板气喘吁吁，说话也结结巴巴的，但我还是听清了，他说他弟弟晕倒了，求求我开车把人送到尼玛县医院去。虽然这时草原天气恶劣，又是深夜，但员工生命危在旦夕，我不能见死不救，走！带上一些吃的，总共六个人，我们就出发了。老板和他弟弟坐在副驾驶位置上。夏天的西藏雨水多，夜里外边还是非常冷的，泥泞的路致使车不得不开得很慢。一路上虽然有很多岔路，但是，我以前走过很多次，所以即便是晚上，靠着微弱的车灯，我还是能分辨出走哪条路是对的。到达尼玛县医院已是中午，我们几个人把病人抬进医院，医生检查过后，开了些吃的药，说县医院医疗条件差，让我们转送去那曲地区医院。

没办法，为了争取时间，我们只能赶紧把病人抬上车，立即赶往那曲地区医院。可是县城距那曲地区医院的路程还有600公里，路上人烟稀少。

第二天半夜，病人呼吸急促，我将车子靠路边停下，想让病人吸口氧，休息一下再赶路，没想到这一停，病人就停止了呼吸，再也没有醒来。老板抱着他弟弟嚎啕大哭，其他三个工人也都从后车厢下来安慰劝说老板。过了一会儿，我们把尸体抬到后车厢，我把随身带的一个毯子送给老板，让他给尸体盖上。一位参加我们西藏地区建设的好人就这么把自己的生命献给了雪山，我好想有条哈达敬献给他，以表达敬意。

后事还得处理，尸体没办法带回，只能就地火葬，将骨灰带回家乡。这是一个很漫长的过程，短短十几个小时我目睹了一个人从生病到死亡再化为灰烬，心中很不是滋味。我一个人坐在驾驶室，雨水模糊了车窗玻璃。由于常年在外跑车，车上红辣椒、水、风干的牦牛肉就是我充饥的最好食物。可这次纯粹是为了克制心中的感慨和悲痛，一把红辣椒扔进热水碗里，再用牛肉蘸辣椒水吃，丝毫没觉得辣，平时也只泡三四个辣椒而已。

带着骨灰我送老板去了拉萨火车站，走的时候老板给我深深鞠了一躬，让我内心更是翻江倒海。送走老板我开车带着几个工人回了工地，继续按部就班地工作，但是更加用心。过了半个月，老板回来了，送我一双绣花鞋垫，鞋垫很漂亮，我至今还保留着。我的工作也发生了变化，老板派了两个人跟我熟悉去县城买食品的路，很快我从一个购买食品的司机变成老板的帮手、带工。记工时成了我的首要工作，每天我要说很多汉语，也要写一部分汉字，表达不清的、不会写的老板都会教我，从那时起我每天晚上都会练字。从那以后，老板也给我讲了许多关于他从小时工如何成为包工老板的经历。俗话说，"师傅领进门，修行在个人"，老板虽不是师傅可胜似师傅，小小的工地成了我的学校，包工老板让我懂得了大丈夫的抱负。19 岁这一年的经历，为我以后走上工作岗位打下了坚实的基础。

三　与粮食储备工作结缘

从青涩的基层员工到成熟的粮储管理者，看到我所在的单位一天天地变化，欣欣向荣，前景无限。我与粮食储备工作结缘，践行了"粮食人"的职责，粮食企业更铸就了我的梦想。

2003 年，班戈县粮食公司招录临时工，工地的老板和家里人都让我去，最重要的是我也想换个环境闯一闯。经过招聘考试我被录取，开始了我的第二次职业生涯。原本以为，参加工作后，经济上就有了着落。但是，万万没有想到的是自己所工作的单位因政企分开，转型成为一家企业单位，需自主经营、自负盈亏。计划经济时代，粮食系统是一个多少人梦寐以求的工作单位，人人向往。当时只有两三名工作人员，管理模式和工资待遇都基本参照机关事业单位执行，应算是体制内名副其实的金饭碗。后来随着改革开放不断深化与体制的转型，西藏地区飞快地步入了市场经济时代，在市场经济的冲击下，因为思想观念不开放，加上地理位置的限制，我们单位经营管理模式越来越跟不上时代的步伐，最终成为一家亏损企业。

1995 年，西藏粮食市场放开后，我们班戈县粮食局也实行政企分开。90 年代我们藏族地区有很多人都不知道企业是个什么单位，性质是什么，很少有人明白。

原本不用为职工工资发愁的一家事业编制单位，就这样被转型为国有粮食企业，而且把原有的单位债务全部承揽了下来。

每到发放工资时，我们单位领导想方设法，四处借钱。"三老"问题让我们企业举步维艰、困难重重。

对于员工来说更加困难，打击更大，当时其他任何一个部门都未转型，就我们这个粮食部门被划为企业单位，工资没有了保障，工人的生活就得不到保障，面临着生存的困境。就这样以亏损企业的状态维持到了 2009 年。1995 年我们这里行政事业单位的工资标准为每人每月 1300 元，企业职工工资为 600 元，同比相差 700 元，并且企业还需偿还历史遗留的债务。

由于当时的公司职工吃惯了国家的铁饭碗，忽然一下子需要凭自己的本事，既要发展公司又要养家糊口，再加之更深的计划经济思想意识，所以公司一段时间基本处于瘫痪状态。

一个债务累累的单位能否立足市场都是个很大的问题，更谈不上经营企业了。对于刚参加工作的我来说更是困难重重，打击更大，工资没有了保障，面临的是生存的艰难。这种情况下，很多职工辞职另找新工作了。而我带着年轻人美好的憧憬与志向，走进了班戈县粮食储备库，成了新一代藏族地区"粮食人"。我一人身兼数职，日常工作中我是粮食搬运工，别人闲暇的时候，我还兼任社会管理综合治理工作员、维稳工作员、普法工作员、消防信息员、气象信息员、结算统计员等工作。正是由于工作勤奋、刻苦，成绩突出，加之组织与领导的信任，2005 年我正式转为国家合同制员工，同时担任了粮油公司秘书一职。从青涩的基层员工到成熟的粮储管理者，看到我所在的单位一天天地变化，欣欣向荣，前景无限。我与粮食储备工作结缘，践行了"粮食人"的职责，粮食企业更铸就了我的梦想。

　　单位每年都有粮食储备任务，这项工作可以说是藏族地区工作中的"重中之重"，因为它关系到民生。虽然工作非常重要，政府部门也非常关注，但是近年来，粮食企业不景气，加之单位没有任何搬运粮食的机械，全都是"人背肩扛"，用当地人的话说，"工作累，挣钱少，还不如，去工地"。作为新一代藏族地区粮食人，面对这种状况，我向领导提出采用机械来降低人工成本，但由于单位资金等原因，未能得到落实。当每次储备1000余吨粮食入库时，望着那堆积如山的粮垛，我在同志们的脸上看到了片片阴云，怯意与退意并生，在这种情况下，作为一名年轻的共产党员，必须同企业站到一处，我总是第一个奔向运粮车，全力投入到搬运工作中。说实话，真的很累，真的吃不消，我要不停地往复搬运近200斤的粮食包，并有序摆放成3米多高的粮垛，周围的同志们看到我每次都是这样认真和卖力地工作，他们经常说："小伙子，悠着点，干多干少都那点钱，卖力也不能玩命啊。"可我心里清楚，那曲地区气候有时多变，这精贵的粮食不能及时入库，将会严重影响粮食的质量，甚至会发生全仓霉变的可能。虽然作为雪域高原的儿子，身体已经适应了高海拔，但这样的高强度工作，每次完成任务后不仅筋疲力尽，同时也伴随着严重的高原反应，但我总是觉得，也可能是"雪山守护神的庇佑"，也可能是信仰的"底蕴"支持，只有不断挑战并战胜自我，净化自我，完善自我，才能更好地提升自我。这种心理上的强化，让我一次次战胜伤痛，带着更为饱满的心情，全身心投入到我的工作中。

四　雪域高原粮食人的担当

病痛并没有阻挡住作为"雪域汉子"的我前行的脚步，朴实亲切的领导的关爱，血浓于水的家人的温暖与支持，使我一次次战胜了病痛，一直走到了今天，这种温暖与关爱，无以言表，唯有更努力。

2007 年，国家给西藏自治区上学的学生一个优惠政策——"三包"政策，即包吃、包住、包学费，这中间重要的一个环节包含了粮食发放。第一次我县进行公开招标，中标的是个私企女老板，但是她在发放粮食的过程中出现很多差错，导致"三包"粮食无法正常发放，致使当地老百姓对这一政策极为不满。因为，私企老板没有专业的团队和工作人员，没有购粮、储粮的经验，所以，粮食质量不达标，更为严重的是部分粮食因为存放原因已发霉，班戈县有关部门对该企业做出了相应处罚，最终，这家企业也因为赚不到钱而放弃。第二次公开招标时，我们单位中标了，县领导及单位领导对第二次"三包"粮食发放工作做了详细部署，指派我为这次粮食发放的总负责人。工作任务虽然艰巨，但我心中还是掩饰不住喜悦，面对领导的信任和器重，我虽感担子沉重却也信心满满。

我给自己也制定了计划，从采购粮食、储存粮食到发放粮食，我必须亲自跟班蹲点。不仅要仔细查看粮食的色泽，还要嗅它的气味，不仅要听抓起时的声音，并且还要放在嘴里咀嚼感受它的韧性，质量关系到广大学生的身体健康，马虎不得。粮食储存是我单位的强项，不仅有足够的仓库，还有专业人员针对不同粮食进行分仓储存，经过几个月的努力，粮食的采购和储存任务顺利完成。大家都觉得可以喘口气了，以为发放粮食是最简单、最容易的事。可是，往往觉得最容易的事做起来却是最艰难的。

第一天到学校发放粮食，学生几乎都不要"三包"粮食，原因都来自家里大人不让要。我们开着车从县城到几十里外的牧区了解情况，有的牧民知道我们的来意后，直接就冲我们发火，说我们赚黑心钱，给他们发放发霉的粮食，也有的牧民根本不给我们说话的机会，直接让我们赶紧把车开走。冰冻三尺，非一日之寒，我深刻意识到牧民们对"三包"粮食优惠政策有多寒心，对粮食再次发放有多抵触！俗话说"心病还须心药医"，我一个人带了有关政策的文件和所采购粮食的样本去了牧区，给牧民们讲政策、说道理，给他们看粮食的质量，三天后，有部分牧民开始接受粮食，一家带动两家，两家带动三家，三家带动全体。十几天后，"三包"粮食发放任务顺利完成，在牧民的夸赞声中，我更坚定了粮食人的责任与使命。年底，我个人也被单位评为"先进工作者"，单位被县政府评为"先进集体"。

2008 年，从浙江省粮食局考察带回的"一口清"，改进了我在班戈县粮食局管理储备粮食的水平，在实际工作中清晰明了各自管辖储备粮食的情况，也极大地帮助了基层管理实现系统化。当时，班戈县粮食局选派我到浙江省粮食局考察并培训十五天。在考察前，我就听说他们那边有一道"一口清"的"特色菜"，很是好奇，一直想探个究竟。考察的时候专门由保管人员在进仓库之前给我们汇报，就像相声演员一样，一口气说完粮食的储备情况，清晰明了，每一个汇报就叫做"一口清"。这个仓库里面所装的粮食是政策性粮食还是周转性粮食，什么品种、各有多少吨、多少麻袋，粮食的成色、气味、水分和杂质是不是正常，等等，全都包括在这个"一口清"里面。我把这个"一口清"的方法，用到我们班戈县粮食局进货工作当中，起到了很好的作用，改变了原有管理混乱、随意的现象。

这个方法也可以说是我们那个地区粮食系统中的创新版，对储备库来说，是一个创新。

2009 年，从日喀则拉孜县调入大批政策粮食，我第一次就用"一口清"这种方法做，自治区的领导来检查，对我这个"一口清"很是认同，觉得特别好，汇报清楚、详细，对我大加表扬。

参加工作以来，我始终不忘初心、坚持学习，在工作中遇到不懂的问题时，积极主动地向同志和领导虚心请教。为了更好地提高自身的业务技能水平，十几年来，我翻阅了大量粮食仓储、运输及保粮措施等方面的资料，针对我单位储备仓库有限、储备任务重等实际情况，从接运点到仓库存储点、存放位置与叠高方面综合考虑，科学布局，合理细化粮食入仓各项流程。我运用多年工作经验，最大限度地提高仓库的使用率，解决了仓容不足的难题。同时，结合理论与地区环境因素，依据节约费用、降低成本、奖罚分明的原则，开展科学保粮、绿色储粮工作，完善了一整套科学保粮法。

勤恳工作多年来，由于组织的信任，企业又在我的肩上加了一副担子，让我走上了粮储的基层管理岗位。如何加强企业基础管理工作，没有一套科学的管理方法是不行的，管理的保障基础就是制度、工作流程与工作台账的完善与细化。我刚到单位时，企业几乎没有正规的管理制度、财务制度，只有极个别的人用藏文记录销售、支出等账目，完全是以个体小作坊式的管理进行运转，更谈不上公司化管理模式，作为具有现代企业管理素质的新一代藏族地区粮食人，看到这种困境，我内心深受触动，于是通过单位的支持与介绍，先后走访了那曲地区很多储粮单位，学习借鉴兄弟单位的管理模式，并咨询了一些国内粮食企业的管理方法，学习借鉴总结的同时，结合我单位实际经营情况，从单位的行政管理制度入手，先后规范了文件、财务、人事、培训与绩效考核等相关制度（如原来的财务制度较为混乱并存在一定的漏洞，经常会出现报错账、漏报账、虚假报账等现象，通过财务办公软件的建立，规范杜绝了以上漏洞）。从事管理工作几年来，从无到有，我先后完善各类规章制度 11 项、各类工作流程 7 项、各类台账记录 20 余种，通过规章制度的建立与完善，企业的规范化管理水平不断提升，经营现状与效益得到全面改善。

2014 年 11 月，我公司承担了双湖县教育局的"三包"粮食采购与发放任务，根据政府规定，必须在 11 月 15 日前把粮食送到双湖县。但由于连续大雪，道路无法通行，并且去往该县途中必须翻越一座大山，即便是在夏季，崎岖的山路开车也不好走，况且已进入冬季，路上还有积雪。我主动肩负起给该县送粮食的重任。当时，卡车上装满了粮食，我带了路上可能用到的铁锹，一大清早我们就出发了。一路上，雪越下越大，司机把车开得很慢，但时不时地车轮还会打滑。当时零下二十几度，我却全身都出汗了，比司机还紧张，遇到积雪太厚的路段，我会让司机把车停下，我下车拿铁锹挖一些土铺一下路，然后再指挥司机开车通过。就这样，原本六个小时可以到山下，我们却走了两天，上山的路更是难走，用土铺一段车子走一段，快到达山顶时一块大石头挡住了去路，这时我的两个手掌已经磨出了血泡，石头太大，我和司机两个人根本无力挪开。看看眼前的路，当时就只有一个想法，那就是背着粮食下山。跟司机稍作安排，我就背起一袋粮食下山了，路上没有休息，我想在天黑之前把所有粮食都送到县城。当我把第一袋粮食背到双湖县教育局时，所有人都用诧异的眼神看着我，他们以为下雪天山路滑，粮食按照合同上的日期估计到不了。年长点的老职工热泪盈眶，赶忙给我倒了一杯热水，替我包扎了出血的手，献上了洁白的哈达。随后几个年轻的小伙跟我一起上山，把粮食背了下来，天黑之前送粮任务顺利完成。

班戈县自然环境恶劣，年平均气温在零度以下，但我克服了严重高原缺氧给身体带来的种种不适，十几年如一日，坚持每天最早上班、最晚下班。十几年来的高负荷工作，使我患上了高原性心脏病、风湿性关节炎、高血脂等多种高原性疾病。在2013年自治区储备粮食轮换期间，我拖着严重高烧的身体，带病坚持完成了粮食收购储存工作，在那一年班戈县储备粮食收购数量和质量都创历史新高，当年被评为自治区先进储备库。病痛并没有阻挡住作为"雪域汉子"的我前行的脚步，因为，我知道我的背后有他们——朴实亲切的领导的关爱，血浓于水的家人的温暖与支持，正是他们在我背后强大的帮助与支持，使我一次次战胜了病痛，一直走到了今天，这种温暖与关爱，无以言表，唯有更努力。

五　在感恩的路上再出发

"诚、孝、知、行、和、仁、义、礼、智、信"这十个字，一直是我的人生信条，我要在这条路上走下去。

"诚、孝、知、行、和、仁、义、礼、智、信"这十个字，一直是我的人生信条，我要在这条路上走下去。参加工作以来，看到周围同胞的生活状况，让我深深体会到知足方能常乐，于是，抱着一颗平和而又感恩的心，我也经常利用空闲时间，积极参加社会公益活动。虽然自己家庭并不富裕，但参加工作以来，我常年坚持帮扶普保镇一居委贫困户2000余元；

2010 年，马前乡五村 80 岁高龄的村民布姆生活贫困，患有肺结核无钱医治且无人照顾，日常生活难以自理。在得知这一情况后，我立即将布姆阿姨送往拉萨，并亲自护理半个多月，布姆阿姨病愈后拉着我的手，感动得流下了眼泪；2014 年 2 月马前乡发生地震，我第一时间赶到地震现场，为受灾群众送去了自己和同事筹集的、满含温暖的募捐款 15000 元……

　　2016 年 3 月，我怀着梦想，带着希望，步入了中国劳动关系学院。在这个美丽的校园里，在这个优良的环境中，我跨出了人生道路上很大的一步。在 2016 级劳模本科班的大舞台上，与大家同心耕耘着一片绿地，种植着关心与爱戴，成长着感悟与求知。担任劳模班党支部组织委员以来，我全力协助党支部书记的工作，组织党员及入党积极分子学习党的理论知识，使 2016 级劳模班党支部成为一面鲜红的旗帜，指引先进的思想航向。作为一名中共党员，要始终以饱满的热情和科学的方法投入工作，恪守职责，吃苦耐劳，具有强烈的责任心和集体荣誉感，具有良好的协调能力，宽以待人、严于律己，想同学之所想、急同学之所急，在院领导和老师的带领下，跟随集体的脚步，注重时代感和创新精神，共同营造纯正的班级风气和良好的班级氛围。作为当代大学生，要提升自己的综合素质，塑造完美品质，追求更高的人生目标。留下求是勤奋的努力，留下团结进取的创意，留下年轻热情的足迹。

致敬词

恪尽职守的使命支撑他坚守一线，为祖国无私奉献；至善至美的态度激励他学习探索，为公司增创效益。他用十几年的大公无私、古道热肠、吃苦耐劳报效祖国、服务大众，在藏北班戈谱写了一曲无悔的青春赞歌。

他，是一名视群众为亲人、视事业为生命的共产党员，他凭借着满腔热血和执着追求，在艰苦的环境中、平凡的岗位上熠熠生辉。

致敬——西藏那曲地区班戈县粮食公司先进工作者拉加次仁！

草原上最美丽、最坚强的
太阳花

——内蒙古阿拉善右旗祥瑞生态养殖园负责人 李菊兰的故事

人物小传

李菊兰 女，汉族，生于 1979 年。阿拉善右旗祥瑞生态养殖园负责人。2010—2017 年先后荣获"全国劳动模范""全国就业创业优秀个人""全国科普带头人""首届内蒙古乡村创富好青年""内蒙古自治区创业明星""全区农村牧区青年致富带头人"等称号。2013 年当选为内蒙古自治区第十二届人大代表。其事迹先后在中央电视台、内蒙古电视台、阿拉善电视台等播出。

1979 年 8 月的一天，已有 5 个孩子的牧民家里又多了一个女儿，一个原本就不富裕的家庭又增添了一张吃饭的小嘴。我的家乡位于祖国大西北一处偏远地区——内蒙古自治区阿拉善盟阿拉善右旗，这里十里八村有五六个孩子的家庭并不少，所以我的出生也就很正常，也让这个家庭多了几分喜悦。虽然我出生在一个普普通通的牧民家里，但是家里很温馨、很幸福，家中有爸爸、妈妈的关爱，有四个姐姐和一个哥哥的呵护，在这样的环境里我快乐地成长着。

一　快乐童年　美好回忆

虽然条件艰苦，但是我的童年真的很快乐。也许是因为我有这样的家庭和这样的童年，才成就了今天沉着冷静、坚忍不拔、外柔内刚的我。

羊群·牧民

记忆中爸爸对我的疼爱最多，也许是因为他年纪大了才生下我，也许是我小嘴甜会哄爸爸开心，也许是我比较懂事吧。我出生时爸爸已经 42 岁。小时候我就是爸爸的"跟屁虫"，爸爸走哪儿，我就跟到哪儿。爸爸一年四季不管刮风下雨都在放羊，只有大年初一才能在家休息。而我也就每天和爸爸在一起，早上出门时妈妈总是给我们熬好香喷喷的鲜羊奶茶，做好馍馍。妈妈每天给我和爸爸装一壶 20 斤的砖茶水和一些干粮，因为放羊出门一天要走三四十里路。有时我和爸爸两人骑一头毛驴，我坐在驴屁股上，有时我骑在毛驴上，爸爸牵着毛驴走。那时候妈妈每天在地里干活，姐姐和哥哥都去上学。就这样我跟着爸爸和那头灰色的毛驴，来来回回走过了四个春秋，便到了上小学的年龄。

艰苦又快乐的集体生活

七岁时我被妈妈送到了离家 70 公里以外的镇子里上小学，我和其他四十多个蒙汉小学生住在了一个宿舍里，有五年级、四年级、三年级、二年级的姐姐和我们一年级的小妹妹们，两面大大的炕将我们排成了两行，睡觉速度慢一些就没有位置了，有时旁边的姐姐看我们速度慢就帮助一下，或者给腾出一点点位置让我们都睡下。小小的我们自己洗头、洗脚、洗衣服，每周星期一"校长爷爷"就要检查个人卫生，我们就伸出那并没有洗干净的小手，唯唯诺诺地让"校长爷爷"看。就这样在"校长爷爷"、老师和保育员阿姨的教育、批评和指导下，在大姐姐的帮助下，我度过了童年。小学时期让我最高兴的事情，就是和蒙古族孩子住在一起，我学会了蒙古语和蒙古族风俗习惯，有时我们一起唱蒙古歌、跳蒙古舞，有时我们一起跳皮筋、打沙包、踢毽子，最有意思的是玩嘎拉哈和跳俄罗斯方块。现在回想起来还意犹未尽，多么美好的童年。小学让我难忘的一件事情就是吃不饱饭，每顿饭只有一桶面条，我们四十多位同学一起吃，每人一勺数得过来的面条，喜欢贪玩的我们多么渴望阿姨能给我们多一点饭呀。每次看到爸爸妈妈们来看孩子的时候，我特别羡慕，因为爸爸妈妈们是专程给孩子送馍馍来的，条件稍好一点的家庭还会给自己的孩子留一元或两元零花钱让买东西，或是给孩子拿双妈妈做的纳底鞋。而我只有等到放假回家才能见到爸爸妈妈，有时实在饿得不行就会向关系好的同学借馍馍吃，等下一学期再来时给同学还上。开学时妈妈都只给我10元钱、一双鞋、一身衣服（姐姐不能穿的衣服，妈妈就会翻新后给我穿）和一袋干粮（10斤），我必须留下两元钱作为放假回家的路费，剩下8元钱就是这一学期的报名费和生活费。每年我都盼着过六一儿童节，因为只有这一天才能穿上新衣服，学校会统一让我们购买白色衬衣、蓝色裤子和白色的球鞋，我就特别期待这一天。这一身衣服会一直穿到天冷不能再穿为止，如果不长个子的话，明年继续穿。鞋破了我不会缝，脚指头就露在外面，只能等到回家妈妈给我缝。虽然条件艰苦，但是我的童年真的很快乐。也许是因为我有这样的家庭和这样的童年，才成就了今天沉着冷静、坚忍不拔、外柔内刚的我。

舌尖上的母爱：香喷喷的炖羊肉

每次放假回家，我得坐上大班车摇摇晃晃行驶70多公里，一路上晕车特别厉害，但是下车后我就特别高兴，摸摸怀里揣着的奖状，蹦蹦跳跳地走向5公里以外的家。在离家不远处就看见妈妈在大门外等我了，见到妈妈我赶紧将怀里的奖状给她，便不见人影了。大家猜猜我跑到哪里了？呵呵，我早已闻到了妈妈给我炖的羊肉了，一个学期几乎没有吃过一顿饱饭，看见盘子里的羊肉，我狼吞虎咽，头也不抬地吃，不一会儿一大盘子羊肉几乎就剩下骨头了，我抬头向妈妈笑笑，妈妈也会和我对视一笑，妈妈的目光特别慈祥。假期当中除了写假期作业，就去放羊或是帮爸爸妈妈干家务活，每天可以喝到香喷喷的奶茶，吃妈妈做的饭，我很开心。艰苦而快乐的童年很快就过去了，爸爸妈妈对我的爱却始终没有变。现在我已经当了妈妈，但是不管我什么时候回家，妈妈总是给我做一锅香喷喷的羊肉。妈妈知道我不管在外面过得多么好、吃得多么好，最喜欢吃的还是妈妈做的羊肉。在这里我要感谢我的爸爸妈妈，感谢他们的辛苦操劳，感谢他们的默默奉献。

转眼我上了初中，初中的我仍然和同学们一起住校，还是过着和小学一样的生活，直到考上了中专还是和同学们一起住校，不过这个时候一个宿舍只有 8 个同学。呵呵，现在我还是住宿舍，不过这一次我是和一位全国劳模导游员住在一起，是机遇、缘分让我们一同走进了中国劳动关系学院学习。

二　怀揣梦想　踏上北京

也许是我真诚的眼神和这一番话打动了他，在后来的事业发展中，这位老板帮了我很多很多……在接下来的日子里，我们慢慢地攒下了一些客户，他们来自全国各地。生意做得很好，同时我们俩也各自收获了爱情。

初涉职场

青春我有、你有、大家有，梦想我有、你有、大家有，而如何奋斗去实现自己的梦想呢？记得 1997 年刚从中专毕业的我没有选择回到家乡工作，而是怀揣着满腔的抱负，那就是——我要用我的力量证明自己，证明在这个社会上有我一席之地，我也要为社会做点贡献。于是想法带动着行动，开始了我人生中第一次就业。在快要毕业时，我和同班同学在一次学校招聘中脱颖而出，被外经贸部亚太培训中心聘用，于是我俩一起踏上了去往北京的列车。我特别珍惜这份来之不易的工作，因为每月有 500 元的收入。我告诉自己一定要努力工作，为了我的父母，为了我自己，从最初的毛手毛脚，一点一滴地虚心学习，到后来业务也很熟练了。记得我刚到单位不久，就迎来了香港回归，那时刚好召开亚太地区外经贸工作会议，我第一次见到了皮肤和我们不一样的外国友人，我用我仅有的那点英语知识和他们沟通，帮助他们解决日常生活中的需要。最让我记忆犹新的是当时的外经贸部部长吴仪，每次开会时单位就安排我和我的同学专门负责吴仪部长在我们单位的日常生活，我们都亲切地称她为"吴妈妈"。

记得刚到单位上班我被分配到收银处，7 月份的北京天气很热，由于刚参加工作什么也不懂，气候也不适应，我几乎每晚都睡不好觉。从内蒙古来的其他几名同学相继回去，每走一位我的心就飘走一回，我也想回家。可是家里姐姐上大学需要钱，哥哥娶媳妇需要钱，草场不好羊没有草吃买饲料需要钱，等等，想到一天天老了的爸爸妈妈，想到这里每月有 500 元的工资（那时我要是回到家乡就在供销社上班，每月不到 100 元工资），我就留下了。时间一晃快两年了，两年里我学会了游泳、打保龄球，学会了和同事如何相处，等等，为我在以后的人生道路上打下了一定的基础。

下海经商

1999 年时，"下海"是个热潮，许多亲朋好友都下海经商、创办企业。我也有一股冲动、一种愿望，想成为他们当中的一员。不甘于现状的我也选择下海经商，这不仅是对我能力的考验，也是对我毅力的挑战。我和同学在北京动物园东鼎批发市场租了一个不到 6 平米的小档口，开始我人生的第一次创业。当时我们不知道服装从哪里进货，不知道怎么摆放衣服，更不知道进什么样的服装能挣钱，等等，一大堆难题摆在了面前。我虚心向他人请教，认真观察市场每天的变化，慢慢地掌握了市场行情的变化规律。对每一位顾客都笑脸相迎，认真地为他们服务，不管利润多么薄，我都要做到让顾客满意。记得有一次一位顾客来店里想批发一些衣服，但是把价格压得很低，让我几乎没有利润，而且他态度也不好，对我说："把你们老板找来，我要在你这下订单！"手里拿着一整打一万元钱，一副标准的暴发户模样。他对眼前的这个"服务生"不满意，但是对我的衣服还是很看好的。我慢慢地对他说："我就是老板，这些衣服已经是最低价了，真的不能再低了。您不拿没有关系，我只是一个刚创业的小青年，我可以少赚您一点钱，但我不能亏钱做生意呀！"也许是我真诚的眼神和这一番话打动了他，在后来的事业发展中，这位老板帮了我很多很多……在接下来的日子里，我们慢慢地攒下了一些客户，他们来自全国各地。生意做得很好，同时我和我的同学各自收获了爱情。

2001年8月，我和同学分开各自开了一间服装店，我的爱人也放弃了在江苏的工作，回到了我的身边，我们结婚后没有回老家，继续在这里做生意。

当时的北京动物园东鼎批发市场是早上6点开门，晚上6点关门，而我们每天早上9点之前就将当天的衣服全部批发出去了，然后关门回家。刚开始我特别高兴，因为嘴馋，拿着自己赚来的钱去超市买一堆小吃回家（当时我们租房子住）。这样的日子没过几天，我就觉得有这么好的挣钱机会，却在家里享受，不行，应该出去找更多的进货渠道，挣更多的钱，在北京买房子。我将这一想法告诉了我爱人，同时也告诉了我的摊主蔡姐。蔡姐是浙江人，小时候在甘肃省兰州市做过服装批发生意，或许是因为我们都在西部生活过，或许是我们俩从小经历相似，或许是我和她有缘，后来她在生意上特别照顾我。我说："蔡姐，我现在生意挺好，服装每天不够销售，这么好的挣钱机会，但是我却找不到更多的货源，您能帮我吗？"她爽快地答应了，并且给我介绍了好多厂家，带我去厂家参观。在参观的过程中，她对我说："等你将来有钱了，有固定客户了，你也开个厂子自己生产，这样利润会更大。"我说："我行吗？我可是还没有想那么远呢。"不过我把这句话牢牢地记在心里，到了2002年8月，我们凭借着自己的诚信经营，和我的客户团队在北京成立了服装公司，一个学会计专业的小娃娃开起了服装厂，或许是上天的安排吧。我们从服装选样、设计，布料和辅料采购到服装的生产再到销售，都亲力亲为，反复地学习和总结经验。我的服装生意越来越好，服装销到了全国各地，淘到了人生的第一桶金。

家的牵挂

有一天我爱人劝我说："你不要太要强了，累坏了身体我心疼，我也想当爸爸了。"听到这句话我的心里特别难受，是呀，结婚已经两年多了，每天我只知道忙着挣钱，想着怎么帮父母更多一些，赚更多的钱，却忽略了他的感受。我答应了他，在2004年的春天迎来了一位帅气的小伙子。也许是因为有了孩子，肩上的责任更大了，我爱人每天早出晚归，忙碌着生意上的事情，而我在家照顾孩子。孩子渐渐长大，到了上幼儿园的年龄，我们把他送到了北京市永东第一幼儿园。幸福的生活按部就班地过着，可是总有一种想回家的感觉。每次回家，都能明显地感觉到爸爸妈妈头上的白发越来越多，身体也大不如从前，我们回家的次数也越来越多，越来越频繁了。

三　立志致富　回乡创业

只有告诉自己不能放弃，路是自己选的，一定要把猪养好。要相信自己，对自己一定要有信心，我下定决心要用我的激情和韧性来实现自己的价值。我们就互相鼓励着对方、支持着对方、关心着对方，继续坚持往前走。

漫漫创业路

俗话说：甜是家乡的水，亲是家乡的人。风筝飞得再高再远，线总是在家乡系着。我的根在阿拉善，这里有我发展的土壤。每次回来看到家乡翻天覆地的变化，心中对这片土地的眷恋之情就更加强烈。

2007 年是猪肉大涨价的一年，猪肉价格翻了一番，饲料价格却在下跌，养猪利润非常可观，养猪业发展前景非常好，我嗅到了一个发展的机会。我对爱人说："你看猪肉价格这么好，我们回家养猪吧，老人也老了，我们回去养猪的同时也能照顾老人。"起初他是坚决不同意的，"待在这儿不是很好吗？要回你自己回去，要养猪你去养，到时候别人说我大老板不当，来养猪，你觉得好听吗？你就瞎折腾，放着好好的日子不过，为啥非要回去养猪？"也许是命运的安排，命中注定我就是个养猪娃娃，在我的再三努力下，爱人为了我，也同意回家乡创业了。

2008 年，我和爱人离开奋斗了十多年的北京，带着创业后的成果回到家乡开始新的创业。俗话说，"隔行如隔山"，从服装行业转型到了养殖行业，刚开始创业其实遇到了很多很多的困难。一个在北京打拼多年的"小企业家"，竟然要回来养猪当"猪倌"，大家不能理解，也不认可，自己也觉得没有当时想象的那么好，尤其是要面对家人、朋友、亲戚的不理解，村里人的说三道四和各种舆论。面对如何修建厂房、引进什么样的种猪、如何科学养殖、产品销售到哪里等各种问题，各个环节都需要大量的人员、技术和资金支持。面对这些压力，我其实也很想放弃。想想在北京的时候，每天到晚上我就可以看到当天赚到的钱，而且大家都争着抢着向我要一些赚钱的衣服，也感觉自己被他们宠着、哄着，心里是很开心的。现在我却是到处求人。我把养殖行业看得太简单了，以为和我小时候放羊一样，但是我想错了，养殖业不仅投入大，而且是个回报慢、风险高的行业。其实有好几次我都想再回北京的那个家，但是人其实很奇怪，总是碍于面子，不给自己留退路。我们俩怕被人看笑话，怕给父母和孩子丢脸，不敢撤退。只有告诉自己不能放弃，路是自己选的，一定要把猪养好。要相信自己，对自己一定要有信心，我下定决心要用我的激情和韧性来实现自己的价值。我们就互相鼓励着对方、支持着对方、关心着对方，继续坚持往前走。

我的家乡一年四季就刮一场风，从春天一直刮到冬天。记得我刚从北京回来时身上散发着城里人的气息，有人说我是广东人，有人说我是北京人，我告诉他们我是地地道道的本地人，而且是在牧区长大的，几乎没有人相信。出门这么多年了，在家乡认识的人越来越少，难免有些生疏。以前我是白白胖胖的小姑娘，现在的我被风沙洗礼得又黑又瘦，我又回到了以前，一个地地道道的放羊娃了。唉！岁月沧桑呀！有时候遇上寒风，冻得我浑身发抖；有时候碰上风沙袭击，吹得我睁不开眼睛；有时还会把不过百斤的我刮倒。虽然现在又黑又瘦，但是没有谁能阻止我前进的脚步。记得有一次我爱人出门到大场里去参观学习，我留在了场里，白天我也顾不上思考太多，只有低头去干那干不完的活，晚上我独自一人在场里睡觉。场里距离县城有20公里路，四周没有人家，我最近的邻居距离场里也有4公里路。一个人、一条狗相依为命，因为是冬天，工人还没有招上，养殖场刚完工还没有正式开业。一个人住了一个星期，晚上听到呼呼的风声，吓得我几乎不敢睡觉，总怕半夜陌生人进来，只盼着天亮。在这一个星期里，我不仅将养殖场周围的环境打扫干净，也将自己的心灵清洗了又清洗，放下了高姿态的我，转向了从前那个放羊娃的我，眼下这些不就是和我小时候生活的环境一样吗？我一个牧区娃都不能适应，那城里娃该如何去面对呢？（我爱人是城里人，从小在家没有干过什么活，更不要说在牧区生活，干这些活了）

泪水、汗水的回报

在短短几个月的时间里，我们建起了10栋标准化猪舍、10栋半棚养殖猪舍。同时还陆续购置了产床、大型粉碎机等各种设备，引进了人工授精、沼气等技术。基础设施建好了，我们先后到甘肃、江苏等地购买种猪和优质饲料。转眼到了年底，阿拉善右旗祥瑞生态养殖园正式成立，主要经营模式是自繁自养、自产自销。一个初学养猪的我，每天和工人们在一起工作，与其说是和他们一起工作，不如说是在"偷学"他们的技术。清理猪粪，冲洗猪圈，给小猪打疫苗、剪乳牙、断尾等一系列的相关工作，我都要亲力亲为。有时要推着 200 多斤的粪车往外清理，有时要将 120 斤的玉米倒入饲料粉碎池里，有时要推着 300 多斤饲料去喂猪，有时还要将 120 斤的玉米从车上卸下。泪水、汗水无数次地夹杂在一起，真的说不清是苦还是甜。也许是没有退路的原因，也许是还有创业的激情，也许是每天看着这些白白胖胖的"小美女"——我可爱的小猪，心里也就多了一些安慰。质量是企业的生命，技术是企业的支柱。我先后到兰州正大、张掖新华、江苏黄海等大型生猪养殖场学习，学习先进的养猪模式和方法。购买养殖书籍认真学习，利用网络查阅、搜集各地市场信息和养猪技术，合理设计猪棚猪圈，四处奔波采购饲料。昼夜不眠，看护临产母猪。

在我们大家共同努力下，小猪茁壮地成长。看着小猪一天天长大，也要当妈妈了，我们也就充满了干劲。终于有一天，有一头母猪要生产了，我高兴坏了，这下我终于可以当"猪姥姥"了。我们站在产床边，等待着新生命的到来，说实话我当时的心情和当初自己生孩子时一样，特别地高兴。我抬头看了看我爱人，他也看了看我，那一刻我们脸上露出满意的笑容，我们的付出有了初步的收获，兜里也马上要进钱了，看着可爱的小猪诞生，我嘴里数着：一头、两头、三头……哎呀这位猪妈妈生了 12 头小猪。我赶快将小猪擦干净放进保温箱，看着小猪摇摇晃晃地走路，我生怕它们磕着碰着。我想猪和人也是一样的，它们也很聪明，也需要关心和爱护才能茁壮成长。那一刻我就给公司的每一位员工立下了一条规矩："不准打猪，对待猪就像对待自己的身体一样，爱护猪就像爱护自己一样，要让它们健康快乐地成长。"

在接下来的日子里，猪妈妈们陆陆续续地生产，小生命陆陆续续地诞生，我们也时刻准备着迎接它们的到来，场里小猪的声音也越来越多，我们的工作量越来越大了。自己所学到的知识越来越跟不上发展的需要了。我一边经营养殖场，一边上网查阅资料，还到许多养殖场学习，学习他们先进的养殖方法和管理模式，有时为了多学一点知识，我和我爱人就主动联系，到大一点的养殖场帮忙干活。一个 120 斤的我，"减肥"至 96 斤，身上的肉少了，体力却增加了许多，朋友也增加了许多，最为重要的是学到了许多宝贵经验。第一年取得了不错的收入，在当地也小有名气了。我也信心满满，想扩大养殖场。

四　天灾人祸　创业失败

那么冷的天，那么黑的"夜"，黑得让我无法看清楚脚下的路，我摸摸自己冰凉的手和那颗还在跳动的心，告诉自己坚强起来，事情一定会处理好的。

面对灾难

就在我们的事业蒸蒸日上的时候，一场灾难悄悄地降临了。在戈壁滩上最难抵御的就是风沙。每年植树节我们都要大面积地种树，防风固沙、保护环境。那年一万株树苗已经运到场里，大家都在争分夺秒抢着植树时，一场我从未见过的沙尘暴猝不及防地来了，漫天的沙尘滚滚而来。我想也没想就赶快往猪舍跑，边跑边喊："沙尘暴来了，快往家跑，沙尘暴来了，快往家跑——"我和我爱人还没有跑到猪舍时，沙尘暴已经来到了我们的上空。我凭借着自己的经验摸索着，试图关上猪舍的门和窗户，我爱人使出浑身解数拼命地将猪舍门和窗户关上，避免猪舍的房顶被刮掉，如果被刮掉，我们就全完了。风刮掉了我的眼镜，几乎要将不足一百斤的我刮离地面。我第一时间想到我的母猪，赶忙关上母猪猪舍的门，那一刻我觉得自己很渺小很脆弱。我几乎是眯着眼睛摸着了第一头猪，像是抓住救命稻草一样紧紧抱着那头母猪，生怕母猪被风刮走。忽然一双温暖的大手抓住了我那冰冷的小手，抱着我和那头母猪，那是我的爱人，他和我一样，一刻都不敢松手。大风挟着黄沙猛烈地刮着，好像要将整个地面翻个底朝天。猪舍顶棚被刮得噼里啪啦乱飞，我清晰地听到猪的号叫声。沙尘暴把白天刮成了"黑夜"。那么冷的天，那么黑的"夜"，黑得让我无法看清楚脚下的路，我摸摸自己冰凉的手和那颗还在跳动的心，告诉自己坚强起来，事情一定会处理好的。

猪舍房顶最终还是被刮掉了，而沙尘暴过后又是一场暴雪，猪舍全被压塌了，办公用房的玻璃门窗也被打碎了，鸡被刮得到处都是，雪还在这毫不留情地下着……我该怎么办？

良心的天平

这场沙尘暴过后，我们的猪场好像被打劫了一般，猪舍里温度很低，水管被冻住了，下水道也堵了，有的圈舍有一尺多深的积雪，有的圈舍里连一头存活的猪都没有。猪圈里满地的死猪，满地的水，我们就一个圈一个圈地清理，一车一车地往坑里埋。我看着往大坑里倒的猪，伤心到了极点，老天爷为什么这样对我？我到底做错了什么？想干一点事怎么就这么难呢！这时还有人对我说："你找个猪贩子来把这些死猪收走，多少可以卖些钱，不行就把剩下的猪都卖了，不要干这个了，出去打工还账吧。这样下去每天都有死的猪，你还能都埋了？马上过年了，正是猪肉的销售旺季，你还能少赔一些。"我说："不行，还是把死猪埋了吧，活猪赶紧抢救。我的员工为了给我帮忙已经搭上了自己的一切，我心里已经特别内疚，我不能让我的客户因为吃了我的这些猪肉再有问题，那样我就彻底地成了千古罪人，做人要有良心。"他们说我："都什么时候了，你还考虑这些，装什么高尚呢！都赔得一塌糊涂了，还讲良心呢，你们生意人有个讲良心的吗？尤其你们养猪的，有个良心吗？在饲料里添加瘦肉精、打生长素，火腿肠还不都是用死猪和老母猪肉做的吗？你以为你不卖别人就不卖了，人们就能吃上放心猪肉了，能吃上健康的好猪肉了？我看你就是个白痴，就你这样做生意，不赔得让你找不到北才怪呢！"还有人说："你不在北京好好做生意，跑回来受这些罪，是不是在北京待不下去了才回来的？"诸如此类的说法，压得我喘不过气来。不过他们说我，我心里还不是最难受的，最让我辛酸的是我的父亲，他批评我说："供你念书，供你上学，好不容易考上学，国家能给分配工作，你就不好好上班，铁饭碗你不要，非要在北京折腾。我当时就不同意，你非要去，你回来养猪我还是不同意，你就是不听，你说你一个女孩子家家的上班嫁人就好了，非要养猪。小时候羊还没有放够吗？养猪、养猪，就知道养猪，我看你这下怎么办？我觉得小时候你最听话，结果呢？你最不听话，非要把天捅个窟窿你才满意。这下你自己说，你打算怎么办？我们都一把年纪了，还要跟着你操心。"这是父亲第一次说我，也是最后一次说我。公公婆婆也不愿意让我们再干下去了，说："你们两个原本都是有工作的人，放着班不好好上，非要受这些罪……"

看着每栋圈舍都有死猪，每天都要拉出去一车甚至好几车死猪埋掉，我心里特别难受，几乎要崩溃了，从1200多头的生猪存栏，最后死得剩下不到200头了，一下子损失了近300万元，当时我特别地绝望。

五　夫妻同心　其利断金

站在沙峰的顶端，我向远处看时，发现沙漠原来如此美丽、如此神奇，美丽的曲线各不相同，再看看我们留下的脚印，深一脚浅一脚，就和我的创业历程一样，有辛酸也有喜悦，有泪水也有收获，我的心情豁然开朗，我发自内心地笑了。

神奇的沙漠

俗话说，"创业难、守业更难"，难道就真的就没有我的一席之地了吗？一想到这里我就徒步走进沙漠里，不想看见任何人，不想和人说话，就想在沙漠里结束我的生命。我没有脸见人，更没有脸面对我爱人和公婆。有一次，我徒步在沙漠里走了三十多公里，心想这一次肯定是再也回不去了，死了我也就解脱了。生命有时是脆弱的，有时又是坚强的，当我想好在这里结束生命时，老天却不要我。我对天大喊："老天你带我走吧，我很累很累了，求求你带我走吧！"我哭着哭着眼泪哭干了，不知什么时候睡着了。当我醒来时，眼泪像断了线的珠子一样直往下淌，我爱人不知什么时候来到了我的身边，静静地等着我醒来。他把我搂在怀里，让我感受到他的体温、他的存在。"老公，我错了！我应该听你的，不应该这么任性，我对不起你和儿子，我……我……"我刚准备张嘴要说这些话时，他却对我说："老婆，我知道你心里不好受，人生总是坎坷的，但人生也总是如意的。当老天给你关上这扇门的时候，他总是会给你打开另一扇窗户，寿命不到，你是死不掉的。回家吧，家里还有我和儿子等着你呢。钱没了可以再挣，生意不好慢慢做，生命就一次，没有了就真的一切都结束

了。你还这么年轻，人生美好的东西还没有来得及体会，怎么就想着偷偷地扔下我和儿子逃跑呢？"说着他拉着我的手边走边说："我让你领略一下沙漠的神奇，我带你到那座沙峰顶上感受一下。"沙峰很高，走了一半我便走不动了，深一脚浅一脚，每走一步就往回缩半步，满鞋的沙子。我心里很是不高兴，但我没有说什么，他拉着我的手慢慢地爬到了沙峰的顶端。他指着沙漠说："你看！多么美丽、神奇的大漠呀！"站在沙峰的顶端，我向远处看时，发现沙漠原来如此美丽、如此神奇，美丽的曲线各不相同，再看看我们留下的脚印，深一脚浅一脚，就和我的创业历程一样，有辛酸也有喜悦，有泪水也有收获，我的心情豁然开朗，我发自内心地笑了，对他说："谢谢你！"他温柔地拉着我的手说："你看，这就是人生。"我点点头，心里告诉自己：坚持，再坚持，好日子会来的！我相信风雨过后一定会见彩虹。

转机的到来

接下来的日子里，有爱人的陪伴和妈妈的鼓励，妈妈时常对我说："人钝了在世界上闯，刀钝了在石头上磨。"妈妈教给我很多很多的人生经验和处理事情的方法，妈妈是我们这个大家庭里最支持我的人，不管我干什么，妈妈只教给我正确的处理方法，从来不埋怨我。我在妈妈的眼里总

是那个长不大、毛手毛脚的孩子。在不断学习实践和生产经营中，我总结出了科学养殖的五大原则，要想挣钱就得选择优良的品种、进行合理的防疫，要有完善的管理和整洁的环境等。2011年3月，我获得了阿拉善盟人力资源和社会保障局颁发的"阿拉善盟创业就业带头人"奖牌和内蒙古自治区人民政府颁发的"内蒙古自治区创业明星"奖牌，两项荣誉让我心里说不出有多高兴，一个养猪的还能成为"明星"，还能有人关注我们，政府还关心我们。我拿着奖品就问领导："领导，我这下是不是可以在您这儿贷款了？"领导看着我，笑着对我说："你的事情我们都看在眼里，你是我们这些大学生的骄傲，是我们学习的榜样，你有创业的激情和热情，这一点很重要，我们政府当然支持你。不光是现在，以后我们会一直关心和支持你的，你就放心大胆地去创业吧！"这一年政府给我发放贷款100万元，这些钱可以说是救命钱，我还掉借朋友的钱之后，感觉心里轻松了一些。心想现在政府也在支持我，我就可以放开手去创业了。

再次跌入谷底

"创业难，守业更难"，就在我刚看到一线希望的时候，却迎来了全国猪肉价格的最低谷，猪肉价格的下跌，饲料价格的上涨，每卖一车猪就赔钱。猪不卖，成本就增加，赔得更多，兜里的钱一天比一天少，债台高筑的我究竟该怎么办？我已没有借钱的路子，贷款也放不出来了，场子拿什么来支撑呢？看着摇摇欲坠快要倒闭的场子，我无数次想过放弃，还不起债，想从头再来又没有资本。我后悔，为什么要跟风、为什么要赶时髦？为什么不听劝？俗话说，"听人劝，吃饱饭"，可我当时却被金钱的诱惑蒙住了眼睛。唉！我再次想放弃自己的生命，"人最无能的选择就是无选择地逃避，人最不负责的做法就是选择死亡"，而我就是这个无能的人。我决定将猪全部卖掉，结束这一切。

六　高人指点　贵人帮助

"要想有更大的发展，就必须在科学管理上下功夫、在打造品牌上下功夫，要有自己的特色，要有定价权。"这句话在我脑海里印象非常深，夜深人静时，我就琢磨这句话的意思，理解领导指点的发展方向。

当我到处求着让猪贩子把猪买走时，场里来了一位领导，更为准确地说他是我最为重要的贵人。他笑着问我："小李，最近生意怎么样，好不好呀？现在投资多少了，存栏有多少头猪？"我苦笑着向领导一一汇报，说："生意不好，猪肉价格太低，而且我这儿又远离销售市场，每卖一车猪就赔10万元左右。最近猪也没有人来收，嫌我这儿太远，运费高，不来了。现在还有1000多头猪呢，这几天到处联系猪贩子，想把猪全部卖掉，已经投资800万元，现在资金链断了，无法正常运转了。"说着我低下了头，再没有说话。也许是领导早已掌握了市场的变化，也许是他看我还有发展的空间，他给我提了几点十分中肯的建议和意见。其中有一条说："要想有更大的发展，就必须在科学管理上下功夫、在打造品牌上下功夫，要有自己的特色，要有定价权。"这句话在我脑海里印象非常深，夜深人静时，我就琢磨这句话的意思，理解领导指点的发展方向。当我揣摩出一些门道时，我高兴地对我丈夫说："我们赶快找人把猪卖掉，不管我们现在亏多少钱，家里只留50头猪就可以了。"他用那种好像不认识我的样子看着我，说："你又要瞎折腾啥呢，想养猪的是你，不想养猪的也是你。要么就把场了整个都卖了吧，留着那50头猪做什么？"我的想法被他这一席话给浇灭了。我茶饭不思，是不是我又选错了？我好想有个人帮我指一条明路。

　　我想家了，想我的妈妈了。我向爱人说了一声就回到了妈妈家。原本是想看看妈妈就回去，可妈妈看出了我有心事，问我："最近场里怎么样，猪肉价格好不好，你的猪卖得怎么样？"听到妈妈这几句简单的话，我强忍着眼泪不让流下来。我该怎么回答妈妈呢？妈妈看我红着眼睛就没再往下问，而是拉起了家常："前两天你三姑家你的弟弟从银川来看我，给我拿了些野猪肉，味道还不错。好像是他的朋友在山里办了个养殖场，养野猪、鸡还有兔子……"

　　我和妈妈有说有笑地唠了一下午，也许是妈妈看我心情好一些了，就对我说："你就是个养猪娃，从小就喜欢养猪，你小时候和你爸爸去放羊，在公路边上看见一头小猪，大概也就10斤左右，是拉猪的车主不小心掉下来的，因为周围也没有人家，你爸爸觉得小猪可怜就抱回来了。那时候你特别喜欢，我们就把它养下来了。当时也没有什么可以喂的，家里条件特别差，每天就铲些青草回来喂。你小时候最爱给小猪切草、喂食。有时你和你爸爸放羊回来还给猪挖一些锁阳、酸白菜和一些青草来，当时那头小猪得有三百多斤。我们要杀你哭着不让，小猪也每天围着你转，有时你还骑在小猪身上玩。有一次从猪身上掉下来，差点把牙碰掉，后来就不再骑猪了，才同意让我们把猪杀掉。那时候的猪肉特别好吃，颜色红红的，而且油多，但是吃起来不腻……"

第二天早晨我准备回去了，妈妈又说："人生本就不易，何况你还开着那么大一个场子，又栽了跟头，肯定难。人生很短暂，在年轻的时候去创创业、碰碰壁没有坏处。遇到事情不要着急，慢慢想办法，只要是钱能解决的事情就不是大事情，就有能解决的办法。"我似懂非懂地带着妈妈的叮嘱回到了家中，在夜深人静时想想妈妈说过的话，想想那位"贵人"的指点。终于有一天我突然思维开窍了：对呀，我应该依靠当地得天独厚的资源优势来养"锁阳猪"呀！这不正是自己的特色品牌吗？我赶紧把这一想法告诉我爱人，得到他的支持后我们就开始研究"锁阳猪"如何养殖。传统的养殖方法肯定不行，量太大，成本太高，不如我们就用其中的一部分做实验并进行对比。

一次又一次地实验，一次又一次调配饲料，反反复复不断地研究和实验。因为我知道要想做自己的特色品牌，必须要有自己的饲料配方、养殖方法、养殖技术。经过不懈的努力，2013 年年底，我们的锁阳猪肉准备上市，由于饲养成本高，销售价格就高。但是这个销售价格应该怎么定，定到多少合适，既可以赚钱又能被市场认可？因为定价我和爱人有了争执，我觉得市场上绿色食品少之又少，价位不高消费者认为是假货，打不出品牌，卖不上好价钱，对下一步发展有很大的影响。而且我们要申请专利，要注册商标，要申请有机食品认证，等等。我爱人认为价格太高没有人买，会积压产品，增加成本，会使企业陷入资金链断裂的状态。我们县城常住居民才 1.7 万人，加上整个周边苏木镇人口才 2.5 万人，我们离高端消费市场太远了。如果把产品销往大中城市，成本会大大增加，而且销往哪里？有没有人认可？在两个人意见不统一的情况下，我们请来了一些好朋友来品尝，给我们提宝贵的意见。最后，锁阳猪肉以每斤 80 元和 60 元的价格上市了，我说服了我爱人，告诉他："我在中央电视台上看见有个东北小伙子在山里养黑猪，猪肉以每斤 78 元至 128 元的价格卖到了北京，我还认识他，这是真事。我想我也有自己的优势，我的饲料配方和养殖方法都是我亲自发明研究出来的，别人看不起我，我不能看不起我自己，更不能看不起我的劳动成果。我想我也要把产品卖到北京，甚至卖到全国，我也要上中央电视台。"怀着这样的信念，我一次又一次、一天又一天不断地奔跑在销售的道路上。一年下来脚趾上都是僵巴，甚至脚掌上也是僵巴，以前穿37的鞋子，现在穿39的鞋子还有点紧。有时实在疼得走不了路，就去找我大姐，让大姐帮我修修脚，就会舒服很多，又能跑四五个月，就这样我的产品推向了市场，没想到产品颇受消费者的好评和认可，客户也越来越多，不但增加了收入，而且提高了企业的知名度，达到了双赢的效果。

七　永不忘本　带头致富

一个人富了不算富，我要为家乡做点事，为乡亲办点事。

一枝独放不是春，百花齐放春满园。我明白在坎坷的人生之路上，是许多好心人给了我鼓励和帮助。一个人富了不算富，我要为家乡做点事，为乡亲办点事。随着生活水平的提高，人们越来越崇尚绿色无公害食品。以前每年都有很多生活在城市里的朋友找我讨要家乡的土猪、土鸡、土鸡蛋，至于价格方面他们并不在乎。鉴于此，我就给自己产品定位为：绿色、野味、健康、安全食品。我要让消费者吃到小时候的味道，不管是猪肉、鸡肉、鸡蛋等等，都要让他们吃到满意、放心的产品。

我按照饲料配方来添加饲草料喂养，同时让猪定时晒太阳、定点运动，既节约了饲养成本，也改善了肉质和口感，更是让它们健康地成长。事实证明，好产品是经得起市场检验的，锁阳猪瘦肉率较高，品质好、风味独特。尽管价格不菲，还是经常有高档宾馆、酒店、农家乐、旅游景点来购买。我觉得我的锁阳猪养殖获得了初步的成功，我想将这种成功的养殖模式让老百姓复制，让家乡的人们跟我一起致富。为此采取公司＋基地＋农户的模式，由基地提供种苗和饲养技术，一些退牧之后的牧民，进城务工很困难，所以我就带动这些乡亲们在家乡搞养殖，让他们和我一起走特色养殖致富之路。

一分耕耘，一分收获。如今我的企业已逐渐步入正轨，也成了阿拉善

右旗规模最大的一家集饲养、屠宰、加工和销售于一体的企业。企业成立已有 10 年，占地面积 130 万平方米，主要经营锁阳猪、商品猪、仔猪的繁育、加工及销售。公司采取"公司 + 基地 + 农户"的生产经营模式，本着"民以食为天，食以安为先"的理念，以崇尚科学、推广绿色、倡导环保和保护生态环境为宗旨。产品以"绿色、野味、健康、安全"等特点深受消费者的青睐，畅销北京、天津、内蒙古、甘肃和青海等地。

而我也由一名瘦弱的女子成长为有名的致富带头人，成了小有名气的"李猪倌"，凭着能吃苦、敢打拼的精神，一步一个脚印，实现了自己的价值，同时也得到了社会的认可。2016 年我的故事在中央电视台七套《致富经》栏目播出，是一个长达 40 分钟的专题片，而我也荣获"全国劳动模范"称号。

在这么多年的打拼中，我充分地认识到，创业可以有一个更为广阔的空间来施展才华，实现自我价值，得到社会认可，成功与失败并不是最重要的，最可贵的是能从经营中学习知识，积累经验，提高能力。在我看来，一个人的成长离不开"高人指点、贵人相助、小人监督、个人奋斗"。

同时我也悟出一个道理：想拥有自己的一片天地是一件不容易的事情，但只要你相信自己，敢于面对现实，乐于面对生活，勇于面对挑战，坚持自己的人生理想；只要用心去想，努力去做，敢打敢拼，就没有办不成的事。我相信草原上最美丽、最坚强的那朵太阳花，一定是我！

致敬词

　　戈壁滩上，从小在牧区长大，深知群众困难的她，是群众心中知冷知热的贴心人。一心想为家乡做点事，为乡亲办点事，她是把农牧民群众当作自己兄弟姐妹脱贫致富的带头人。用实际行动回报家乡，自主创业、敢打敢拼的弱女子，怀揣童年美好回忆，靠神奇植物走出绝境，使猪肉卖价翻五倍。

　　她叫"李猪倌"——凭着能吃苦、敢打拼的精神，一步一个脚印，实现了自己人生的价值，集众多荣誉于一身的内蒙古自治区第十二届人大代表。

　　致敬——内蒙古阿拉善右旗祥瑞生态养殖园负责人李菊兰！

在逆境中做"非遗"
文化的守望者

——广东阳江风筝传承人梁治昂的故事

人物小传

梁治昂　男，汉族。生于 1973 年 11 月，生长在中国风筝之乡阳江，自幼爱好制作和放飞风筝。2003 年加入阳江市风筝协会。2013 年 6 月至今担任阳江市风筝协会副会长兼秘书长，并担任广东省风筝协会副秘书长。代表广东省参加国内外各种风筝大赛并屡获大奖。多次担任国际、全国风筝大赛的执裁和评判工作。2014 年 2 月获得阳江市非物质文化遗产（风筝项目）市级代表性传承人称号，2015 年 12 月荣获阳江市首届"民间艺术大师"称号。2015 年被广东省委、省政府授予"广东省劳动模范"荣誉称号，2017 年 2 月被评为广东省第五批省级非物质文化遗产项目（阳江风筝）省级代表性传承人。

一　小小梦想的开始

望着蓝蓝的天空中自由翱翔的风筝，我就想我自己是不是也能做一架在空中翱翔的风筝。

终于把风筝稳稳地送上了带着霞光的天空中，再次望着天空我不再发呆，而是发自内心地喜悦，那更是我小小梦想的开始。随父亲漂泊的那几年里，小小的风筝就是我最好的朋友，我会对它们诉说我的喜怒哀乐。

我出生在广东西部沿海的一个小村庄，在家里排行老五，有三个姐姐和一个哥哥。母亲在家务农，父亲在镇上的粮管所上班，那时候的工作是经常调动的，我的整个童年到小学毕业基本上都是随着父亲的调动在转，基本上没在同一个学校读够一年书。因为居无定所，所以我整个童年要好的小伙伴基本上没有，刚刚熟悉了又要分离，很少参与到其他小朋友的游戏之中。那时候父亲上班经常下乡，很多时候就剩我一个人，没玩伴也没什么可玩的，我就常常望着天空发呆，等晚上父亲下班回来。在我七八岁的时候，一到秋天，就看到很多同学和身边的同龄人下午一放学就带着自己做的风筝去田野里放，比谁的风筝做得好，比谁的风筝放得高，望着蓝蓝的天空中自由翱翔的风筝，我就想我自己是不是也能做一架在空中翱翔的风筝。有了想法，第二天就立刻行动起来，首先在父亲单位的宿舍找到了几张发黄的旧报纸，到池塘边砍了几根竹子，照着隔壁小伙伴做的样式开始尝试着做起第一个风筝。第一次做风筝到现在都还记忆犹新，破竹子的时候第一刀就把左手大拇指削去了一大块，当时鲜血直涌出来，痛得要命。正好那几天是收公购粮的时节，父亲到农村去督促乡民尽快交粮完成国家下达的任务，剩下我一个人在宿舍，看着血流不止吓得我大叫起来，幸好父亲的一个同事那天轮休，听到叫声冲了过来，看到我的整个左手全是血，叔叔抓起桌子上的烟灰按住我的伤口，烟灰被血渗透了，被烟灰刺激的灼热感袭遍全身，我感觉快要窒息了，但是血很快被烟灰给止住了。手受伤的日子我还在想风筝什么时候能完成，过了一个星期，伤口开始结痂了，虽然还隐隐地痛，但我已经迫不及待地拿起刀，小心翼翼地开始削竹子。很快，风筝的骨架做好了，没有胶水，我只能把剩饭粒压碎，把旧报纸粘在竹条上，用了一整天的时间，终于把风筝做好了，看着属于我自己的第一架风筝，虽然不怎么漂亮，可我还是无比地高兴。我在父亲的宿舍找出了一根很细的线，拿着我的风筝奔向田间，经过几次对风筝尾巴的调整，终于把风筝稳稳地送上了带着霞光的天空中，再次望着天空我不再发呆，而是发自内心地喜悦，那更是我小小梦想的开始。随父亲漂泊的那几年里，小小的风筝就是我最好的朋友，我会对它们诉说我的喜怒哀乐。

二　执着的风筝情怀

　　母亲艰难的命运、坚忍的意志和毫不张扬的爱，随着光阴的流转，让我在她的身上学会了善良、坚强和勇敢，这也影响了我以后对风筝事业的执着和坚持。在我走进风筝、接触风筝和传承风筝的过程中，连续多年专心致志，苦苦守候着这份执着的风筝情怀——不逃避困境，要在困境中闯开一条路。

　　直到1985年，我父亲的工作调到了县上，我们才彻底结束了漂泊的生活，我也正式到县城上学，初中和高中都是在县里的普通学校读的。因为之前的基础没打好，所以我的学习成绩一直不太好，久而久之，便对学习失去了兴趣。1989年，我考进了阳江市最差的一所高中，当时这所中学的学习气氛不好，学校靠近阳江鸳鸯湖连环水库，好多学生每天都偷偷地到水库边上玩水、游泳，还有人偷水库管理人员打鱼的小船去玩，也有打群架、到游戏机店铺打游戏机的。我那时候也没心思读书，天天三五成群地逃课到外面玩耍，没事干了就会几个人做风筝到郊外去放飞，比谁的风筝放得最高。高中记忆最深的一件事是在我读高二的时候，我记得快到端午节的一天下午，因为我们当地在端午节有划龙舟比赛的习俗，我就组织了我们3班和4班的二十多个同学到水库去划船比赛。下午约好了同学们集体逃课，从宿舍拿上脸盆、木棍，到水库边上，偷偷解开了两只小船，两个班的同学赶快爬上岸边的小船，用小本棍敲起脸盆，每个队伍拼命地划起小船，你追我赶，兴高采烈地在湖面上划行。因为船小人多，加上划行时晃动得特别厉害，我们班的小船开始进水了，当时所有的同学都投入兴奋之中，根本没有人发现船进水了，当我发现船进水的时候，船已经往下沉了。我大叫一声："不好啦！船要沉没啦，快点兜水啊！"但是已经来不及了，船慢慢地往下沉，同学们都慌了，开始拼命地叫喊，但是不管怎么叫喊船还是往下沉，好在当时我们都会一点水。但是还是有一两个同学因为慌张支撑不住而往下沉，水面上已经看不到他们的脑袋了。在岸上的同学拼命地喊救命，好在当时岸边有几个干农活的村民听到了，他们跳下水库把那两个同学奋力地救起来，送到校医室。后来学校发现了我们这次严重的违纪行为，全校开了批评检讨大会，还把我的父亲也叫到了学校，我在大会上作了深刻的检讨，被留校察看半年。后来父母亲也找我语重心长地谈了一次心，谈了我们的家庭，还有社会现状，和我的将来等等，使我对将来的人生有了初步的认识，好像有点觉醒过来了，要认真读书了。可是没过一个月一个不幸的消息传来，我母亲因为身体不舒服到医院检查，查出了肝癌晚期，那个时候我母亲才56岁，她还那么年轻！噩耗传来犹如晴天霹雳。当时的医疗条件和家庭经济条件都不好，半年之后母亲离开了我们。确切地说，我还没读懂母亲的含义，母亲便匆匆地走了，走得那样不舍。母亲，把我们抚养长大，初中时期青春叛逆，对母亲的唠叨和管教厌恶至极，顶撞和夜不归宿让母亲伤透了心。我是多么想报答呀！可是就在我刚刚有一点懂事的时候，母亲却离开了我们，她怎么忍心丢下我们，母亲的心里有太多的牵挂啊！牵挂着两个女儿还没有嫁出去，两个儿子还在读书。母亲在临走的那几天对我们说："母亲以后不能照顾你们了，你们姐弟要好好做人、好好活着。"我知道母亲也不想离开我们，母亲离开我们的那一刻，我是多么悲伤，多么悲痛，以后再也听不到母亲的唠叨了。但我知道，我只有努力地活着，努力地活下去，才不辜负她老人家的养育之恩。母亲生前没有给我留下什么隽永的哲言，或要我恪守的教诲，只是在她去世之后，她的艰难的命运、坚忍的意志和毫不张扬的爱，随着光阴的流转，让我在她的身上学会了善良、坚强和勇敢，这也影响了我以后对风筝事业的执着和坚持。在我走进风筝、接触风筝和传承风筝的过程中，连续多年专心致志，苦苦守候着这份执着的风筝情怀——不要逃避困境，要在困境中闯开一条路。

1991年，阳江市南国风筝场正式建设完成，并第一次举办全国风筝锦标赛。知道这个消息后，我找来了几个要好的并且对风筝感兴趣的同学商量要不要参加比赛，几个同学对这个比赛都特别感兴趣，所以一拍即合，我们几个集体去市体委报名了。这是我第一次组队参加正式的风筝比赛，激动之余，麻烦事来了，我们都不懂风筝比赛的规则，也没有专业人士指导做风筝，连大中小规格怎么样都不知道，面对一系列的问题我开始后悔自己的冲动。可是，我们那么喜欢放风筝，于是我就召集同学开小组会议，商议做一架什么样的风筝去参赛，几个小时过去了，依然没有任何结果。走在小县城的街道，我第一次觉得头重脚轻，摇摇晃晃之际，一句标语映入眼帘："服从国策，只生一个孩子。"对呀，我可以以这句计划生育标语作为主题。第二天我们利用课间开了第二次小组会议，我提出用阳江最传统的白鲳鱼做风筝，结合计划生育的标语，做一对公母白鲳鱼带着一条小白鲳鱼，其他人想不出更好的方案，就一致同意我的提议。接下来的日子，我们省吃俭用，用省下来的钱买做风筝用的砂纸、胶水、线等材料，经过两个星期日夜不停地制作和调试改进，风筝终于制作完成了。重阳节那天，我们用头顶住这架风筝走进场地，每一个参赛的运动员和观看的群众都投来了异样的目光，最终由于对比赛规则的不了解，第一次参加比赛只赢得了眼光，没有获得名次，但是这更加深了我对风筝的热爱。

高三下学期，我提前参加了中技考试，考入江门市职业技术学院电工专业，两年后毕业分配到阳江电瓷场工作。后来由于国企改革，1998年我成了一名下岗工人，几年间转换了各种不同的工作，虽然在这期间工作、生活都不容易，但是我还是没有放弃对风筝的热爱之情，一有空就会做一两架风筝去放飞，可以给自己减减压。一个人静静地去放飞，让风筝带着我的思念飞上云端、飘上天际。

三　放飞梦想的日子

一个设计经常要几天几夜的构思，每一个成功作品的出炉，手上都会多出一层厚厚的老茧。学习过程中遇到过很多挫折，都是我不愿意面对的，但也正是这些挫折使我进步更快。

2001年有了一点积蓄，我开了一家体育用品店经营，不管是时间上还是经济上都比较宽裕，对风筝的热情又在我心中燃烧起来。几经波折，几个爱好风筝的年轻人又聚在了一起，并以我的体育用品店名为名成立了新动力风筝队。连续几年，每天晚上我们跟着曾发老前辈学习制作龙风筝，不怕苦、不怕累，经过我们的共同努力和不断地创新，制作出了当时国内最大和最长的龙风筝，代表阳江参加了厦门、深圳的国际风筝节，都获得最长龙类风筝奖，当时制作风筝和参加比赛大部分经费都是由我自己筹集的。

经过几年的组队参加比赛，我发现自己在比赛风筝制作方面还是很欠缺。2002年我拜访阳江风筝界的梁汝兴老前辈，当时梁汝兴老师是阳江市风筝协会的会长，他从1986年起就代表广东省参加国内外各类风筝比赛，

每次都获得优异的成绩，有阳江"风筝大王"之称。我向他请教阳江风筝

的制作技艺，老师当时说"后生仔不要学这个，做风筝养活不了自己的"，但是在我的坚持和恳求下，梁汝兴老师终于答应收我为徒，从此以后，我便跟着师傅从扎、糊、绘、放开始，系统学习风筝制作技艺，跟着师傅参加各种比赛，六年时间，我边学习边摸索经验，最后自己能够独立参与完成各种比赛。做风筝需要一定的灵性、耐性和韧性。每一次制作风筝从设计到绘图、扎花、糊纸，都需要一段漫长的时间，为了想出一个个好点子，制作出精美作品，我经常从睡梦中醒来，翻身下床拿起草图就开始写写画画。一个设计经常要几天几夜的构思，每一个成功作品的出炉，手上都会多出一层厚厚的老茧。学习过程中遇到过很多挫折，都是我不愿意面对的，但也正是这些挫折使我进步更快。

我擅长制作龙类风筝和各类阳江特色传统风筝，并创新和制作立体风筝、软体风筝和运动风筝，所制作的龙类风筝放飞效果生动形象、活灵活现，立体仿真风筝形象逼真、惟妙惟肖，整个龙身在空中摇头摆尾，栩栩如生。所制作的南派龙类风筝与北派龙类风筝相比，工艺更加细腻，色彩

更加鲜艳，放飞效果更加生动形象、活灵活现，被誉为"阳江活龙"。此外，在龙类风筝制作上大胆创新，制作出"夜光龙"，这是在传统的龙类风筝上加上富有现代气息的 LED 灯，是传统与现代的结合体。当时所有的夜光风筝，都是在现代大三角风筝基础上加上夜光效果，千篇一律，我就有了在传统风筝上加上夜光的想法，但是因为传统风筝承重能力差，加上LED 灯和电池重量将会增加一倍，风筝重了就会飞不起来，这是一个难题。经过两

年多的研制改进调试，克服了各种困难，终于研制成功，并设计了多种自动喷火效果，这是中国风筝界的一项创新，赢得了前辈的赞许，每次放飞都会引起轰动。自2014年至今，我在参加的国内外各种夜光风筝比赛中，都荣获第一名，并且这几年一直在研发改进，从未被超越。

2008年由师傅带队，我首次代表广东省参加在福建泉州举办的第六届全国农民运动会风筝项目比赛，获得了5金3银4铜、团体总分第一的好成绩，其中，我获得了1金1银2铜。2009年师傅正式退休，不再带队参加比赛了，而这个重任落在了我头上，我不负众望，每次带领队伍比赛都取得优异的成绩。为了四年一届在河南南阳举办的第七届全国农民运动会的风筝比赛，我大胆采用由老带新的队伍组合，从制作风筝到练习放飞技巧，都制定了严谨的方案，每天早上坚持6点钟就开始带队训练，在早上风力最小的时候练习风筝在空中的留空时间，在烈日下风力最大时练习运动风筝的稳定降落，这样一直坚持了两年时间，终于在2012年河南南阳农民运动会的风筝比赛中取得了5金3银2铜、团体总分第一的好成绩，并因此受到了广东省政府的嘉奖。

自从加入了风筝协会，我没有时间陪家人，老婆孩子放假的时候是我最忙的，不是做推广活动、训练，就是出去比赛，有时候两个月都见不到孩子，感觉亏欠孩子的特别多。在河南参加比赛那次，老婆在体检时查出了乳腺癌，必须立刻去广州医院做手术，那几天正是我比赛最忙的时候，老婆怕影响我的比赛成绩，强忍着泪水没有告诉我，自己悄悄承受了病魔带来的巨大痛苦。比赛结束的那天晚上，我姐打来了电话，告诉我老婆已经住进了医院，需要马上手术，当时我呆住了，整个人都不知道在哪里了，再回过神来只听到姐问我什么时候回来。挂了电话，我订了第二天最早的航班飞广州，当我赶到医院时，老婆已经进了手术室，焦虑、不安使我在手术门外走来走去，姐走过来扶着我的肩膀让我坐下，那一刻我已泪流满面，心里除了愧疚就是自责，我不停地祈祷手术顺利，在手术室外等了3小时56分钟，这是最漫长的一次等待。手术室门开了，医生出来告诉我们手术很顺利，这一刻流下的泪水不知道是高兴还是悲伤。手术后期进行了四个多月的化疗，这四个多月我推掉了所有的活动，陪在老婆身边，照顾、安慰、鼓励，陪老婆一起走过了最艰难、最痛苦的日子，有好几次老婆催我去工作，说她自己可以，我知道这是老婆不想耽误我的工作，不管老婆怎么找理由，我都没动摇，尽管一个男人的心没那么细，尽管我照顾人显得那么笨拙，我还是尽心尽力陪伴在老婆的病床前。经历了此事，我认为对家人的爱与责任，作为一个男人不可能经常挂在嘴边，抽时间陪伴才是最深情的告白。

四　"非遗"文化的守望者

"云上精灵"佳叔走了，我们这些晚辈还在坚守，仰望南国风筝场的上空，阳江风筝还在高高飘扬……

师傅的离开，使传承阳江风筝的担子更重了，但是我一定不会辜负师傅生前对我的教导，不能让阳江风筝在我手中失传，一定要把阳江风筝文化传承下去，阳江风筝事业一定会越来越有生命力！

作为一名阳江风筝的传承人，我看到了作为省级非物质文化遗产的阳江风筝的窘迫现状和艰难的发展前景。当今世界是开放的世界，多种文化元素不断涌现出来。饱含历史韵味的传统文化遇到形式多样的外来文化的冲击，绝技缠身的老艺人遇到各种科学技术的挑战，传统文化艺术的魅力遇到快餐文化的侵蚀；慢慢地，一些传统文化因被同化而逐步消失；老艺人年事渐高而逐渐离世；文化艺术的魅力因经受不起百般侵蚀而日益消减。传统文化，是中国文化艺术的精华，积淀了我国千百年来走过的历史记忆，当我们对它逐渐淡忘时，别的国家却在悄然重视它。端午节起源于中国，这是不争的事实，却被韩国申报为联合国的"人类传说及无形遗产"；而流行于我国内蒙古的马头琴表演艺术被蒙古国申报为他们的非物质文化遗产，家喻户晓的中国皮影戏也被印度尼西亚申报为该国的非物质文化遗产。当本属于中国的非物质文化遗产落户其他国家的时候，我们是否应该反省关于国内非物质文化遗产保护与传承的问题，作为一个传承人，保护和传承中华民族优秀传统文化的使命感和责任感是否被唤醒、被激发了呢？为了不能再让属于中国的文化遗产流入他国，保护和传承非物质文化遗产已经到了刻不容缓的时候了，文化工作者、民间艺术家和广大非遗保护工作者要行动起来。

阳江风筝于 2006 年被评为广东省非物质文化遗产。这个在广东传统文化领域的一大盛事却没有引起多大的反响，这个本应让阳江人引以为豪的壮举也没有给著名"中国风筝之乡"的阳江带来欢乐，甚至只有零星几个对阳江风筝特别关注的老艺人才知道这个消息，这样的文化艺术氛围无疑阻碍了保护阳江风筝的发展之路。因此，做好保护和传承阳江风筝的工作越来越重要。

阳江风筝作为省级非物质文化遗产，不仅是一项重要的民族传统文化艺术品，而且承载了广东阳江文化的发展史迹，理应受到当地政府长期持续性的有效保护、传承与发展。当前阳江风筝面临后继无人的窘迫境况，长期下去，阳江风筝会消失在人们的视线中。由此，我也认识到了保护和传承阳江风筝的紧迫性，这十多年我都在不遗余力地做传承和保护阳江风筝的工作。

2003 年加入阳江市风筝协会后，我便投入大部分精力于风筝文化事业，在掌握传统风筝制作的基础上，还着力研究各种立体风筝和软体风筝的制作技艺，制作的传统龙类风筝多次在国内和国际比赛中获得各类奖项，自主研发的立体帆船风筝"南海一号"放飞效果形象生动，令观者叹为观止。和梁玉泉师兄共同制作的长串风筝以无人能及的四千米长度和极佳的放飞效果，多次在潍坊国际风筝锦标赛"最长风筝"项目中获得第一名，刷新了最长风筝的纪录。

阳江风筝在 2006 年被列入广东省非物质文化遗产名录，我也随之加入"非遗"传承的行列中，在项目的保护中，每年协助政府部门举办各类风筝赛事，多次参与"非遗进校园""文化遗产日"等活动，数十次代表阳江和广东省风筝队参加全国和国际风筝比赛，屡获殊荣，为祖国争得荣誉。近年来为了弘扬风筝文化更是马不停蹄，足迹遍及北京、香港、山东、内蒙古、宁夏、青海、云南、上海、江苏、四川、湖南、湖北、福建、广西、台湾以及新加坡、越南、马来西亚等地。

　　我不仅做风筝比赛的参赛者，还做风筝文化的推广传播者。自"阳江市非物质文化遗产展示馆"成立并免费开放以来，我每天都尽量抽时间向参观的观众介绍和推广阳江风筝文化。坚持在阳江风筝传承基地研制风筝，积极参加市非遗中心组织的"非遗进校园"活动，多次让阳江风筝项目走进阳江市职业技术学院、华南师范大学、北京理工大学珠海分校、广州外国语学校和江城区第一小学、阳江十三小学、阳东广雅中学，向数千名学生讲解阳江风筝的历史以及制作和放飞知识，手把手地教学生们风筝制作技艺，使阳江风筝文化在青少年群体中得到传播和传承。我还联合企业组织了多次职工风筝放飞活动，让更多的职工参与到风筝活动中，丰富了企业文化。

　　2010 年至今，作为一名非遗文化的使者，我每年都到宝岛台湾推广中国的传统文化——阳江风筝制作技艺，在当地的中小学教学生制作风筝，和学生们一起放飞风筝，让他们感受到中华传统文化的博大精深，也增进

了大陆和台湾的情谊。

2015 年，为了让风筝制作技艺能够更快更有效地传播，经过多次沟通，协会成功地与阳江职业技术学院达成共识，认为人才断流是阳江风筝传承发展面临的一个重大问题，在高校开设风筝课程对保护阳江风筝文化等非物质文化遗产有积极的作用。第一，能更有效地对风筝这项省级非物质文化遗产进行保护、传承与发展；第二，有助于提醒政府及各界人士预见阳江风筝潜在的危机，使人们提高对非物质文化遗产的重视；第三，有利于丰富和完善阳江风筝传承保护的理论体系，并且深层次地推动像阳江风筝这样的民间体育项目的保护、传承与发展，以及更广范围内推动地方民间文化的繁荣，并带来长远的社会传播性效益。这个建议最终得到了学院领导的大力支持，将风筝制作技艺引入大学课程，在学院体育教育专业开设了"风筝制作与放飞"课程，每年有 3 个班级选修本专业开课，约计180 名学生学习此课程，共计 54 个课时，3 个学分，并在协会的传承基地挂牌成立"阳江职业技术学院——人才培训基地"，在学院挂牌成立"阳江市风筝协会——风筝制作基地"，学生可根据教学要求在学院和协会传承基地上课和实习，使阳江风筝文化在年轻一代心中播种、生根、开花、结果。阳江职业技术学院还聘请我为体育与健康专业兼职教师，在阳江职业技术学院风筝制作室讲授风筝制作技艺，并且每年在阳江职业技术学院培训风筝国家一级裁判员及风筝社会指导员，让更多的年轻人学习风筝制作的基本技艺，传播风筝文化。

2017 年 2 月 14 日，佳叔，也就是我最尊敬的师傅梁汝兴去世了。当天南国风筝场上空，飘扬起各式各样的风筝，以此来悼念佳叔，其中一条迎风飞舞的长龙引来众人瞩目，面对记者我说：

"这条龙长 68 米，是佳叔最喜欢的阳江风筝，佳叔把所有的手艺都毫无保留地教给我们了，我们也希望在当天放飞风筝来缅怀佳叔。"

"师傅生前希望能把阳江风筝发扬光大，阳江风筝的传承不能在我们这代人手中断了。"

"师傅对阳江风筝非常有感情，他总是在做风筝、放风筝、研究风筝、改良风筝……真的是把一辈子都奉献给了阳江风筝。"

"云上精灵"佳叔走了，我们这些晚辈还在坚守，仰望南国风筝场的上空，阳江风筝还在高高飘扬……

师傅的离开，使传承阳江风筝的担子更重了，但是我一定不会辜负师傅生前对我的教导，不能让阳江风筝在我手中失传，一定要把阳江风筝文化传承下去，我相信，阳江风筝事业一定会后继有人！

我现在任广东省风筝协会副秘书长、阳江市风筝协会副会长兼秘书长，每年风筝节（重阳节）期间我都全力协助政府和主管部门成功举办各类风筝赛事。为了更好地宣传阳江风筝，我经常在阳江市风筝传承基地研制风筝，向来"非遗"展示馆参观的社会各界人士、外国友人和观众热情介绍和推广阳江风筝文化，向风筝爱好者展示、传授风筝制作技艺。

这么多年因为对阳江风筝传承发展做出了较大的贡献，2015年我被广东省委和人民政府授予"广东省劳动模范"称号。我作为非物质文化遗产阳江风筝项目的一名传承人，已经掌握了较高的风筝制作和放飞技艺，作为一名劳模，我时时刻刻有一种责任感和使命感，并在工作中参加了社会指导员、教练员、国家一级风筝裁判员的培训，在阳江风筝制作技艺的传承推广工作上不遗余力、身体力行。我还利用业余时间带徒弟，将自己的经验手把手地教给他们。对难的动作反复给他们分解示范，对徒弟严格要求，从不保守，使每个徒弟都掌握制作和放飞的各项要领。有付出就有回报，我所带的徒弟在风筝制作和放飞技艺达到了很高的水平，其中有10多人代表阳江和广东参加比赛并取得了各种名次。

我和我的团队无论是参加风筝展览、设计布展，还是组织放飞、参加各类风筝赛事，都能交出一份满意的答卷，在"非遗传承"这条路上还将继续坚定地走下去，把传承和保护中国非物质文化遗产作为我们的使命和责任。践行宣言"我是非物质文化遗产的宣传者，我是非物质文化遗产的保护者，我是非物质文化遗产的传承人"，我把这视为我的理想与奋斗目标，在传承非物质文化遗产的事业中，团结努力，率领团队勇往直前。

致敬词

他辛勤耕耘，不断探索，不断创新，不断成长，力推风筝文化。突破传统、结合现代科技做出国际夜光"喷火"风筝盘旋夜空。他用爱放飞自己的梦想，是如此灵动、立体、惟妙惟肖，在空中摇头摆尾，栩栩如生、活灵活现！

他，是广东省非物质文化遗产项目（阳江风筝）省级代表性传承人、"民间艺术大师"——梁治昂，对阳江风筝文化传承与发展做出卓越贡献，他的夜光龙风筝包揽了其所参加的国内或国际夜光风筝赛第一名，使风筝文化走向更广阔的天空。

致敬——广东阳江风筝传承人梁治昂！

主井塔上的"崇信好人"

——徐州矿物集团平凉新安煤业有限责任公司机电科主提操作工梁艳花的故事

人物小传

梁艳花 女，生于 1986 年，中共党员。江苏省徐州矿物集团平凉新安煤业有限责任公司机电科主提操作工。多次被单位评为"文明职工""五四岗位能手""十佳技术能手"等；2015 年 4 月被甘肃省委、省政府评为甘肃省劳动模范；2015 年 12 月被崇信县工会评为"崇信好人"。

一 天下父母心

一学期结束了，我开始琢磨老师的话，第一次很认真地想了自己以后会干什么工作，是干得优秀还是平庸，是成功还是失败，心里开始犯嘀咕。也是从那时起，我开始理解爸爸的辛苦了，也懂得了他望女成凤的愿望是那样的迫切。

我出生在甘肃省平凉市崇信县锦屏镇马湾村的一个农民家庭，从我记事起，爸爸就在外打工，家里的事全靠妈妈，我的家是一个典型的男主外女主内的家庭。那时，太奶奶、爷爷、奶奶都跟我们住在一起，妈妈对三位老人都照顾得很好，妈妈是村里典型的孝顺老人的好媳妇，我的父母感情很好，这样一个和睦、幸福的家庭，从小就培养了我的自信。

我小时候是一个很爱美的女孩子，留着长长的头发，可是头发太长自己不能洗，所以每次都是爸爸妈妈帮我洗。有一次，妈妈去邻居家了，爸爸给我洗完头觉得我刘海儿长了，就用剪刀给我剪刘海，我高兴地晃动着身体，爸爸手一滑把我额头划破了，我当时就不让爸爸剪了，用手捂着额头哭着去邻居家找妈妈告状，妈妈为此狠狠地责怪了爸爸。我是家里姊妹中的老大，爸爸妈妈都很疼爱我。每到暑假，其他小朋友都要跟着爷爷奶奶去山里放牛羊，爸爸妈妈觉得我去山里不安全，从来不让我去，而是让我在家看书。

从小学开始，我的学习成绩虽然一直处于中等水平，但是在老师眼中我一直都是个好学生，小学和初中我在班里担任小组长，到了高中我在班里当了两年的政治、历史、地理课代表。记得初中升高中时，我差了5分没考上高中，学校有规定：分数接近录取分数线的学生，只要按规定交钱就能上高中。那时爸爸在一个施工队当监理，家里的经济状况也不错，我以为爸爸会交钱让我读高中，可爸爸去找了校长回来后告诉我，让我复读一年，让我把初中的基础学扎实了读高中才不会那么累。面对爸爸的决定我哭了，我在心里把自己定义为留级生，怕被老师和同学看不起。复读的第一学期，我特别叛逆，经常夜里看小说，早上故意迟到，或者不参加考试，但不管如何闹腾，爸爸始终没说过一句重话，他总是帮我整理好书包，一手拎着书包一手拉着我，送我去学校，跟老师解释。几次后，数学老师看不下去了，当着全班学生的面说："有的学生，不要觉得你家庭条件好，你父母能干，你就可以为所欲为，你要想想你自己以后能不能干？"虽然没有点名，可我知道老师说的是我，当时我无法理解老师为什么要那样说，特别恨那位老师。一学期结束了，我开始琢磨老师的话，第一次很认真地想了自己以后会干什么工作，是干得优秀还是平庸，是成功还是失败，心里开始犯嘀咕。也是从那时起，我开始理解爸爸的辛苦了，也懂得了他望女成凤的愿望是那样的迫切。第二学期开学，我做回了曾经的乖乖女，认真地学习，如愿考上了我在读的崇信县第二中学的高中，高中前两年，学习成绩还算稳定，到高三时，县一中和二中合并，我们随之搬到了一中，每天面对陌生的环境、陌生的面孔，开始还有些不适应，慢慢才习惯了。

2005 年 6 月我参加了高考，那年好多同学都考得不理想，按照当时的成绩我也只能读高职院校，而且毕业找工作又很困难。正在两难时，江苏徐矿集团在平凉市崇信县投资兴建煤矿，招收本地青年，并出资委托技术学校进行学历教育和专业培训。一旦被招收，既可免费上学，又能安排就业，我没有犹豫便选择了平凉新安煤业公司。我当时跃跃欲试地报名了，至于能否被招收、能否上学真的心里没底。那时煤矿效益好，当时知道消息又符合条件的青年都报名了，可公司只收 40 名女工，经过笔试、面试，我最终被江苏工贸高级技校机电一体化提升机专业录取，就因为这样的机遇，我开始了上学深造的读书生涯，也逐渐与伴我十多年的煤矿工作结缘。

二　平凡岗位上的艰苦磨砺

哭过之后，平时特胆小的我竟然一扫所有的恐惧和不安，我努力地一步一步在泥潭里挪动着脚步，我没有停止和退缩，而是继续前行。我当时也不知道自己哪里来的勇气和信心，过后回想，那完全是源于对这份工作的看重和珍惜，源于一种潜意识的责任感。

2005 年 9 月，我踏上了远赴几千里外的徐州上学的道路。我学的是机电专业，单位为了让我们两年之后回去可以直接上岗，联系学校专门开了一个提升机司机班，我在班里担任团支部书记。在学校一年的学习很快结束了，我被分到徐州市庞庄煤矿张小楼井实习，带着好奇我走进了煤矿，这个矿表面看根本不像煤矿，而且交通很方便，坐公交车40分钟就到徐州市了。在矿领导安排下我跟师傅签了师徒协议书，紧接着我们就跟着师傅上班了。我师傅在副井提升机房，走进宽敞明亮的提升机房，从操作室外的机器到操作室内的摆设，我的第一感觉就是这里的环境很干净，这里的工作氛围很严肃，所有的操作都是电控的，我们要做的就是听到信号时向前推一下操作杆，等提升机停下来再把操作杆拉回来。在平淡中这一年的实习结束了，我在这一年里学到了工作技能，也锻炼了自己的心理素质，为我今后的工作打下了坚实的基础。

2007年9月，我回到了新安煤业公司，走上新的工作岗位。刚下车到了煤矿，看见眼前工作环境的一刹那，整个人都愣住了，心中的美好荡然无存，这里就是我要长期待下去的地方吗？相比之下，这里和我实习时的工作环境和条件相差真是太远了。当时煤矿还在筹建中，完全不是我实习时所见到的煤矿的样子，筹建中的煤矿没有绿化，没有硬化的水泥路，满院子都是被装载机挖的大坑，提升机房离宿舍又远，而且提升机还是建安处用于基建矿井的单绳单滚筒缠绕式，完全跟我学的不一样，当时我一下子蒙了，我不知道如何在这里静下心来工作，我不知道如何操作这些陌生的机器。由于建井时期用的提升机跟生产矿井用的提升机不一样，我被安排认了师傅，第一个月我跟师傅上夜班，恰逢秋雨绵绵，整整下了一个月，每晚上班走在路上时我左手抱着棉袄，右手拿着手电筒，穿着雨鞋，还得撑着雨伞。有一次不小心脚踩进泥潭，我使出了浑身的力气，才把脚从深深的泥潭中拔出来，当时我好委屈好无奈，已经是夜里十一点多了，我站在泥潭中伤心地哭了。哭过之后，平时特胆小的我竟然一扫所有的恐惧和不安，我努力地一步一步在泥潭里挪动着脚步，我没有停止和退缩，而是继续前行。我当时也不知道自己哪里来的勇气和信心，过后回想，那完全是源于对这份工作的看重和珍惜，源于一种潜意识的责任感。

夜班上，我从零开始学习单绳单滚筒提升机的操作，师傅是建安处提升机操作能手，很详细地给我讲解，他说这类提升机是煤矿中最难操作的，提升机的运行速度完全由我们的两只手掌握，就像你开车一样，方向盘要稳，还要掌握好油门。每天工作到夜里两三点钟，我瞌睡得上下眼皮直打架，为了让自己清醒一点，我就用凉水洗脸，这份工作容不得我打吨。师傅手把手地教我，由于我眼睛近视，而控制速度的油压表距操作室有一米之远，每当我操作时，师傅从来不敢坐，而是站在旁边教我，认真地讲解每一个环节的操作要领。我用心、专注地听着师傅的教导，在师傅的示范和指导下谨慎地操作，在学习的过程中，我慢慢摸索、尝试，一个月以后我便可独立操作了。这一个月虽然很苦很难熬，每一次操作机器我都小心翼翼，都谨小慎微，甚至有些胆战心惊，但是一个月的学习和磨炼，增强了我工作的自信，在有些同事熬不住辞职的时候，我却熟悉并爱上了这份工作。

能独立操作不久，有一次我因思想上有所放松，加之上夜班犯困，开车的过程中打了一个盹，身子前倾带动操作杆。此时一声巨响，多亏师傅发现，他迅速拉住了操作杆，绞车停了下来。经过大井维护员的检查，罐道掉了两颗螺丝，没有造成严重后果。我当时吓出了一身冷汗。第二天，师傅批评了我，告诉我问题的严重性：动作不标准、操作失误都有可能导致罐笼和井筒设备的损坏，如果是升降人员的副井还有可能导致罐毁人亡。这次失误让我的信心很受挫，我想放弃，上班也不那么积极了。师傅看出了我的心事，他没有直接问我，而是耐心地给我讲了他的家庭状况及年轻时学手艺的经历，告诉我他当年每完成一次提升任务，都能看到监控画面里工友们竖起的大拇指，我突然想起在我第一次独立完成操作时，师傅也竖起大拇指鼓励我。想想我自己的家，有疼爱我的爸爸妈妈，有好的

经济条件让我受良好的教育，印象中爸爸从来没对我说过一句重话，妈妈虽严厉但我知道那都是为我好，我不能因为这点挫折而放弃，不能让父母再为我那么操心。在之后的工作中，我从认真参加班前会做起，持证上岗，规范着装，规范每一个动作，认真填写每一项记录。我认识到开绞车并不是推推拉拉那么简单，会开绞车就应该知道绞车的参数、性能，甚至要了解绞车的"心情"。我找来了设备说明书，利用下班的时间在宿舍里学习，遇到不明白的地方便上

网查找，向大井维护员、技术员请教。每天上班我都早到 1 个小时，观察绞车运行的状况。不同速度、不同位置、不同载荷的提升机分别是怎样的运行状况，发出怎样的声音，我都会详细地记录下来。

2011 年，主井提升系统建成，进入试运行阶段。提升系统采用多绳摩擦式提升机，跟我实习时学的提升机是同一类型。那段时间上班没有固定的时间，只要井下采了煤，我们就会被临时抽调到主井完成提升任务，由于机器刚试运行，故障特别多，同事都不愿意去，怕担责任。我想越是在这个时候越能学到知识，越能锻炼自己，于是我自告奋勇，在工作上随调随到。有一次，实在抽调不出人，没有人轮换我，我连续上了 24 个小时的班。超负荷的工作虽然很累，可是想想自己多学了技术，看着提升机在运行中故障越来越少，自己的操作越来越熟练，我还是很欣慰的。

与世隔绝的工作环境，单调、枯燥的工作性质磨灭了很多同事的梦想，但我不安于现状，不服输，我想不能让学来的知识荒废。我就利用学校学的理论知识，根据自己的实践经验，结合我们矿提升机的特点，总结出了"四字安全上岗法"，即看、听、闻、触。看，绞车的启动、运行状况、各部件连接是否正常；听，绞车运转的声音是否有异常，是哪个部位发出的异常；闻，绞车是否有异味发出；触，安全状态下用手去触摸各部位的温度是否有明显变化。我的"四字安全上岗法"很奏效。我用这四种方法，及早地排除了机器的故障，保证了提升机的安全运行，保障了安全生产，得到了同事和领导的好评。能把一件简单的事情做好，能把枯燥的事情做得有趣味，这是我值得骄傲和自豪的。

有一次上中班，雷雨交加，我在操作的过程中感到提升机钢丝绳在微微地颤动，透过雷雨声隐约听到罐笼"吱吱"的杂音，并有加剧的趋势。我初步判断是南罐第二个平衡油缸漏油，罐笼失衡与罐道绳摩擦力增大所致。我停下提升机，翻阅当天的检修记录，显示正常检修。为了核实情况，我打电话给当天负责该项检修的大井维护员，在我严谨的判断下，维护员不得不说出实情——天气不好，想早点下班，便偷懒没有对平衡油缸做检查检修。后经值班维护员检查，果然是平衡油缸漏油所致。经历了这件事，我认识到在工作中不能有一丝一毫的粗心大意，否则就会造成不可挽回的损失。

2013 年随着矿井步入正轨，提升量越来越大，原有的提升系统存在很多漏洞。对于主提升系统直流调速装置改进事宜，我向矿技术部门提出了建议，针对原有的主井提升系统，电控由 1 台 6RA7031 西门子励磁装置和 4 台 6RA7095 直流调速装置共同控制，正常情况下 4 台调速装置两两并联后串联在一起，对提升机的测速进行控制，此时可称之为 12 脉动运行，当一组柜子出现问题时，可以停掉一组柜子，此时提升机为 6 脉动运行，速度只有原来的一半。对此经过不断研究改进，最终在原有的两组柜子的基础上再增加一组 2 台西门子 6RA70 直流调速装置，当一组出现问题来不及处理时直接切换到另一组柜子，与原有的一组装置共同承担提升机的运行，这项改进大大减少了提升机处理电控故障的时间，并确保了矿井的正常生产。

2013 年 6 月，我女儿出生了，由于提升任务紧，我只休了三个月的产假便上班了。年末，我获得了公司授予的"2013 年度十佳技术能手"荣誉称号。

2015 年 3 月，科领导让我准备照片和材料，说是要申报一项荣誉，当时从我所在的岗位上选了三个人，最终候选人是我，就这样一层层地报上去了。后来矿工会的一个同事告诉我，把我的事迹材料报到市里了，那时我不知道是什么荣誉，一听材料报到市里，我心想肯定不会评上我，我只不过是平凡岗位上的一名很普通的工人。4 月份我上夜班，一下班就睡觉了，到中午 11 点我才起来做饭。20 号这天也是一样，早上 10 点我被电话铃音吵醒，蒙眬中接了电话，电话那头说："你好，请问你是新安煤业机电科的梁艳花吗？"我说："是的，我是。"那边又说："4 月 27 日早上 8 点穿正装到市总工会集合，然后统一到省里参加劳模表彰大会，请安排好时间，要一定参加。"我回答："好的，知道了。谢谢你！"迷迷糊糊中通话结束了，当时还纳闷劳模表彰大会为什么我要去参加呢？没多想就起床做饭去了，老公中午回来我给他说了，他也不知道，说下午上班问问领导，这一问还真是大事，那就是我被评上省劳模了。这时，单位办公室也接到开会通知了。

同年 12 月我收到中国劳动关系学院社会工作专业录取通知书，当时我很矛盾，如果去上学，我的岗位会安排其他的人，而且工资会受影响；家里也需要照顾，女儿才三岁，婆婆身体不是很好。我好几个晚上睡不着觉，煤矿在山里，每到冬天下雪，山里不通车，我和老公经常十天半

个月回不了家，即便在平时也是一周回家一次，陪陪老人和孩子。想到这些，我决定不去上学了，老公怎么劝我都不听，老公无奈之下，找了分管机电的副总，他是我们的共同领导，也是看着我们一步一步成长起来的，他当时的几句话让我记忆犹新。

他说："人总得往前走，立足于本岗你已经很优秀了，但你还得继续深造，只有不断学习你才能为矿上多做贡献。"他还说："把工作交给你我们很放心，同事跟你一起上班领导很安心，你去上学是家庭的希望，是我们的期望，是单位的骄傲，更是孩子的榜样。"听了领导一席热心和信任的话语，我非常感激，我终于有了上学的信心和决心，加之家里人也支持我去上学，于是2016年3月我开始了大学生活。

三　家的港湾，一路风雨兼程

看到老公每次下班回来，黑黑的脸上只有一双眼睛一眨一眨，全身的工作服不仅脏兮兮的，而且还湿透了，目睹这些情景，我不禁潸然泪下。我觉得自己肩头的担子很重，我不仅要做好本职工作，还要处理好家务，照顾好老公，做他生活和工作上的得力助手，让他安全、放心、全力地投入工作。

2008年元月，我有了自己的小家，老公既是高中同学又是同事，相同的经历让我们有了更多的共同话题，更能彼此理解。老公是一名运输工人，每天都要下井工作8个小时，回到家后已经筋疲力尽。那时单位科室的各个部门都有很多空缺职位，着实很诱人。我和老公一起参加了成人高考，而且我们同时拿到了兰州理工大学机电专业的录取通知书，可就在那时我怀孕了，我每个月只有1300元工资，老公也只有1500元工资，我们要养家，还要养孩子，老公说："你是单位的职工代表，你的发展空间比我大，如果能调到科室你就不用熬夜班了，挣钱养家是我的事。"可是我不想让老公那么累，互相谦让之后最终让老公函授学习，我就此放弃了学业。

2009 年 8 月，儿子出生了，小生命的到来，让全家人兴奋不已。三年后，老公拿到了大专毕业证，而且顺利调到机电科设备组工作。一天夜里四点多，老公下井时在井口碰到了一个同事，那同事说他要跳井，所有人都以为他在开玩笑，老公乘罐笼刚走，那同事到井口边准备跳，被当时的把钩工和信号工给拦住了，那位同事也走了。可是当提升机再次运行时，信号工看到，那位同事已经一跃而下，即使当时信号工按了急停按钮，也还是晚了，一个年轻的生命就这样结束了。老公是当天下午四点多上井的，当我见到老公时，他的脸色煞黄煞黄的，一句话都没说，我挽着老公回了我们的小家。后来从同事口中得知，那位同事下中班后喝了点酒，回到出租屋和老婆吵架了，所以又折回单位跳井自杀了。这时我琢磨的不仅是如何当好一个矿工，干好一份工作，尽好一份责任，更真真切切地感受到应该如何去做好一个矿工的妻子。尽管平时生活中也是吵吵闹闹，计较家务谁干得多谁干得少，可看到老公每次下班回来，黑黑的脸上只有一双眼睛一眨一眨，全身的工作服不仅脏兮兮的，而且还湿透了，目睹这些情景，我不禁潸然泪下。我觉得自己肩头的担子很重，我不仅要做好本职工作，还要处理好家务，照顾好老公，做他生活和工作上的得力助手，让他安全、放心、全力地投入工作。由于我和老公有相同的职业，有共同的奋斗目标，我们的心紧紧贴在一起，我们能相互理解，共同进步，彼此搀扶，在人生的道路上风雨无阻，携手前进。

2012 年对我来说很特别，我光荣地当选为徐矿集团公司职工代表，正式成为一名中共党员。这年 3 月，我婆婆突然晕倒，住进了平凉市人民医院，因病情严重转入陕西西京医院，经详细检查，确诊为皮肌炎晚期，这是一种极为少见的疾病。当时我正在徐州开职代会，散会后我没来得及休息，便直接赶往西京医院。在病房看见婆婆的第一眼，我整个人都傻了，好好的一个人，短短几天就躺在床上不能动弹了，婆婆嘴唇上有一层干痂，我没说话就流着泪跑去问医生了，当时医生说希望很渺茫，即使住院治疗也可能人财两空。但是作为儿媳，我不能放弃对婆婆的治疗，就算花再多的钱，即使病情没有好转，也算尽了我们的一份孝心，我心中至少不留遗憾。

在医院，我每天用棉签蘸水给婆婆润嘴唇，喂稀饭，帮她多翻身。当时婆婆很瘦，我担心她躺着压疼了身体，就在病床上多铺了两层垫子。我们的心血没有白熬，上苍赐给了我们一次尽孝的机会，婆婆的病情最终好转，我感到从未有过的坦然和愉悦，一个月后婆婆出院了，在家休养。在婆婆回家康复的日子里，我感觉到天要塌了，既要工作，又要照顾婆婆，还得照顾小孩，婆婆那时候还不能走路，在轮椅上整整待了一年。那时我跟同事换了班，长期上夜班，夜班下了我坐公交车回家照顾婆婆、孩子，下午把婆婆安顿好再坐车回单位，和老公轮换着照顾老人持续了一年，这样坚持着直到婆婆可以拄着拐杖走路。在最累的时候，和我一起上班的两位同事主动帮我分担工作，上班来时还会给我带一些吃的。因为在恢复的过程中需要服用大量的激素药物，致使婆婆小脑萎缩。当时出院时，医生告诉我们患了这种病的人，生命只能维持三到五年，但我坚信婆婆的病一定会治好的。病情的转机正合我意，到目前为止，我婆婆不仅能生活自理，而且能简单地做两顿饭，只是记性不好。经历了这些我成熟了许多，我更认识到做子女的应该好好侍奉老人，也学会了如何处理好家庭与工作的关系。我一边侍奉婆婆，一边坚守工作岗位，不但没有耽误单位的事，而且做好了家里的事。单位同事和领导知道了，他们都夸我是好儿媳，在年终文明创建表彰活动中，我们家庭被评为"文明家庭"。

在荣誉面前谁能不高兴呢？然而在这份殊荣的背后又有多少辛酸和艰辛，有多少艰难和不易。我并不过分看重这份荣誉，而是更珍惜家庭的温馨，更珍惜对亲人的情意。有时候我独自想：父母是唯一的，父母在世的时候不尽孝，等到有一天失去了这样的机会，还会有弥补的机会吗？

生活有时候会作弄人，总有那么一刻，会剥夺你所有的希望。2016年12月，正在我读大学的时候，我年仅6岁的儿子突然病了，脚腕出现红斑点，而且疼得只能两只手扶着墙走路，在市医院检查确诊为过敏性紫癜（关节型），医生说这个病不好治。接到老公的电话，我觉得天都要塌了，挂完电话，我就给我妈妈打了电话，没说几句话我就哭泣不止，这时也只有母亲允许我哭得像个孩子。我擦干眼泪，开始考虑孩子应该在哪里治病比较好，和老公商议后，决定把孩子接到北京儿童医院治病。在北京儿童医院，医生看了孩子的脚腕，说："没错，就是过敏性紫癜，要做好几项检查，在检查结果没出来之前，孩子只能喝稀饭。"一周后结果出来了，医生说孩子病情是初发期，算是轻的，吃药控制住就没事了，孩子暂时对牛奶、大米、鸡蛋过敏，过敏的这三样食物等孩子病情稳定后慢慢试着吃，另外孩子不能剧烈运动，而且这类病没法根治，只能控制，必须悉心照顾避免复发，如果复发了，病情会一次比一次严重，每周做一次尿检避免伤及孩子的肾。医生一系列的嘱咐，我作为孩子的母亲除了自责就是内疚，因为要上学，这些我根本就没办法做到。

工作九年来，我办起了"提升机司机业务交流小课堂"，吸引了大井维护员和绞车司机来参加。35名小课堂成员，有33人考取了高级技能等级。每逢大型检查，同事们都感到最头疼，因为害怕回答问题，而这时我会申请上班，首先这是对自己的一个锻炼，其次只有遇到问题你才会知道自己的理论欠缺。提升机在大型检修中操作的那个人肯定是我，而挺着大肚子爬十八层楼去上班的那个人也是我，因为电梯坏了，冬天下雪，山路不通，修电梯的人来不了，我不想搞特殊，性格柔弱但也带点小倔强。几个人在一起聊天，总有一个人要"啊、啊、啊"地问好几遍，没错，这个人就是我，我所在的工作岗位噪音很大，操作室的隔音玻璃又不标准，所以我的听力不是很好，有段时间耳鼓膜穿孔，每天我的神经都是绷紧的，我真的很怕听力恢复不了。

自从参加工作，我放弃了很多东西，煤矿是高危行业，苦，习惯了，但心是热的，因为我知道我的付出是值得的。简单的生活方式让我忘记了外面的世界是精彩的，吃饭、睡觉、上班下班，三点一线的生活方式，到了外边和别人聊天基本上聊不到一起，外面的情景我根本不知道，有时真觉得自己干煤矿干傻了。大家知道煤矿工作面临着安全等诸多问题，与大自然做斗争的确不容易，有时是要付出生命代价的，安全为天，这是每一名矿工都知道的原则，安全就是幸福，安全就是快乐。对于幸福这两个字，每个人所理解的都不同，有人认为领着妻子孩子走在林荫道上享受家庭的温馨就是幸福，有人认为全家人围坐在餐桌旁享受着天伦之乐就是幸福，有人认为无病就是幸福……不可否认这些都是幸福，但是煤矿工人很难有和家人一起走在林荫道上的时候。说无病就是福，对煤矿工人来讲就有点不现实，煤矿工人的职业病有关节炎、煤肺病、尘肺病、矽肺病等。有人会说既然煤矿有这么多危险的职业病，为什么还会有人干煤矿呢？有的是子承父业，有的是分来的大学生，有的是招来的工人，说到底都是为了生计，也有极少一部分喜欢挑战、敢于攀登的人。对于国有矿井来说，安全措施还是很到位的，不能等同于私人煤矿。我们经常讲，隐患险于明火，责任重于泰山。也正因为如此，对煤矿而言，最大的幸福莫过于安全，当妻子等到丈夫回家吃饭的时候，当父母看到儿女安全回家的时候，当情人互相报平安的时候，这就是他们最大的幸福，也是他们最大的快

乐，这也是我所谓的幸福！还有就是煤矿工人大碗喝酒大块吃肉，这是矿工的本色，煤矿工人和军人一样有着战友的情意，他们互相关心互相爱护，年纪大点的关心年纪小一点的，在煤矿忘年交比比皆是，除了师傅就是哥们儿了！比我老公大二十岁的叫他弟弟，有的叫他师傅！这其实是所有矿工的心声。我是一名矿工，更是一名矿工的妻子，知道矿工的不易，常常因为老公下井而坐立不安，因为没按时回家而跑去值班室问情况，或者打电话到井下。我说不清有多少个三更半夜，只要我听到挂在裤腰带上钥匙响的节奏声，我就能准确地判断是老公回来了……这是一个矿工妻子对丈夫安全的期盼，也是一名妻子对井下工作的丈夫耐心的等待。

四　心向远方，走好脚下的路

我觉得这些荣誉和称号，是对我一种无声的鼓励和鞭策，远方还很远，脚下的路还很长，我所要做的事情还有很多。

一路走来，在九年的工作历程中，既有艰难的抉择和执着的坚守，也有鲜花的簇拥和掌声的陪伴，还有许多激励我前进的赞语。我有过彷徨，有过困惑，有过泪，有过痛；有过自己的工作得到肯定后的喜悦和激动。我知道鲜花总是伴随着岁月的磨砺而绽放绚烂，吐露芬芳，我知道成功总

是在无数次失败后不期而遇。一个人没有随随便便能够取得成功的，一条路没有永远都是一帆风顺、平坦无阻的。

一路走来，有领导的关怀，有同事的理解，有父母的呵护。

一路走来，我自己觉得只是平平淡淡地经营着匆匆而逝的日子，我只是默默地做好自己工作分内的事情。这些年来，在我付出的同时，那些荣誉的桂冠也悄悄地降临到我的头上。它们一个一个光临我，青睐我，真使我有些受宠若惊——

记得2008年，我被新安煤业公司评为"优秀共青团员"。

记得2008年，我还被新安煤业公司评为"准军事化训练活动先进个人"。

记得2010年，我被新安煤业公司评为"文明职工"。

记得2010年，我还被新安煤业公司评为"五四岗位能手"。

记得2011年，我又一次被新安煤业公司评为"文明职工"。

记得2011年，我又一次被新安煤业公司评为"五四岗位能手"。

记得2012年，我们家庭被新安煤业公司评为"文明家庭"。

记得2012年，我再次被新安煤业公司评为"文明职工"。

记得2013年，我被新安煤业公司评为"十佳技术能手"。

记得2015年，我被崇信县工会授予"崇信好人"荣誉称号。

记得2015年，我被甘肃省委、省政府授予"甘肃省劳动模范"荣誉称号。

…………

当一个个荣誉接踵而至的时候，我没有骄傲，相反地，我觉得这些荣誉和称号，是对我一种无声的鼓励和鞭策，远方还很远，脚下的路还很长，我所要做的事情还有很多。在得到组织的奖励和赞誉之后，我更觉得自己责任重大，我对自己有了更高更严格的要求，我为自己也定出了新的奋斗目标。我觉得压力好大，这种压力迫使我不得不以先进、模范的标准衡量自己的一言一行，尽心尽力完成自己的工作任务。

我认定了自己所从事的工作，就是我为之倾心倾力的事业。我为这份事业在付出，事业也给我搭建了实现自我价值的平台。

我一边工作，一边成长，付出和收获结伴而行，我的自我价值和我们单位的事业也在同步增长。为了更好地迎接新的挑战，为了更好地顺应时代的发展，我一边成长，一边反思。我在不断定位自己的同时，也为自己的未来重新规划。对今后的工作方式与工作内容，我进行了有意识的探索，怎样在工作中既体现时代精神，又富于创造性，我有了一些自己的认识与体会，也收到了较佳的工作成效。

对于我来说，劳模的称号和我是不期而遇的，在平常的工作和生活中，我并没有刻意去追求荣誉，也不是为了当先进或者模范而不懈努力。我只是珍惜我的这份工作，我想，既然拥有了这份工作，成了一个企业的主人，站在自己的岗位上，那么就要竭尽全力地做好本职的事情。这是一种职业的本能，因为我个人和企业这个团队是双向合作的，也是合作互赢的。我们在为企业贡献自己力量的同时，企业也为我们提供了一定的保障和生活待遇。

好在我在实际工作中遇到了好师傅，遇到了好领导，他们在工作上悉心指导我，在生活困难面前鼓励我、开导我，帮助我一路成长。使我学会了正确处理实际操作中遇到的故障；学会了怎样恪尽职守地把平常的事情做到最完美；学会了在工作中和同事相互合作，共同进步；学会了如何更好地处理工作和家庭事务之间的关系。

所有的这一切更得益于我有一个和谐、温馨、幸福的家庭。爸爸和妈妈除了疼爱我，在工作上也很支持我，他们时常叮咛我，既然成了矿上的职工，就一定要把工作放在心上，不能马虎。我和老公是同行，我们能彼此理解，互相体贴，互相帮助，老公在工作上从不拖我的后腿，相反他很支持我的工作和业务学习。

正因为有来自各方面的力量鼓励我、支持我，加上我本来就有一种把事情做好的倔强和坚韧，在困难面前我愈挫愈勇，在恶劣的环境中我相信外部的不良条件绝不会压垮自己。于是我埋头苦干，坚持上好每一个班，把好操作中的每一个关口，严查机器运转中的每一个细节，积极参加每一次业务提升的培训。

在不知不觉中，我的业务能力强了，工作成绩显著了，领导和同事的好评也多了，荣誉也接踵而至了。在这些年的工作经历中，我明白了一个道理：先进不是争取来的，只要自己兢兢业业、一丝不苟地把工作做好，组织和领导一定会认可的，自己也一定会得到组织的嘉奖的。

我的体会是，所谓劳模精神，就是脚踏实地、埋头苦干、自觉承担、甘于奉献的精神；就是勤奋钻研、锐意进取、力辟新域、精益求精的精神；就是走在前列、引领时代、示范群众、引领风尚的精神。概言之，就是能够在平凡岗位上创造不平凡业绩的精神。雷锋日记里有一段话："如果你是一滴水，你是否滋润了一寸土地；如果你是一线阳光，你是否照亮了一分黑暗；如果你是一颗螺丝钉，你是否永远坚守你的岗位。"它告诉我们无论在什么样的岗位上，都要发挥最大的潜能，做出最大的贡献。

　　一个人的价值不是看他一生中能做多少惊天动地的事情，而是看他在平凡的岗位上如何把自己分内的事做实、做好。我从一名煤矿企业的普通员工到被推选为甘肃省劳动模范，几年来，我伴随着企业的发展壮大而成长、成熟。回想这一路走来，能为新安公司的发展壮大尽自己一分力量，我感到无比欣慰。也感谢各位领导在工作上的帮助、支持、信任，尤其是工作和生活遇到压力和委屈时，得到了领导和同事们的指点和鼓励。在今后工作中我将一如既往，扎扎实实、尽心尽力、尽职尽责地干好每一天的工作，也有信心在平凡的岗位上再创人生的辉煌。始终保持与时俱进、开拓创新的精神状态，自重、自省、自励，时时处处严格要求自己，正确对待个人得失，不计名利，不图虚名，不事张扬，勤勤恳恳，兢兢业业，做好本职工作，起到劳动模范的表率作用。

致敬词

　　她是新安煤矿一朵愿意为了工作付出一切、为煤矿事业倾心倾力的劳模花。她自省、自励，时时处处严格要求自己，正确对待个人得失，不计功利，不图虚名、不事张扬，勤勤恳恳，兢兢业业，做好本职工作，做的是带头表率之花，付出与收获和她结伴同行。

　　她，是一滴生命必需之水，她是一颗力挺千钧的螺丝钉，她是三月春晖，一朵在岁月的磨砺中一路绽放、吐露芬芳的鲜花。

　　致敬——徐州矿物集团平凉新安煤业有限责任公司机电科主提操作工梁艳花！

一百万公里平安驾驶成就的极致人生

——内蒙古呼和浩特市公共交通集团公司第四汽车分公司驾驶员王海军的故事

人物小传

王海军 男，汉族，中共党员。内蒙古呼和浩特市公共交通集团公司第四汽车分公司驾驶员。在 15 年的驾驶员工作中，他通过勤奋努力的工作、视乘客如亲人的服务理念，一步步从基层一线岗位成长为公交行业的排头兵。先后获得呼和浩特市"十佳岗位能手"、呼和浩特市劳动模范、内蒙古自治区劳动模范、全国劳动模范等光荣称号。

一　命运的抉择：起跑的一瞬间，
无奈选择了弃权……

当我拿着录取通知书高兴地准备向父母说时，看到父母正在为哥哥的下半年学费跟人借钱，我把手缩了回来……经过一晚上的翻来覆去，我心中有了答案：人生的舞台很宽阔，不上大学也未必就没有出路。

我出生在呼和浩特市旧城的一个普通农村家庭。我的母亲嫁给父亲时，爷爷家一贫如洗。我父亲9岁时奶奶就不在了，爷儿俩相依为命，过着"光棍汉"的日子。母亲的到来给这个家带来春天般的生机，她用勤劳、坚忍操持着"家的幸福"。也许，从小到大受妈妈的优秀品德的影响，我一直为自己的未来奋斗着。哥哥在自费上大二的时候，我以594的分数考上了内蒙古工业大学。当我拿着录取通知书高兴地准备向父母说时，看到父母正在为哥哥的下半年学费跟人借钱，我把手缩了回来……

经过一晚上的翻来覆去，我心中有了答案：人生的舞台很宽阔，不上大学也未必就没有出路。再想想父母斑白的两鬓，我咬牙向父母说没考上，不上了，准备工作吧。两个月后我去了呼和浩特市卷烟厂，当了一名拉烟包的临时工，每天高强度的工作没有累垮我，反而使我斗志昂扬。同年年底我就通过了成人教育的3门课程，而且身体也健壮了许多。3年后我成功地拿到了成人教育大专毕业证，这时的我早已褪去了年少的青涩。不服输的性格使我不甘寂寞，当时旧城北门百盛购物中心正值招人，我背着父母报了名并成功地应聘了卖场主管一职，辞去了父亲眼中的好工作。没有后悔，我带着一颗向上的心去追求自我的价值。商场刚开业，有许多事情需要做，我每天工作很长时间，处理这样那样的卖场问题，还要到处去考察、收集数据，整理出来能凸显卖场风格的布局。那时虽然累，但总觉得身心很愉悦，一展身手的机会让我充满干劲。就这样一步一步地从卖场主管走到了楼层经理的职位。但零售业市场风云变幻，由于总部急于开新店，抽走大量资金，导致无充足的资金给供应商结货款而产生了冲突。在不到十天的时间里，这个每年利税近亿元的企业轰然倒塌，半个月后看着手里的6000元遣散费，我都不敢相信这就是我为之奋斗了三年半的企业……

二　调整人生的线路，再次上岗

"你也老大不小的了，别再追那些没用的，去公交公司开车吧，好歹也是有保障的单位。"父亲一句再朴实不过的话，打消了一个迷途者的"妄想"。

那时候我刚结婚不久，爱人又有了身孕。不得已再找工作吧，商场我是不会再去了（怕再一次受到伤害），此后我彷徨了半年，做过推销、当过司机、下过矿区，一直没找到称心的工作。有一天父亲叫我过去，对我说："你也老大不小的了，别再追那些没用的，去公交公司开车吧，好歹也是有保障的单位。"我听从了父亲的话，去了直到现在还在奋斗的公交公司。

记得我刚来公交公司时，心中一万个不愿意，真不希望自己像父母一样束缚在"铁饭碗"上碌碌无为。可是没办法，既然选择了就应该去尝试面对。带着"不屑"，我去公交驾驶培训班学习，头一天教练的示范动作和精湛技术就征服了我。一杯水放在车头，一套操作下来没洒一滴水，还说这只是开客运车辆的基本技术，以后还要学各种技术才能上岗开公交汽车。我收起了"不屑"，带着敬畏，认真投入到紧张的驾驶学习中，经过培训，考试合格后被分配到第四汽车分公司 5 路线上。现在我都能记起第一天独立驾驶时手忙脚乱的样子，所驾驶的公交车一路上磕磕绊绊地飘荡着。车厢内的乘客被我闪得东倒西歪、苦不堪言，引起乘客极大的不满，有人冷嘲热讽，调侃我"是跟哪个师娘学的"。甚至有时候在半路上车因乱挡坏在路上，干着急没办法，急得我满头大汗（说实话，实习时所在的线路一天也拉不了十几个人，可是 5 路线一趟就拉满满的一车人，加上紧张等，出丑是难免的）。等我回到场站后，一看时间，一上午就跑了一趟，还累得够呛。回到家后还心有不甘，为什么别的同事都那么熟练，轮到自己却这么蹩脚？反复思考，原因还在自己身上。于是我暗下决心，一定要练好实操驾驶技能，掌握好故障排查本领，不能比别人差。我利用休息时间，虚心向老师傅请教提高实操驾驶技能的各种方法，向修理工师傅请教常见故障的排查及维修经验。很快，我就赶上并超越了许多同事，成为一名优秀的驾驶员，再也没有发生过把车坏在路上的现象。

三　我的驾驶生涯：平凡岗位上的不平凡故事

只要我真心去付出，就会赢得乘客的理解和支持。只有摆正了人生定位，在平凡的岗位也能干出不平凡的事迹来。

热爱本职工作，摆正自己的人生定位

俗话说干一行、爱一行，热爱自己的职业，才是干好工作的先决条件。虽然说我的工作岗位很平凡，甚至是枯燥无味的，每天在同一条线路上来回往复，见到的乘客都是一张张熟悉的面孔。但我还是去认真地跑好每一趟车，接待好每一位乘客，让他们坐上满意车、放心车，我才感到充实，才能更好地全身心地投入到工作中去。十几年来，只要公司缺人，我就主动要求加双班。既然我选择了这份职业，就不能三心二意。"三百六十行，行行出状元"，只要我真心去付出，就会赢得乘客的理解和支持。只有摆正了人生定位，在平凡的岗位也能干出不平凡的事迹来。

微笑，迎宾语，开启服务新理念

在工作中我发现，自己总是停留在一个仅仅"会开车"的状态，就像影片《摩登时代》中演的那样，总是重复一个动作——开门、关门。但车厢服务不仅仅是开关门，还有许多服务需要我们去完善提高。我大胆地把一些商场店面的迎宾语融入实际工作去，想给广大乘客带来不一样的乘车体验。工作中，我首先坚持用微笑去对待每一位乘客，善待身边的每一个人，用热情去应对平凡、单调而烦琐的工作。很快发现，这样工作起来心情始终是轻松的、快乐的。我从 2005 年开始，在营运服务中坚持使用"迎宾语"服务广大乘客："您好，欢迎乘坐 5 路公交车！上车乘客请您往里走，请扶好、站稳，感谢大家配合工作。""下车的乘客请慢走，欢迎再次乘坐。"这是我迎宾语服务的基本内容，有时候根据实际情况，我还会临时多说几句如："哪位乘客给老人让个座位，我代表 376 号车组谢谢您。"虽然是短短的两句话，我每天要重复说上千次，整整坚持了七年之久。起初，在我问候之后，乘客有的只是惊奇诧异，没有任何回应，有的甚至会觉得好笑。慢慢地很多乘客接受了我的服务方式并和我有了互动，甚至成为朋友。每天有许多乘客慕名来坐车，乘车之后在意见簿上写得满满的。有的甚至用随身的便条、纸壳写上意见放到便民袋中。其中有一位署名叫巴音查干的老人这样写道："语言精美赛歌星，优质服务暖人心。"像这样的小纸条有很多，我一直保留着，这是对我工作的肯定和鼓励。最让我感动的是，有许多乘客在站点等我的车，给我送水，送来胖大海含片，一个大姐在站点等了一个半小时，只为给我送来绿豆汤，当时我感动得热泪盈眶。直到2012年7月，我因为嗓子出现了严重问题，住院半个月，在医生的叮嘱下，才逐渐减少了口语服务，但加大了报站器的使用频率，做到服务标准不降低、服务功能不能少。我始终认为，乘客既然上了我的车，我就应该让乘客有个好心情，因为这是我的职责和使命，更是我的职业道德。

为做好服务工作给自己充电

记得有一次有一名外地乘客向我问路："师傅，我要去×××地方，需要坐几路车？"我支吾了半天也没有指出正确的路线，最后没办法了对他说："您不行再和别人打听一下，我不确定。"看着乘客带着失望的神情离开时，我的心突然感到很不舒服。作为一名公交人，难道只会开车就行了吗？我心中的答案是不行。有一句老话说得好："世上无难事，只怕有心人。"工作上再小的事情，也要用心去做好、做细，平凡的岗位也能干出不平凡的业绩来。只有尽快熟悉自己的业务，才能提升自己的车厢服务水平。于是我买来呼和浩特市周边地图，参照实地情况，利用休息时间把公司所运营的所有路线（119条）跟车坐了一遍，把一些地图上没有显示的地方，用笔标注在地图上，再把地图熟记于心，这一着魔的举动用了我一个月的时间，鞋也磨烂了一双。爱人抱怨我说："一个月除了晚上见你一面，一天不着家，你还要家和女儿不？"近几年随着呼和浩特市的区域在急剧扩大，新增了许多地名或修改了称谓，这给许多乘客带来不便，我针对这一情况，不间断地利用休息时间，深入了解、熟记。只要有人问路，我就能准确地告诉包括换乘线路以及周边建筑等，从而方便了乘客，不走冤枉路。只有乘客满意，才是我工作中最大的满足。

忍让赢得"委屈奖"

在工作中我始终坚持做到"三个不计较"，即"一是对乘客不文明的语言不计较，坚持文明服务，礼貌待客；二是对乘客不友好的态度不计较，坚持诚恳忍让，以情感人；三是对乘客过高要求不计较，坚持有问必答，耐心解释"。这是我干好工作的一个思想基础。

有一次我执行营运任务，离站点还有 500 米的时候，一位大爷走到前门，说要下车，到家了。我对大爷说："公司有规定，中途不能停靠，请您老理解我的工作，不行到站点我扶您下车，送您一下好不好？"可这大爷当时就火了："牛什么，不就是臭开车的，让你停一下车能死呢！就这样还为人民服务呢。"我一听这老人来火了，如果我当时再多说一句话，这老人绝对跟我没完没了，所以我选择沉默。没想到的是老人边骂边走到我旁边，一口黏痰吐在我的脸上。当时我正在驾驶，感到痰液从我的脑门流到鼻子旁，还颤颤地往下流去，恶心到极点了……我咬着牙坚持把车开到站点，把车停稳后打开车门，趁上下人的功夫，连忙拿布子把恶心的东西擦去，自认倒霉吧。可事情没结束，后门几位乘客全程给拍照录像了，他们为我打抱不平，不让老人走，一起谴责他。说实话我挺欣慰的，但是营运时间耽误不起，于是我作为当事人连忙到后门去劝，好说歹说扶老人下车了，叮嘱了一句"您慢点"后返回车关门走了。路上乘客们说我傻，应该向老人要赔偿。我笑着说习惯了，相互之间多一些理解就不会有这样的事情发生了。更没想到这些乘客把我的事情反映给公司，把当时的影像都发给了公司。公司领导第二天就找我谈话，称赞我做得好、处理得当，给我奖励 500 元。这次事情以后，公司专门设立了一个"委屈奖"，用于职工在工作期间受到不公平待遇时进行奖励。

这只是我工作中记忆比较深的一个小故事，像这样的事情发生过很多，就不一一道来了，关键是心态问题。公交服务是城市的"形象窗口"，就更要注重工作期间的心态问题了。我的"三不计较"能有效地改善司乘人员与乘客间的关系，促进文明车厢的进一步推广。

对特殊乘客的特殊办法

5 路车沿途经过火车站，坐车的多是外地乘客。他们常常是大包小包地挤公交车。车一到他们就会前拥后挤，这样既不安全又误时。每当我遇到这种情况时，首先从不大声喝喊他们，而且有意将车停靠在离乘客有一定安全距离的地段，并及时疏导他们说："请大家按顺序排队上车，不要互相拥挤，注意安全，上车后请您扶好站稳。"外地乘客对呼和浩特市地形不太了解，我就每到一站都会通过口头报站的方式提醒乘客：这一站可以倒上几路车、可以去什么方向，并热情回答乘客的询问，还及时提醒乘客注意拿好自己的随身物品，谨防小偷。5 路车沿途经过好多所学校，上下学时乘车的孩子很多。他们常常在等公交车时挤成一堆，而且几乎站在道路的中间。车一到他们就会前拥后挤，非常不安全。每当这时，我就会提前把车停下，以免他们相互拥挤发生不必要的碰撞，待车停稳、停安全后，疏导孩子们说："小朋友们，不要互相拥挤，一个挨着一个地上车，我会多等你们一会儿，保证让你们都坐上车，一个也不会剩下。"针对这一现象，我利用自己的公休时间，把 5 路车途经的所有小学校都走访了一遍，同这些学校的校领导及老师沟通，通过他们的安全教育和我的现身说法，来改变孩子的这些危险的等车习惯。有一个真实的事故是这样发生的：2009 年 9 月中旬的一天中午，26 路车的一名年轻的驾驶员在驶进站点时，没有充分考虑站点上全是小学生，强行靠站，发生了一死一伤的交通事故。事故发生以后，在积极处理善后工作的同时，公司内部从监控录像中分析得出结论，并全公司通报、开安全生产例会，总结出经验教训进行学习。如果这位年轻的司机在进站时慢点、多观察一下，不要意气行事，或提前停车及时地疏导孩子们，就不会让一个鲜活的小生命葬送在车轮下；如果家长、学校平时多一点教育或开设相应的安全行为课程，我想这些孩子也不会在公交车还没进站的情况下，一窝蜂地拥挤、打闹，争抢上车，悲剧也不会发生。这次安全事故的警钟，让很多公交司机明白了中小学生乘车时必须高度警惕，才能避免或减少事故的发生。所以我在承载孩子们营运途中，如遇到十字路口，红灯停车后，我会和孩子们以问答方式进行安全教育。同时用自己事先备好的一些口香糖和糖块来奖励回答问题好的孩子们，以此来加强他们遵守交通规则、安全乘车的意识。圣诞节到了，我把自己打扮成圣诞老人，给大家带来温馨的问候，并向小朋友发放小礼品，提醒注意乘车安全。

在服务中我坚持使用文明服务用语，用微笑、真诚去拉近与乘客之间的距离。只有减少我们在运营中失误所产生的怨言，才能使乘客变得宽容、理解，能积极配合我们的工作。

在行车中，每当有老人以及抱孩子的特殊乘客上车时，我都会主动帮助寻找座位，通过语音提示："请哪位乘客给让个座位，我代表车组谢谢你。"车厢里的乘客也都主动配合，争先让座。通过询问，了解他们下车的目的地，叮嘱他们等车辆停稳后再下车，做到心中有数。由于大多数老人乘车时，一般情况下都不会主动提前走到下车门，而是往往坐在座位上，在车辆进站刹车时才急忙起身往后走。这些老人很容易在这种情况下因为刹车而摔倒，我这样做既保障了乘客的安全，又促进了乘客间的互助，和谐的氛围才会更加凸显。

在工作中，我很注重身边的小事，注重服务时使用的语言，尤其是说话的方式和技巧。例如，在工作中我从不大声呵斥乘客，催促他们上下车，尤其是农民工在上车时由于携带的行李多且堆放杂乱，造成其他乘客上下车时不便。我总是微笑着提醒他们：把行李放好，尽量腾出通道来方便他人乘车。城市的道路一到上下班高峰时就非常拥堵，这直接导致我们行车中的间隔时间变大了，乘客候车时间变长了，有时他们在上车时不免有抱怨声，我在营运服务中，首先做到打开车门，及时疏导乘客："请大家往里面走，让后面的乘客上车，大家都在赶路，相互理解一下。"当听到"我等了半个小时""我等了几趟车都没上去"等抱怨的话语时，我会微笑着对他们说："对不起，让你们久等了，我会尽快把你们送到目的地，今天的路实在太堵了。"在等待信号灯时，再跟乘客简单交流一下，或者通过讲笑话等方式博大家一笑，缓和大家的心情。有一句老话说得好："伸手不打笑脸人。"乘客再抱怨，我们都能以微笑去对待、用相互沟通去解决，相信乘客也会理解的，就这样，久而久之，服务纠纷避免了，车厢服务质量也提升了一大截。

作为一名公交人，不仅要有服务广大乘客的理念，还要有服务的实际行动。只有用爱心去帮助他人，才能得到大家的帮助。

用真诚、爱心去帮助最需要帮助的人

有一次我跑5路线时，刚从格尔图发车出来，一位老大爷几乎是爬着上车的。由于老大爷衣服比较脏，身上有严重异味，旁边没有一位乘客愿意去帮助他。看到这种情况我对老大爷说："您老别急，等一下我。"我把车制动拉住后，下车把老大爷扶上来并安排坐好。经过耐心的询问后，才了解到原来老人要到市医院看眼睛，而且这位老人是"孤寡老人"。我当时就想到 5 路车站点离市医院比较远，这会给老人带来行动上的不便。于是我对老人说："大爷，您坐稳，我会在中途帮您换乘一辆离市医院比较近的公交车，请您放心。"当我驾驶车辆行驶到"滨河湾"站点时，恰巧有 21 路车刚靠站。我示意 21 路车司机等等我有事，我扶着老人从我的车上下来，又把他扶上了 21 路车。一位年轻人给老人让了座位，我安排老人坐好后，叮嘱司机要留意老人并且把他安全送到市医院站点，然后快速回到车厢，我连忙对乘客说："对不起，耽误大家几分钟时间，请原谅，我会尽快把大家送到目的地，谢谢大家配合我的工作。"这时车厢里响起了热烈的掌声，很多乘客一起夸我"好样的"。通过这些小事我深深地意识到，只有用真诚、爱心把身边的每一件小事做好了，才能创建和谐车厢，才能全心全意为广大乘客服务，才能提升我们的服务质量，赢得广大乘客的认可和好评。

你的生命比我更重要

还有一个印象比较深的小故事，发生在 2014 年 6 月份的一天，我驾驶车辆刚出格尔图总站，行驶到金河镇家属区站牌时，从车下上来两位老人。其中一位老人上车时我就发现她脸色苍白，精神状态非常不好。我立即安排他们坐下，并仔细地询问他们要去哪里，得到答复后我又问："大娘您身体是不是不舒服？"老人说："没多大事，就是胸有点闷。你开车走吧，我一会儿就好。"于是我起步发车，但一路上通过车厢后视镜小心留意观察。当车快行驶到炼油厂生活区时，突然我发现老人双手捂住胸口、头靠在窗框上，一副很难受的样子，而且可能神志不清。她的老伴也没发现这个情况，我立即靠边停车，跑到老人座位旁，经过观察，判断老人可能是心脏病犯了。当时我立即先把老人的领口拉开，让乘客把空间腾出来，让她的老伴不停地叫她的名字；同时与别的乘客把老人的腿弯住，并掐住人中。我一看不行，立即给线路长打了电话通报情况，并与车里的乘客及时沟通，表示该车要直达武警医院，有下车的乘客请迅速下车。很多乘客都不愿意走，要帮忙，我喊道："都抓好，护住老人！"我心里明白，每一分一秒都对老人至关重要。我风驰电掣般及时地把老人送到了武警医院，停下车背起老人就冲向车下早已等候的医护抢救人员。看着老人进了急救室，我才松了一口气。我把身上仅有的 300 元钱和我的电话号码留给了另一位老人，叫他不要着急，有事给我打电话。回到车厢后，我对乘客说："感谢大家一起完成了救人的壮举，我们马上就走。有方便的乘客在意见簿上留一下电话号码或写一下这件事的过程，以便应对后续事情的发生。耽误大家时间了，我会尽快送大家到目的地的。"这时车厢里许多乘客都留言，并称赞我把事情处理得好，为我竖起了大拇指。第四天，老人的孩子来到四公司给我送来了锦旗，表示衷心感谢。如果不是我及时把老人送到医院，晚几分钟老人的生命可能就保不住了。他们还为我向交警队提供材料，使我免于交通违章行政处罚。现在回想起来，我都为我的"疯狂"感到后怕，但不后悔。如果今后还遇到这种事情，我一样会这样干。

面对无理取闹，我也有委屈

在从事营运工作的这些年中，我也曾遇到过很多困难，受到过许多委屈。记忆最深、最能鼓励我坚持优质服务的，是刚参加工作的第二年，有一天，在营运工作中遇到了几位不理性的乘客，对于我的口语服务不理解，处处和我作对。一路上对我骂骂咧咧，甚至差点动手打我。我强忍着怒火，坚持回到场站。我觉得特别委屈，下车后我越想越气，操起棒子要去找这几个人拼命。当时我的车队长立马拦下我，经过问询得知情况后，把我叫到了办公室，先安慰我，待我心情平复后，他把公交车服务方面的问题一点一点分析给我听，道出公交车的一个"公"的服务就比一般的服务难许多，本质上就有区别。车队长的一席话让我对这件事从思想上放松了，同时也让我明白了服务的真正含义。车厢服务面对的是广大乘客，不能因为几个人或者一两件事而否定车厢服务的意义，服务时要把心胸放宽、眼光放远，这样才能体现服务无止境的意义。从此以后，我一直努力保持平稳的心态，去对待工作或处理家庭事务；能够静下心来，踏踏实实地走好每一步路，通过不断的学习探索，让自己各方面都有了长足进步，提高了自身业务水平，提升了思想境界，不断创新服务理念。我决心继续努力，再接再厉，争做"爱岗敬业、诚实守信、勇于奉献"的新时代公交人。

感恩家人

工作了这么多年，我感到最内疚、最对不起的是我的家人。上双班的这几年里，我没有尽到一个丈夫的责任、当好一个爸爸的角色、尽到一个好儿子的孝道。我每天早上四点一刻出门，晚上十一点到家。家里的一切全凭爱人一个人操劳，每天就连孩子都见不到我。我只能每天在孩子熟睡的时候，去轻轻地亲一下她的小脸。有一次孩子发高烧，我爱人一个人忙前跑后地照顾了三天三夜。直到现在，孩子对我都爱答不理的，她的世界里可能只有妈妈……父亲做胆结石手术，都瞒着我和我爱人，老两口偷偷地去做了。等我知道后，父亲已经在病床上躺了两天了，我埋怨说："爸你怎么不告诉我呢？"老爸说你工作忙，每天又开车，不能分心，要不会出事的。每当我想起这些事，心里非常难受。但是我不后悔，有家人这么强有力的后盾和全力的支持，我才能一步一步地走到人生的巅峰。

四　面对荣誉，整装再出发

路在自己的脚下，不断延伸到远方……

我只有通过不懈的努力奋斗，才能达到人生更大的辉煌。

我经过这么多年的努力工作，得到了广大乘客的赞誉，也受到了许多嘉奖。连续 11 年被评为总公司服务标兵（每年 6000 多名职工只评 3 人），

在 2007 年 5 月拿到人生第一个市级奖项——全市十佳青年岗位能手。这一称号就像基石一样，激励我不断前行，直到我获得 2015 年全国劳动模范的殊荣。我的事迹先后被很多家媒体报道过，也作为道德宣讲团的一员做过十几场报告会。

再高的荣誉也只能代表过去，只有不断地砥砺前行，才能实现人生的更高目标和价值。

在车辆驾驶工作中，我时刻牢记安全第一的宗旨，"我们手中的方向盘不仅仅握着车辆的安全，更握着千千万万乘客和市民的安全"。这就需要我平时对车辆的技术性能严格把关，不把带病车开出场站。作为一名司机，不光要会开车，而且要学会养车，要想知道梨子的味道，必须亲口尝一尝，要想当一名合格的驾驶员，就必须自己动手修车。对待公交车就像对待自己眼睛一样去爱护它、呵护它。读懂了车，它自然会变得听话，所以我平时十分注意车辆的维修和保养，做到每一个细节都不遗漏。每日的"三检"工作；每周对传动系统、转向系统的必检；半个月对电瓶的维护；每个月进行一次气门、火花塞的调整，只有认真把这些工作做好，才能保障车辆的性能。保养好车这仅仅是一部分，开好车才是关键。我自己总结了一套"慢起步，柔进挡，中速行，缓进站"的操作方法，即起步时要平稳、缓慢，减少对要器的磨损，节省燃料；加减挡要根据机器的转速，轻柔地挂入相应挡位，减轻对闸箱的负荷；不大油门行车，保持平稳中速行驶；勤滑行，进站要平稳，动作要轻柔，这样既能省车，又能节约燃气，还能让乘客感到平稳舒适，一举三得，何乐而不为呢！记得 2009 年我们K2 路换车时，替下来的车要给别的线路使用。我的 196 号车有十几个司机争着要，甚至还吵起了架。最后被一位"走后门"的女司机要了去，你都想象不到那位女司机当时开走车时的得意劲。一个月后车辆去保养场做发动机"三养"时，我的车用了 5 年的发动机打开时没有毛病，就像是新的一样，功率压缩比跟新车差不多。这一情况反馈回公司时，公司领导现场拍板奖励我 1000 元并通报全公司。

在运营时，我还严格要求自己的职业道德，努力做到讲文明、讲礼让，宁停三分、不抢一秒。只有开平稳的车、舒适的车，才能让广大乘客坐上"放心车"。

工作十几年来，我已安全行驶 100 多万公里，无一起安全责任事故，没有一起因劣质服务而被投诉。"一花独秀不是春，百花齐放春满园"，我把多年的服务经验，整理总结出很多具有实用性的知识，通过公司组织的安全运营大会讲解给很多年轻的同志，像"慢起步，柔进挡，中速行，缓进站"的操作方法，在运营中各种服务的技巧及语言的表达等。让他们在今后工作服务的同时，能够熟练地运用服务用语，避免服务纠纷，做到零投诉。在我的带领下，涌现出一大批先进标兵人物，比、学、赶、帮、超得到了充分体现。第四分公司的经济效益、社会效益得到了提高，成为全公司的先进基层单位。说来惭愧，我这些年只带出4位徒弟（有师徒缘的少）。虽然人数有点少，但是我带徒弟讲究的是宁缺毋滥。不仅严格要求他们掌握好开车的技巧及车辆的日常保养，而且在车厢服务方面也要求他们像我一样全方位服务乘客。只有熟练地掌握车辆驾驶技巧和服务语言的运用，方可出徒、挂班、正式独立上岗。说起来这些徒弟让我很欣慰，他们在一线工作期间，没有发生一起责任事故，没有一起投诉事件，都是标兵先进，有的甚至进入了领导岗位。

　　路在自己的脚下，不断延伸到远方……

　　只有通过不懈的努力奋斗，才能达到人生更大的辉煌。

致敬词

　　他摆正自己的人生定位，热爱"枯燥无味"的 5 路公交车。他把平凡做成极致，当枯燥遇上暖心的"迎宾语"，便化作愉快与舒心。安全服务的责任和担当始终在心，他让广大乘客坐上"放心车"，怀着敬畏、真诚驾驶着美丽的车厢走向崇高的人生。

　　小小的车厢是他的第二个家，是他那炽热的心和娴熟的双手美化了它。每当踏上这小小的车厢，优美的环境、亲切的微笑、热情的话语，都会使大家产生宾至如归的感觉。

　　致敬——内蒙古呼和浩特市公共交通集团公司第四汽车分公司驾驶员王海军！

用汗水和执着焊出别样人生：
从"80后"农民工到首席技师

——重庆海尔空调器有限公司焊工
王玉俊的故事

人物小传

王玉俊 男，汉族，生于 1985 年，重庆市巫山县人。重庆海尔空调器有限公司钎焊工、海尔空调焊接首席技师。2006 年进入海尔工作，2012 年获得"青岛市技术能手"称号，2014 年获得"全国五一劳动奖章"。他在平凡的岗位上创造了不凡的业绩，以勤于钻研、勇于攻坚、善于创新的精神，展现了海尔空调制造工人的优秀形象。

一 童年的记忆：贫穷又单纯的日子

虽然我家条件不怎么样，但我的童年还是挺快乐的，经常和伙伴们一起到山上砍柴、放牛放羊等。

虽然贫穷，但我乐于助人，觉得能够帮助别人也是一件很快乐的事。

我的故乡在重庆市巫山县的一个小村庄里，这里群山环绕，山清水秀，四季分明。在我出生的年代，没有乡村公路，出门买东西都得步行去几公里外的小镇，信息也不畅通，很少与外界联系。在故乡的十几年中，我经历的一些无法忘记的人生片断，到现在回想起来都感觉挺辛酸的。我的家庭条件比较艰苦，吃的虽不怎么好，但也能解决温饱，而对于爷爷奶奶来说，这日子已经相当幸福了，他们以前经历过的生活，那才叫真正的苦啊，连吃饭都成问题，有很多家里没有吃的，都吃过野菜、吃过树叶，还有的吃过观音土，所以比起他们讲的经历，我算是比较幸福的了。穿的虽然是一些破旧的衣服，但只要暖和就好，主要就是居住条件差了点，我家房屋是祖辈留下来的一处只有几十平米的破旧的土墙屋，经过多年的风吹雨淋，已经变得破烂不堪，每逢刮风下雨，我们都提心吊胆地过日子，

生怕大风把墙给吹倒了，也怕屋内积水太多，泡坏了墙根，土墙是最怕雨水淋的，如果墙塌下来那可就坏了。不论怎么说，它对我们还是有价值的，至少它是我们的家。

虽然我家条件不怎么样，但我的童年还是挺快乐的，经常和伙伴们一起到山上砍柴、放牛放羊等。听说游泳能强身健体，毛主席七十多岁了还能畅游长江，我和伙伴们偶尔也会跑到小池塘里游泳，为了安全，水深的地方我们是不会去的，父母也管得比较严，不允许我们下水游泳，每次看见有大人在池塘里游泳，我们就在水边上跟着玩，慢慢地也就学会了一点。虽然贫穷，但我乐于助人，觉得能够帮助别人也是一件很快乐的事。那个年代我们农村都是靠天吃饭，有时候遇见大旱天气，水就显得很重要了。由于地形原因，我们那里没有灌溉农田的水库，只有几个小型的池塘，每逢下雨，就把山沟里的水引入池塘内储存起来，以备缓解干旱。有一次大雨过后，邻居发现一个池塘的水不停地往下渗，估计是水底泄水的洞口没有堵好，但他不熟悉水性，没办法堵住漏水的地方。得知消息后，略知水性的我就主动潜到水底，用泥土堵住了漏水的地方，获得了邻居的赞赏。

那时我虽然没钱买玩具，但也会把别人扔掉的玩具捡来捣鼓一番，拆拆装装一探究竟，从中也学到了一些东西。别人的手电筒坏了，我也能帮他修好，收录机喇叭不出声了，我也会帮他看看……

我在家中排行老大，还有个比我小两岁的妹妹，我的性格比较内向，与我妹妹的性格正好相反，她反而像个男孩子一样，大大咧咧的，挺招人喜欢。父母都很疼爱我们，为了让我们能住得好一点，在 1992 年的时候，我们家开始修建新房，但在拆除旧房的时候，父亲从房顶摔下来，幸好上天庇佑，父亲只是把腿摔伤了，没有生命危险，但也调养了好长一段时间。由于房子是借钱修的，房子建好之后，为了还债，父亲不得不外出打工，而母亲也更加辛苦了，一年四季都在忙着种庄稼，希望有个好收成，卖了庄稼好换点钱还债，给我们交学费，有时候忙得连饭都顾不上吃，有时候趁着月色在地里干活，为了不害怕，母亲便把我叫上和她做伴。除此之外，由于爷爷奶奶和父母是分了家的，父母还得想办法给爷爷奶奶养老钱。看着父母如此辛劳，我和妹妹也想给父母减轻点负担，帮父母做点力所能及的事，有时候别人家修建新房子，我们兄妹俩还可以去帮人家搬砖，挣点零花钱补贴家用，多余的钱给自己买点本子、笔等文具用品。

二　母爱的护佑

　　每天上晚自习的时候，我常常在窗前远眺着家的方向，想着父母在家忙碌的身影，真担心他们的身体会吃不消而落下毛病。

　　我不敢看河面，心里只有一个念头，就是一定要走到河的对岸去，使出浑身力气缓缓站起身子，望着河对面的山坡一步一步慢慢地挪过去，走到对岸之后，好一阵子才缓过神来，不由得暗自庆幸，或许是母亲在保佑我吧，总算是捡回来一条命。

　　人生的路上总是会发生各种意想不到的事情，让人措手不及。在我上初一时，父亲送我到十几里外的中学报名读书。那是我第一次离开家，由于学校离家远，每个周末放假才可以回家。第一周回去的时候，父亲跟我说，我走了以后，母亲很不习惯我不在她身边的日子，想我想得都流泪了。其实我也挺想家的，每天上晚自习的时候，常常在窗前远眺着家的方向，想着父母在家忙碌的身影，真担心他们的身体会吃不消而落下毛病。但担心的事情还是发生了，由于母亲过度操劳，不久便患上重病，这对于并不富裕的家庭来说，无疑是雪上加霜，父亲说，只要母亲的病能好起来，借再多的钱也不怕，我们也希望母亲的病能够早日康复，可往往事与愿违，没过多久，母亲就与世长辞了。这件事对我来说是一个沉重的打击，感觉老天太不公平了，我无法接受，好端端的一个人，说没就没了，好长一段时间，我都走不出这段阴影，夜里经常梦见母亲，梦见她为我们所做的一切，梦醒之后，发现母亲并不在身边，这辈子再也无法见到母亲了，眼泪不由得夺眶而出。经历过这件事之后，我的学习成绩也一路下滑，感觉人生太没意思了，就算付出了太多的努力与艰辛，到头来也是一场空，什么也带不走。母亲过世后，父亲常年在外打工，把我和妹妹托付给爷爷奶奶一起生活。

　　母亲虽然没带走什么，但她却为我们留下了很多宝贵的东西，她不怕苦不怕累、为了生活顽强奋斗的精神一直是我学习的榜样，她从来不在外借宿，不管天有多黑、路有多远都会回家，有一次，我们去给外公过生日，母亲就是晚上去的，吃了晚饭又打着火把回来。她也经常告诫我们，只有家才是心灵的港湾，任何时候都不要忘了自己的家。所以无论多远，我都会回家，风雨无阻，只有家才是真正的归宿。在初二放暑假的时候，天气突变，下着大雨，我收拾完毕，背着书包和生活用品，冒雨往家赶。在回家的途中遇到了河里发大水，阻断了回家的路，但我又怕爷爷奶奶担心，只得找了一段比较开阔平缓的河面，慢慢地向河对岸走去，殊不知走到河中央脚底一滑，一下子跪了下去，河水瞬间淹没至胸膛，看着波涛汹涌的河水迎面扑来，我感到一阵眩晕，我不敢看河面，心里只有一个念头，就是一定要走到河的对岸去，我使出浑身力气缓缓站起身子，望着河对面的山坡一步一步慢慢地挪过去，走到对岸之后，好一阵子才缓过神来，不由得暗自庆幸，或许是母亲在保佑我吧，总算是捡回来一条命。

三 儿行千里：外出打工的日子

工作了一个多月，我领到了自己的第一份工资，我拿着几张百元大钞激动地流下了眼泪，我的付出终于有回报了。

我听见父亲那颤巍巍的声音，知道他的眼泪在打转，他是想让我回家一起过年，而我也非常想念他们。

初中毕业后，为了能帮家里减轻负担，我随着姑父到广东打工。第一次出远门，有喜也有忧，喜的是自己能够独立生活了，忧的是要远离自己的家乡，去一个陌生的环境。记得第一次出门，对外面的世界总是充满好奇，一路上先坐汽车到巫山县城，再从巫山县城坐轮船到宜昌，然后从宜昌乘火车到广州。春运期间人很多，大大小小的行李箱塞满了火车行李架，我们买的是站票，所以只能站着到广州。二十几个小时的时间里，我不敢打盹，因为听说火车上人杂，有扒手偷东西等，我就一直靠在车厢上，随时注意车上人的举动。也不知道过了多久，总算到了广州，又坐了几个小时的大巴才到达目的地。一路颠簸，我早已疲惫不堪，深感出门打工的不容易，也明白了为什么有些人过春节都不愿回家，这回去一趟路费都得花上千元，而且一个来回少说也得花上一周的时间。最怕的是晕车晕船，非常难受。

到了广东之后，姑父忙着给我找工作，我人生地不熟，也只能靠姑父的帮助了。在姑父的介绍下，我到了一个小型服装厂做杂工，一个月400元的工资，每天上班12个小时左右，而且还没有节假日，更不用说其他的福利了。工作了一个多月，我领到了自己的第一份工资，我拿着几张百元大钞激动地流下了眼泪，我的付出终于有回报了。我高兴地给父亲打了个电话，说我发工资了，父亲很高兴，要我先留一点做生活费、交房租等，把多余的钱交给姑父帮忙存起来。就这样一年下来，我居然存下了3000多元，全都寄给了父亲。春节姑父不回家，因为他们一家人都在外面，我一个人胆小也不敢回家，姑父也不放心，所以春节只能在电话里跟父亲说说话。我跟父亲说，我在这边打工挺好的，有姑父的帮助，别为我担心了，我挺想你们的。父亲在电话里说，春节家家户户都团聚在一起，我没有在家里过年，家里一点过年的气氛都没有，不过他叫我别担心家里，爷爷奶奶身体很好，妹妹也很听话。我听见父亲那颤巍巍的声音，知道他的眼泪在打转，他是想让我回家一起过年，而我也非常想念他们。为了能多挣点钱，第二年，我去了另一家公司，也就是白斯盾服饰，这家公司给我的工资为每月600元，但离我租住的地方有点远，交通不便，我只能买来一辆二手自行车慢慢练习，争取早日学会骑自行车，节约上下班时间。这家公司也经常加班，有时候加班到深夜甚至凌晨一两点钟，我最担心的就是晚上回家的安全问题，在这个地方，治安不好，有很多小混混专门在晚上出来活动，对那些孤身回家的路人实施敲诈勒索。有一次我就偏偏遇上了这么一伙人，情况是这样的：我一个人骑着单车半夜回家，突然后面窜出一辆摩托车，在我的前面晃来晃去，把我逼停在路边，然后围上来一伙人就问我要钱。我只好老实交代我的情况，身上的钱就那么几块，是我买早餐的，如果你们要就全给你们吧。我心里想如果他们还不满意，我就把这辆破自行车也送给他们，走路回去，毕竟生命最重要啊！还好，其中一个年轻人上下打量了我一番，看我也不像是个有钱人，就说算他们今晚运气不好，碰上我这么个没钱的人，掉头走了。我也暗自庆幸，总算是安全了，但这件事对我还是造成了一定的影响，考虑到个人安危，我打算干到年底后再换一个工厂。这一年我攒下了4000元钱，春节姑父不回家，我也没有回去，只是把钱寄给了父亲。后来我还是回到了原来的那个小工厂，不过换了一个工种，学习烫工，工资也涨到了 750 元。但这一年我执意要回家过年，姑父也同意了，他也打算回家看看，年底时，姑父和我一起买好了回家的票，回到我日思夜想的家。一别三年，爷爷奶奶又老了很多，父亲的头上增添了许多白发，妹妹也长大了，看见我回家，她不停地叫着"哥"，在家里忙上忙下，说今年过年一定要弄点好吃的，让我们一大家人愉快地过个新年。

新年到了，家家户户热热闹闹的。三年漂泊在外，总算又可以和家人愉快地过个新年了。其实我最看重的节日就是春节了，可偏偏有的工厂就放几天假，路途远的，在路上花的时间就得两三天，在家里待的日子就更短了，真希望能多放几天假，这样就可以多陪陪家人了。春节过后，父亲问起了我的人生大事，说是要给我找个媳妇，早日成家。我对父亲说，再缓缓吧，毕竟现在家里条件也不好，就算我愿意恐怕人家也不愿意啊。父亲也不好强求，就问我有什么打算，我回答说，家里的条件我都清楚，为了能改善家里的条件，我还得跟姑父去广东打工，不过广东离家太远，今年再去干满一年，然后回来到离家近的地方找工作。父亲答应了我的要求，说我这样长期打工也不是办法，应该去学一门手艺或者技术，说我的堂弟在重庆新渝技校学技术，学的是维修摩托车，希望我也跟着去学门技术。我对父亲说，技校的学费也不便宜啊，我今年出去再干一年，把这个学技术的学费挣到手吧。

四　走进海尔：我看到了梦想的大舞台

结果，就是那一柄大锤，伴随着阵阵巨响，真正砸醒了海尔人的质量意识！从此，在家电行业，海尔人砸毁 76 台有缺陷冰箱的故事就传开了！

对于我来说，每一个焊点都是一份沉甸甸的责任，我必须要焊接好每一个焊点，我要对得起用户，我要对得起自己的良心。

2006 年，我来到了重庆新渝技校，这是我第一次到重庆市区，虽然我是重庆人，但还从来没到过市区，这里离我家坐大巴车还要十几个小时呢。我们的学校在长江边上，晚上看到长江两岸灯火辉煌，一片繁华，真的好美，我突然产生了一个想法：要是我的家能在这儿该多好啊。回想起在广东的这几年，经历过的酸甜苦辣仍历历在目，为了实现这个梦想，我决定要好好学习，将来找到一份好工作，虽然这辈子父母没有给自己创造多大的财富，但我还是非常感谢他们，是他们赋予我生命，让我从小就立志做个自强自立的人，我一定要用自己的双手和努力来实现美好的愿望。

砸醒质量意识的"海尔大锤"

上技校时我已经 21 岁了，是班级里年龄比较大的学生，我学的是机电一体化专业，为了能学好技术，我学习非常用功，成绩也在班上靠前。毕业时，青岛海尔集团到学校招聘，学校就安排在校表现好的同学去面试，而我也是这些同学中的一员。经过海尔的层层筛选之后，只有我和另外五位同学留了下来，其他的同学则被分到另外的公司去了。我们六人在青岛海尔实习了三个月，在这三个月期间，我们每个人都要学好几个重点岗位的工作，我学的有焊接、切割、组装、脱脂炉等，最用功的就是焊接技术，有专门的焊接培训老师培训我们。为了学好焊接技术，我虚心向老师学习，也不厌其烦地向生产线上的老师傅请教，在其他人下班后，我就自己找来一些废弃的材料单独练习，经过反复研究琢磨，终于掌握了焊接要领，得到了老师的认可，没过多久就出师了。除学习焊接技术外，我还学习了海尔深厚的企业文化，了解了海尔在全球的布局，如海尔的"三个三分之一"，就是国内生产国内销售三分之一、国内生产海外销售三分之一、海外生产海外销售三分之一。知道了海尔精神：创造资源、美誉全球；海尔作风：人单合一、速决速胜；海尔的用人理念：人人是人才、赛马不相马，你能翻多大跟头，给你搭多大舞台；海尔的质量理念：优秀的产品是优秀的人干出来的，高标准、精细化、零缺陷。也读懂了海尔首席执行官张瑞敏用大锤砸冰箱，砸出了员工的质量意识的故事——

1985 年，一位用户向海尔反映：工厂生产的电冰箱质量有问题。

于是，张瑞敏突击检查了仓库，发现仓库中有缺陷的冰箱还有 76 台。当时研究处理办法时，有干部提出意见：作为福利处理给本厂的员工。就在很多员工十分犹豫时，张瑞敏却做出了有悖"常理"的决定：开一个全体员工的现场会，把 76 台冰箱当众全部砸掉！而且，由生产这些冰箱的员工亲自来砸!

闻听此言,许多老工人当场就流泪了……要知道,那时候别说"毁"东西,企业就连开工资都十分困难!况且,在那个物资还紧缺的年代,别说正品,就是次品也要凭票购买的!如此"糟践",大家"心疼"啊!当时,甚至连海尔的上级主管部门都难以接受。

但张瑞敏明白:如果放行这些产品,就谈不上质量意识!我们不能用任何姑息的做法,来告诉大家可以生产这种带缺陷的冰箱,否则今天是 76 台,明天就可以是 760 台、7600 台……所以必须实行强制办法,必须要有震撼作用!因而,张瑞敏选择了不改初衷!

结果,就是那一柄大锤,伴随着阵阵巨响,真正砸醒了海尔人的质量意识!从此,在家电行业,海尔人砸毁 76 台有缺陷冰箱的故事就传开了!至于那把著名的大锤,已经收入中国国家博物馆。

通过这一则故事,我明白了张瑞敏在创业之初的苦衷,那就是永远把质量放在第一位,永远把客户放在第一位。对于我来说,每一个焊点都是一份沉甸甸的责任,我必须要焊接好每一个焊点,我要对得起用户,我要对得起自己的良心。

山城的磨炼

在 2007 年初，我们作为骨干员工调回了海尔（重庆）分公司，重庆海尔在 2007 年的时候还没有投入生产，而我们都是骨干员工，必须要为后面的人做好榜样，必须要有吃苦耐劳、敢于拼搏的精神。公司还没有投入生产，因为工厂刚竣工，条件比较艰苦，地面的灰尘和泥土都比较多，就安排我们干着清洁工的活，遇上大雨天，我们还连夜抗洪。新设备入厂，怕有人破坏，晚上我们还要照看设备，就连吃饭的地方都离公司有很远的距离，每逢下雨，就得行走在泥泞的道路上。就这样坚持了大半年，经过设备的逐步调试，公司开始接订单了，有了订单也就意味着有了更多的收入。在没有订单之前我们都是按照重庆市最低工资每月 600 元的标准发放的，在这个环境下，有人开始打起了退堂鼓，或许是他们有了更好的发展方向吧，但我还是选择坚持下来。有了订单之后，我们的工作岗位也开始确定下来了，而我就被安排到焊接这个重点岗位上。

2007 年下半年，订单开始增多，我们的收入也开始有了提高，但人员有限，订单增多也就意味着上班时间的增加。从那时候起，我们上班的时间也由每天的 8 小时延长到 12 个小时，而且还会白班、夜班两班倒。最累的就是上夜班了，从晚上 9 点一直工作到早上 9 点。遇到突发情况，还有

连续上班 26 小时的纪录。在我看来，这都不算什么，因为比起广东服装厂没日没夜地干，这个我还是能够坚持下去的，毕竟也不是天天如此啊。不过和我一起来的那几个同学，因为工作时间长、劳动强度大、不自由等原因，都陆陆续续地离开了，而我始终坚守在自己的岗位上，没有大事从不请假，也从不旷工、迟到、早退等。2007 年底，我被公司评为"年度优秀先进个人"，发放了 1000 元的奖金和证书，在获得荣誉之后，我觉得我的坚持是对的，我的付出得到了公司的认可，我很满意。我要一直努力下去，好好工作，我不光是为了自己，还为了家人，为了公司领导的认可。从 2007 年一直到 2010 年，我连续四年被评为公司"年度先进个人"。

爱情的缘分

人生的路并不是一帆风顺的，比如在爱情方面，我也经历过一些挫折。以前也追求过一个女生，在相处一段时间后，对方父母认为我是农村的，在城市无车也无房，不能够给她带来幸福，只能和她分手了，算是体会了失恋的痛苦吧。最后我只能放弃了寻找爱情，或许完美的爱情只有童话里才有，一切随缘吧，不是我的我不强求。失恋半年之后，上天让我遇见了我人生中的她，也就是我现在的老婆。或许是因为我们都是土生土长的农村人吧，在见到她的时候，我把我的经历和想法都告诉了她，没想到她的想法和我一样，认为所谓的幸福生活是靠两个人共同经营的，只要两个人真心在一起，再苦再累也无所谓。我被她的话感动了，岳父、岳母也很欣赏我，从我在公司的表现，认为我是一个可靠的人、值得信任的人，于是我们相识不到一年便结婚了。有了家庭，就更让我有了工作的动力。

理解·尊重·信任

无论做什么事情都应该有始有终，这是我对自己常说的一句话，只要认准了的事情我就会坚持不懈地做下去，无论是在家庭还是在工作上。也正是我的这种精神，得到了领导的认可，领导决定提拔我去当班长。当时考虑到自己在管理方面没有经验，而且员工都是年轻人，十八九岁，可能不大好管理，想推辞掉，但领导多次提起此事，也就不好意思再拒绝了，只好硬着头皮当上了班长。当上班长以后才发现，作为一个班长，除掌握多项技能外，还得为员工着想，也得为公司领导着想。有时候员工有事想请个假，你不同意，人家可能会责怪你，你同意了就会影响生产。因为都是一人一岗，一个人请假了就得班长上去顶岗，两个人同时请假就只好放慢一点节奏了，这就影响了生产进度。有一次一位刚进来的新员工，遇到困难向我借钱，虽然也不多，一二百块钱，没多想就借给了他，但第二天就不见了踪影，打电话也联系不上，也不知道是什么原因，还生怕他出什么意外。后来从他的同事那里得知他不想上班，已经回老家了，我心里就放心了，也没再计较借钱的事。在管理方面虽然严格，但我从来不对员工发脾气，觉得大家都是出来打工的，每个人都不容易，何必为难别人呢。人心都是肉长的，做到换位思考，多和员工沟通，我相信大家都会理解的。只有充分尊重彼此、了解彼此，才会让彼此相互信任，在工作上才会有激情、有干劲。

父亲的责任

2012 年，我老婆为我们生下了一个可爱的小宝宝，在产房里，听见孩子哭声的一刹那，我激动地流下了眼泪，体会到做母亲的不容易。老婆辛苦了！医生抱着孩子向我走过来，说是一个可爱的姑娘，我听了很高兴：女儿好啊，女儿是父母的贴心小棉袄，我当父亲了！我顺手从医生的手里接过女儿，看着宝贝女儿的可爱面容，我幸福的泪花在眼里直打转，抱着孩子不停地向身边的人说，咱家的女儿真好看！我当父亲了，身上的责任

也更大了，为了让宝贝过上幸福的生活，做父亲的有责任更有义务把自己的子女培养成才。

在创新的大潮中奋力搏击

2012 年，青岛市举办了第十二届技能大赛，整个海尔集团生产与焊接有关产品的分公司都要参加，参赛规则是先从各分公司内部竞赛，选取焊工前三名参加海尔集团的总决赛。这些分公司包括全国各地的海尔冰箱、海尔冷柜、海尔电热、海尔空调生产基地等，比赛还有国外的焊工参与。在分公司选拔赛中，我获得了第一名，公司就派我和另外两名获奖的选手去参加总决赛，不过此次焊接比赛要求都比较高，除了焊接空调的铜管，还要焊接冷柜的铁管，铜和铁的材质不一样，焊接的方法也不尽相同，我深深地感受到了压力。在比赛前一个月，我一直在积极准备，包括理论、演讲、焊接实操等。为了了解冰箱的焊接方法，每天下班后就到隔壁冰箱厂，向冰箱的焊工学习，虽然冰箱和冷柜的管组管径粗细不一样，但至少材质是一样的，然后就向冰箱组借点材料，拿回空调组练习焊接，焊接好后自己解剖，慢慢分析。就这样反复练习研究了一段时间，虽然比不上冰箱组的专业焊工，但对冰箱的焊接也有了一些了解，在比赛的时候我全力以赴，取得了海尔集团焊接大赛总决赛第二名的好成绩，为整个空调产业的第一名，获得了"青岛市技术能手"称号，同时也取得了技师资格证。回到公司后，领导就给我重新安排了岗位，让我担任焊接技师，主要负责对现场焊工焊接过程进行监控和焊接质量数据分析；对后备焊工的筛选、培训和对焊工上岗资质认证；对在岗焊工进行考评及培训；负责焊接因素全流程体系校核；组织开展焊接技能竞赛等。

除了做好本职工作，还要发挥创新精神，在工作中我通过自己的经验得出一些方法和结论，解决了不少生产技术难题。其中有一种铜管直径为5 毫米的机型，在焊接的过程中极易造成焊堵，在经过多次的验证后发现，原来是安装管组的接头插接深度太浅，在经过工艺改良以后就杜绝了此类问题的发生。还发明了一种最快的检堵方法，根据制冷剂在管路中的流向，在最短时间内能够发现是哪一个焊点堵了，并把焊点修复好，达到合格标准。一般新买回来的焊枪枪头都不好用，枪嘴比较小，焰心太短，焊接的时候不仅速度慢，而且焊点也达不到要求。我就自制工具把枪头加以改进，使火焰始终保持中性焰，不仅提高了生产速度，焊点的质量也得到了保障。我将自己的技术成果和加工经验毫无保留地传授给工友，并得以广泛应用，使加工同类零件的生产效率至少提高了 2 倍。

随着科技的进步，公司在由传统制造企业向互联工厂转型中投入大量自动化设备，而焊接作为空调两器最为重要的工序，大部分焊点由手焊转为自动焊接。我作为一名手焊工，刚开始有些危机感，因为焊点减少也就意味着焊工也会减少，随着设备的使用，有些地方也是需要改进的，所以得向知识型员工转型，开始花更多精力研究自动焊设备。而此时正好有个难题摆在眼前，因为空调的部分管组由手焊改为自动焊后，管组与弯头的壁厚不同，自动焊接时容易造成管组虚焊或弯头过烧，令自动焊操作工手足无措。在仔细研究观察后，我将预热和加热枪排角度重新进行了调整，同时也建议将部分弯头的壁厚进行改善，在经过反复试验后，总算解决了这一难题。通过这些小小的技术革新，每年为公司增值数十万元，获得了海尔 690 互联工厂大赛组委会颁发的"创新成果奖"荣誉证书。

2013 年，空调产业线在青岛举行首席技师焊接大赛，我们公司又通过比赛的方式进行初选，我获得本公司的第一名，在青岛首席技师焊接大赛上，又获得产业线第一名，荣获"海尔空调焊接首席技师"称号。我负责公司一线新员工的入厂培训，还会到职高或技校为公司培训焊接人才；有时候也会去成品库帮忙开叉车，或者到人力资源市场去帮忙招聘员工。有人说，我就好比一块砖，哪里需要哪里搬。

收获的季节：努力奋斗才能梦想成真

2014 年，江北区总工会给公司发了一封邮件，说是参加"全国五一劳动奖章"推荐，问我们公司是否有合适的人选。我们公司领导经过商议后，决定把我的事迹报送上去，没想到在公司工会以及领导的推荐下，经过区市各级推荐，我获得了工人阶级中的最高荣誉——由中华全国总工会颁发的"全国五一劳动奖章"！在收到重庆市总工会发来的五一劳动节表彰邀请函时，我都不敢相信自己的眼睛，直到我看见证书上有自己的名字时，才觉得是真的。我真的获得了一个大奖，这真是我意想不到的事情啊！有句话叫越努力越幸运，或许就是对我的真实写照吧。

2016 年，在江北区总工会的支持下，在我们公司成立了以我的名字命名的劳模创新工作室。工作室立足公司生产实际，为劳模和一线员工搭建起一个创新、攻坚、学习、培训的平台，不断提升公司质量水平和团队工作能力，切实解决空调生产过程中各种质量问题，推动重庆空调质量水平超过行业标准，展示新时期劳模和高技能人才风采。

也在这一年，我收到了中国劳动关系学院寄来的录取通知书，这也是一件极大的好事啊。但不幸的是在这一年的春节期间，我奶奶突然因病去世了，本来高高兴兴的春节，没有想到会遇上这样的伤心事，父亲为奶奶的事情也花了不少钱，而我因买房贷了不少款，再加上我如果上大学也就没有了收入，会造成经济上的困难。我本来不打算上学的，但老婆一直支持我去上学，说她会好好上班，房贷的事就交给她好了。父亲也支持我去，让我把孩子交给他照看，他说他现在的任务就是在家照看好我的爷爷和我的女儿，叫我不用担心，安心地去上学。而公司领导叮嘱我不要放弃这次机会，再加上工会的帮助，让我下定决心，踏进了大学校园的大门，圆了我的大学梦。

我真的很庆幸自己出生在这个和平的年代，这个没有战争、没有饥荒的年代。只有在这个年代，我们才有足够的时间静下心来，去做自己想做的事情，去完成自己没有完成的梦想！虽然这一路走来不太容易，尽管遇到过一些坎坷，但我想尽办法去克服困难，努力去完成自己想要的目标，不忘初心，方得始终。在这里我非常感谢公司给我这个平台，非常感谢各级工会的帮助，也非常感谢学校的老师和同学们对我的帮助，我今天的成功离不开你们。再多的荣誉也只能代表过去，我们还需脚踏实地地干好自己的本职工作，坚定理想信念，发挥劳模精神，去做我们想要做的事情，努力奋斗才能梦想成真。

致敬词

焊点虽小，却是他决胜优秀产品高标准、零缺陷的关键；一把火焰，缔造着他那支有理想、守理念、懂技术、会创新、敢担当、讲奉献的宏大的产业工人队伍。他挥舞着手中的焊枪，一点点搭建着新一代产业工人的美丽舞台。

他，是百万焊点几乎零焊漏的"80后"焊接大师。信奉"活到老学到老"，以勤奋学习去适应环境，打造出属于自己的出彩人生。

致敬——重庆海尔空调器有限公司焊工王玉俊！

从职场"菜鸟"到机场电网守护神

——吉林机场集团动力能源公司电力保障部主管信振寰的故事

人物小传

信振寰 男，汉族，中共党员。1976 年 7 月 20 日出生于吉林省长春市一个普通工人家庭。1996 年技术学校电气维修专业毕业，成为吉林机场集团长春机场变电站电气维修工。20 多年来，从事过低压维修电工、变电站运行员、变电站站长、电力保障部助理、电力保障部主管等岗位工作，2005 年获得共青团吉林省国资委首届"十大杰出青年岗位能手"；2007 年获得国家民航总局 "全国民航劳动模范"；2008 年获得"全国五一劳动奖章"；2014 年被首都机场集团评为"最美轻工"岗位能手。

一　父亲：我的偶像和灯塔

　　对于帮父亲干活当小工，我不仅厌烦极了，而且还非常畏惧（因为我也想出去玩，不想干活），但是经过一段时间的"悲惨童工"生涯，我发现我对物体的立体概念和动手能力确实得到了开发锻炼。

　　父亲才真正是我心中的偶像，在我人生的路途中，他是我的灯塔、我的坐标。

　　我于 1976 年出生在一个工人家庭，母亲是一名刨工。老的技术等级分为 8 级工，母亲作为一名女性，就体能与男同志相比处于弱势，但是对于工作母亲有一种执着与韧劲，总是不服输，对于大型机加件和精密机加件，操作起来游刃有余，技术等级达到了 6 级工，总体说来还是非常不错的；而父亲是 60 年代的老中专毕业生，学的是内燃机和柴油发动机专业，分配到工厂后，踏踏实实从一名普通的钳工做起，不断钻研、努力学习，从工程师到高级工程师，并取得全国注册一级建造师资质（80 至 90 年代该资质考取的人很少，含金量还是很高的）。这一切的背后，是父亲超乎常人的韧劲与非常严谨的工作作风。那时候，父亲经常加班，回家很晚，回来也抱着一摞图纸，铺到绘图板上研究到深夜，有时父亲会把一些"老顽固"请到家里研究设备安装的问题，一会儿吵得很凶，一会儿又都喜笑颜开。我当时真弄不懂，这些人是不是得了精神病？父亲给我的印象一直是不苟言笑，对我向来是非常严苛的，但是对于朋友、同志又非常亲切和蔼，经常帮助周围的人。父亲是学机械的，在上学的时候，机缘巧合拜了一名建国前在我们地区非常有名的老木匠为师，学得一手精湛的木工手艺。上山下乡时，他所在的县里求他帮忙盖房子、做家具的人络绎不绝。回城工作后，从我刚刚记事起（三四岁时），我的"悲惨童工"时代就开始了。父亲无偿帮别人做家具（80 至 90 年代流行的大立柜、组合柜等），父亲的手艺是传统的榫卯结合工艺，但是制作的家具在当时样式是非常流行的，而且是纯实木的，结实耐用，所以非常受欢迎，来做家具的几乎天天都有。我就给他当小工，推刨子时把木头、递工具等，稍有不慎还会挨一顿训斥，我委屈得大哭，但父亲不会理我，依然让我按照工序当他的小工。当时我虽然太小了，但是也有记忆和思维，对于帮父亲干活当小工，我不仅厌烦极了，而且还非常畏惧（因为我也想出去玩，不想干活），但是经过一段时间的"悲惨童工"生涯，我发现我对物体的立体概念和动手能力确实得到了开发锻炼。举个例子：当时是七几年，家里确实非常穷，2岁时父亲为我买了唯一的玩具——一辆铁皮小汽车，大人跟我说汽车可以坐，不想真被我给坐扁了，扔在不起眼的地方好几年。我五岁时，不经意看到了，于是找来父亲的螺丝刀、钳子、锤子等工具，把小汽车拆解，将变形的齿轮、发条及车辆支架连杆，一一进行了修理，将小汽车变形的铁皮棚顶，用锤子和钳子进行平整修复（这是钳工钣金活），最后将车体一一组装，经修复后小汽车虽然外观不能与新的相比，但是其功能基本得到恢复。后来大概在1987年，家里买了第一台12吋黑白电视机，这可是家里当时最值钱的"大件"，结果我出于好奇，把它给拆了。像这种事后来太多太多，我挨的揍也越来越多，但动手能力却得到了锻炼。与此同时，我也收获了不少小伙伴的友谊，当时各家经济条件都不是很好，买玩具几乎不可能，只能靠自己做。我十岁左右时，制作的木雕小手枪、弹弓、火药枪（现在可能违法，但当时确实没什么玩的，所以就做了。火药枪我会制作两种，一种是最原始的车链子的，一种是用自行车气门芯加上车条帽做的，两种火药枪的成功击发率几乎百分之百），还有很多其他的玩具，周围的小朋友们都非常喜欢。这一段制作玩具的经历，对于我日后的实际动手能力可以说确实帮助不小。我看电影但不追星，没有偶像，而父亲才真正是我心中的偶像，在我人生的路途中，他是我的灯塔、我的坐标。

二　简单快乐的童年：奔跑在田野间的幸福

很多年后，一有机会我还会到野外田间走走看看，这能让我感受到我存在于自然之中，却又那么渺小。

花有重开日，人无再少年。今天能够悠然地坐着，回忆一下过去，何尝不是一种幸福。七八十年代的天是那么的蓝，我们家在城郊父亲单位宿舍大院里。那时作业很少，平日里经常和小伙伴们追逐玩耍，做着那个年代人耳熟能详的游戏，而我最喜欢跑到郊区的田间地头，捉各种昆虫、泥鳅、小鱼和青蛙。在这期间我曾捉过以后再也没见过的生物，如长得像小鱼而身上有七彩的水中的虫子，背上带有马蹄形硬壳长着长尾巴的虫子〔后来查资料，这虫子叫鲎（hòu）虫，最早出现在2亿年前，在黑龙江和吉林省均有发现，该虫对于水质要求很高，有污染的水域是没有的，现在我们这里再也看不到了〕，小河蚌里不是蚌肉，而是一条红尾虫子，很凶猛，极具攻击性，还有三条腿的蛤蟆，当时我都见到过。每次出去到野外都有新奇的发现，这让我兴奋不已，不知不觉中忘了时间，才发现已经走出很远很远了，常常要很晚才走回家，这让我感叹地域之广阔、自然之奇妙，陶醉的同时，通常也会伴随家人担心所致的一顿教训。很多年后，一有机会我还会到野外田间走走看看，这能让我感受到我存在于自然之中，却又那么渺小，这可能会给你一种警示：在人生得意之时不要骄傲膨胀，不要自夸自大，最好还是履冰前行，心中永葆那份童真无邪。

三　理想与现实：机电技术学校的磨炼

父亲对我说，有好的技术，将来也是安身立命之本，别发愁，去读技术学校吧。

每个人都有他的理想，都有他的向往所在，作为一个平常人我也有。很小的时候父亲经常绘制图纸，我就在旁边边玩边看着，觉得很有意思，后来跟着父亲干活打下手，可能对我的手眼能力确实有所锻炼，慢慢地我就有了一个爱好——画画。从画汽车开始（虽然当时画得确实不太好，但是说不清就是喜欢画），从最初的临摹小人书到各类漫画，从人物、动物到风景都进行大量的临摹。当时家境确实比较困难，父母整天忙于工作，也无暇顾及培养我的爱好，只是知道我非常喜欢画画，在不影响学习的前提下，任由我自然地去临摹去画，总比出去跟人打架惹事强。于是，我没事就出去到野外走走，让心情变得更好，很多时间都是趴在桌子上画啊画的。家里没有能力找这方面的老师培养我，我也没有参加任何美术班系统的学习，从五六岁一直到读技术学校前，坚持了十多年，后来亲朋、邻居、同学都觉得我画得还可以，我可以把几厘米的画，临摹手绘放大到1至2米的尺幅，当时临摹的很多小样都被周围的人要走了。就这样，我一天天长大了，转眼初中毕业了，那时候初中毕业可以报考中专，这使我单纯地看到，爱好、理想与日后的工作可以在一条路上，于是我报志愿时，报考了市第三中专（美术与建筑装潢设计专业）。这个学校当时分数不低，除了理论知识考试，还有现场素描临摹考试环节，为了充分备考，我特意去听了一节素描课，掌握了素描的一些基本手法，也不知道自己行不行，颇有点初生牛犊不怕虎的意思，也没怎么练习，没几天就参加了头一关的素描临考，没想到成绩还非常不错，竟然通过了。接下来就是好好复习等待中考。正在这个时候，好像上天跟我开了个玩笑，临到考试前一个多礼拜，我竟然不明原因地感冒发高烧，打完针降到三十七八度，药劲一过马上四十度，就在这种情况下，我强忍着完成了中考。后面的事可以想象，当然是名落孙山，成绩与录取线差了30多分。美梦破灭了，也可能我这个人比较木讷吧，还没有太大的反应，但是父母却不停地安慰我，怕我想不开，开导我说，这个成绩能上一个比较好的技术学校，咱们家是工人家庭，上技术学校好好学技术，以后到工厂当个好工人也不错。父亲对我说，有好的技术，将来也是安身立命之本，别发愁，去读技术学校吧（当时的技术学校是省教委办的统招类学校，与现在的私立技校还是有区别的，当时我市好的技术学校是包分配的，越是好的技校，分配单位越好，如电力技校、汽车厂技校、通用局技校等，我后来上的技术学校也在此列）。

于是，我以优异的成绩进入机电技术学校，开始了我的电气专业学习生涯。没过多长时间，我心中多少有的那点小失落荡然无存，回想起来我真应该诚心地感谢那一批老师。在那个年代的技校老师，没有任何功利心，而且极其负责，知道我们都是初中毕业考来的，尤其电气专业的理论性很强，这些教电气理论与实操的老师，真是从粗浅入手，掰开揉碎地教给学生，这让我在电工基础理论上受益匪浅。同时学校为了培养技术工人的综合作业能力，还开办了机械制图（这门课我最喜欢上，而且成绩非常不错）、钳工工艺、车工工艺及焊工工艺，作为一名好的技术工人，这些业务技能在日后的工作岗位中，都能得到应用。就这样，在这些优秀老师的言传身教中，我被评为优秀毕业生，并获得了中级工技术资质（后来技术等级改革，老8级改为初级、中级和高级工），想想当时能拿到中级工技术资质还是挺不容易的。毕业时的理论与实际操作考试，从初级到中级难度还是很大的，想想也可能是我比较幸运吧。毕业季恰逢民航系统招录电气维修工，通过学校的分配、民航系统的考试，于是我开启了我的民航机场电气维修工作生涯。

四　与民航工作结缘

通过这个小问题的排除，增强了我的信心并激发了我要在工作中继续学习的斗志。书上常说，"人知耻而后勇"，我再不行也不能当"废物"（我当时经常这样想），于是，同事们看到了一个"脑勤、腿勤、手勤、嘴勤"的我。

职场"菜鸟"的奋斗

1996年，我从技术学校电气专业毕业，进入机场变电所工作。与周围的同志相比，自己学历低、底子薄，到底能不能适应岗位需求，到底能在机场维修电工这个岗位走多远，周围同志都对我投来了怀疑的目光。初入职场，是低着头出局，还是站直了别趴下，性格内向且有些小自卑的我，迎来了人生工作中的第一次挑战。

刚出校门走上工作岗位，理论与业务技能经验都严重欠缺，没有专业专职的师傅带，所以局面可以想象。刚刚参加工作时没有实践经验，就连最基础的照明维修、安装接线都很吃力，更不用说日后的电气安装与电气设备自动控制修配了，简直无法想象。从维修工作第一天开始便遇到了各种困难，记得报到后的第一天，第一件工作是去锅炉房处理电机故障。同去的有两个工友，经过检查发现故障是炉排电机接线端子松动所致，两位同事看我第一天上班，是个刚从学校出来的"菜鸟"，开始没让我上手，直到他们拧螺丝时发现，端子螺丝很小、内牙较浅，不受力被拧秃扣了，他们便让我来处理（当时想来可能是领导让他们考核我一下）。像这种情况只能用丝锥或板牙进行攻丝处理，当我询问是否有这样的工具时，他们异口同声地告诉我没有。面对这种情况，我回想了以往干活的经验，就将秃扣螺丝帽拆下，卡到台虎钳上用锤子轻敲几下，使螺母轻微变形以起到收紧内牙的作用，再将这颗螺母上到端子螺栓上，竟然解决了这个小问题。通过这个小问题的排除，增强了我的信心并激发了我要在工作中继续学习的斗志。书上常说，"人知耻而后勇"，我再不行也不能当"废物"（我当时经常这样想），于是，同事们看到了一个"脑勤、腿勤、手勤、嘴勤"的我。利用工作及休息时间，我不断查阅学习相关技术资料，出现在各类电气设备安装现场，不管身体多累、环境多脏多差，只要有需要，总是第一个冲上去对设备进行维护。有一次，机场候机楼的一个卫生间下水管破裂漏水，导致棚顶照明线路短路跳闸，供电中断，严重影响到这一区域的办公及旅客登机。当看到从灯具与棚板处溢流出的污水，同行的维修人员都有些手足无措，正当大家犹豫之时，我已经借势攀到高处，成功地对故障点进行了妥善的处理。这件事情过后，同事们对我的态度也开始由怀疑转为信任。

天道酬勤。经过多年坚持不断的理论学习和兢兢业业的努力工作，自己的业务技术能力得到了很大的提高，不仅能够完全胜任电气维修工作，而且值得骄傲的是经过自己维护的电气设备，故障损坏率明显降低，也受到了用电单位的表彰。以前通常故障周期为半年一次的电气控制柜，经细心维修后故障周期延伸至两年以上，设备可靠性大大提高。在他人面前我总是开玩笑地说，"我这是懒人有懒招"，其实自己心里一直明白一个道理："干工作不认真，最终糊弄的是自己。"在这件事上我吃过一个不大不小的亏，参加工作一段时间后，觉得基本维修工作都能胜任了，就有点飘飘然。在一次机场家属区供水泵站维修中，接触器老化损坏，我觉得这个很容易，领了一个接触器不到20分钟就换上了，当时停水后不少家属下来围观，不少人还说：这小伙子行，够麻利的。我心里这个美啊，什么"端子螺丝拧没拧紧，再检查一下"等操作规程，早不知道飞哪儿去了。送电一开始还好使，能正常启动，没过一会儿控制回路接线和部分电气元件全烧坏了，这正是我马虎大意，拿错了接触器型号，接线时光图快不认真所致。当时那么多人看着，我的脸都绿了，恨不得找个地缝钻进去，但是事实已经这样了，于是我又重新返工配线，本来也就半个小时的活，我折腾了3个多小时才完成。自打这次教训后，我全面增强了对维修工作的责任心，哪怕一项小的维修，我也要认认真真地完成并反复检查。经过这件事后，我对一些使用环境恶劣的配电设备维修格外用心，如旅客餐厅后厨和锅炉房鼓引风配电柜，我都严格按照电气维修工艺进行维修养护，不少设备经过我的认真维修后，直到老机场退出舞台，转场后都没有坏过。

奋战在维护安全生产的第一线

安全与责任感是个长久反复培养的过程，在这方面与民航的安全制度息息相关，同时也离不开高素质管理人员的督导。正是他们知道安全工作对于民航系统、对于机场飞行安全的重要性，所以经常性地给我灌输了大量安全工作的意识。从一年几次的安全检查，到每天的供配电设施巡查，我和变电所的同志真正做到了认真、细致、耐心，发现了不少不安全的因素。一次，在我巡检过程中，发现综合楼配电间的配电柜内有一处零线排因老化，接触不良。当时故障点很隐蔽，不容易发现，如果我没有按照电气巡视流程巡检，这处故障点就不可能被发现。可能直接导致的后果，就是在零线烧断后，办公楼内价值几十万元甚至更高的设备将被烧掉，将会造成气象、雷达、通信的中断，严重影响飞行安全。像这种不安全因素都有不可预见性，唯一的方法就是尽我们变电所全体同志的力量去减少和化解它，通过巡检工作也证明了我们加强这项工作是非常重要的，在我日后走上变电所所长岗位后，我把这项工作常态化并写入了制度与工作流程中。

工作中虽然很辛苦，但我觉得还是很快乐的，而对于工作中的人身安全问题，有时回想起来确实挺害怕的，除了触电伤亡危害，这里不能不说说高空作业。我们除了线路登杆作业外，在老机场的时候还有四个最高的灯塔，灯塔的直接作用是为夜间乘降飞机的旅客提供照明。如果灯塔的照明完好率很低，会影响到机场硬件的服务保障，会使机场的服务大打折扣。为了保证有一个良好的硬件设施提供给旅客，我们变电所每年都要对其进行很多次维护。我第一次爬上30多米高的灯塔时（所谓灯塔，没有室内楼梯，完全是在平地做好基础，用钢管焊接而成，攀爬梯子暴露在外部，攀爬时没有任何保护设施，确实很危险）。我是跟着老师傅上去的，当时就这高度我根本不能进行维修工作，确实被吓得不行，遇到风大一点的天气，灯塔来回摇晃，就更可怕了。但是没有办法，谁让我选择了这个职业呢，怎么也不能让人看不起。我一面在内心里给自己打气，一面想只要在攀爬和维修时严格执行高空作业标准，不违章作业，危害还是很小的，于是每有维修灯塔任务时，我都抢着上，几次过后果然克服了恐高的心理障碍。恐高障碍克服后，下面才是真正的煎熬——维修。维修最怕碰上三伏天和三九天，三伏天无遮挡，身上的汗出了又被高空的风吹干，这样往复直到工作结束，身上满是红色的疹子，难受极了；而在三九天里爬上灯塔，机坪因空旷白天最低能到零下30多度，高空温度就更低了，就在这种环境下维修，一干就是四五个小时，时间长了，身体都会被冻僵。但我并没有因此怕苦怕累，反而觉得这是件很光荣的事。在这样的环境下工作，不出活工作效率低，我生怕完不成维修造成航班延误，为此在维修灯塔时干脆就不吃午饭、不喝水。这项工作由于变电所当时严重缺人，后期我一个人干了5年，没有发生过一次因维修不力导致航班延误。

每年夏季（无论是老机场还是新机场），外场架空线都会因雷击致使绝缘击穿接地，造成跳闸事故，严重影响飞行安全。为保证供电安全与生产运营秩序，我经常带领同志一起（担任变电站站长后），放弃节假日休息时间到野外进行故障排查。虽然夏季天气高温闷热，但是我们却对每一段线路都认真测量，丝毫没有放松，还要亲自爬到电线高杆上检查事故原因。由于雨后乡间的道路十分泥泞，车辆根本无法靠近架空线路，我和同志们就徒步前行，深一脚浅一脚地对电线杆挨个检查，一个都不漏过。由于一部分电线杆立于玉米地内，我就钻进玉米地里查看线路，胳膊上、脸上多处都被划出了伤痕，可我们依然前行；一部分电线杆立于水田地内，我们就穿着雨靴沿着田埂查看线路，好几次都滑倒在水田里，身上满是泥水。巡检线路一走就是一天，脚底都磨出了水泡，直到找出导致跳闸事故的损坏瓷瓶并重新更换，我们心中的一块大石头才算落了地。像这样的巡查检修工作每年都有很多次，几乎每次都要工作到下午七八点钟甚至更晚才能回到单位，每个人一整天在泥泞的田地里要穿行二三十公里，说实话，我们的体力真是吃不消，但作为机场供电保障人员，企业的归属感战胜了我们的疲劳，让我们觉得能排除供电故障，我们的存在是有意义的。

就这样，每处理一些故障，自己就长了不少见识，有所成长，有时也会涌现一些如何使工作更加快捷、安全的想法，要是把这些想法落实到工作中，是很有意义的事。幸运的是我在工作中实现了我的这些想法。每年雨季到来前，我们变电所的同志们都要对户外架空线路安装的避雷器进行检测及重新更换，每次更换都得带上脚扣子爬上 10 米多高的电线杆上作业，而且每次只能一个人去操作。有一次在更换完避雷器后，有一名同志在从电线杆上下来的过程中，脚扣松动，从高处滑到了地上，大腿内侧被电杆上支出的角钢划出了一条很长的口子。我觉得高空作业很危险，于是观察了电杆的结构情况，发现有避雷器的电杆都是两杆之间有角钢做的横担。那我们能不能做一件既便于安装又便于攀爬的梯子，这样就可以避免人员受伤的事情发生？于是，我就自己动手设计并焊接可以勾在这些横担上的勾梯，并在以后的工作中一直在使用，感觉效果还可以。原来只能一个人更换避雷器，现在可以实现两个人同时更换，大大降低了操作的危险性并提高了工作效率。像这样的小工具，虽然算不上发明，但同志们在使用过程中都很满意。

有时作为一个历史时刻的见证与参与者，是一件不容易和幸运的事。在我工作的第十个年头，迎来了新机场的建成使用，由老机场转场至新机场时，我有幸被选作搬迁的押运员。我在做好维修保障工作的同时，加班加点将全部物资分类打包，为防止电量数据丢失，我又将整体机场所有电能表进行了抄录，并上报财务部门，避免了电量核算不准造成的损失。一个月里我天天加班，天晚了回不了家就在维修室的长凳上过夜，整整进行了一个多月的准备工作。搬迁日期日益临近，由于整个机场需要搬运的物资较多，搬运车辆达 50 余台，上级领导考虑到白天搬运可能会给交通造成拥堵，于是将首次搬迁工作定在晚上 10 点以后。为了保证夜间搬迁工作的正常开展，我带领变电所维修人员，对老机场区内各办公场所、楼道内的照明设施进行了维修，并在相应的地点安装了夜间搬迁照明设施（当时老机场设施老化严重，机场路灯早已报废多年不能使用），从而保证了搬迁工作的顺利进行。

2005 年 8 月 6 日晚上 9 时左右，首次搬迁工作正式开始。我和同志们代表变电所去领车，可天有不测风云，突降大雨。上级领导立即指示，搬迁工作按原计划进行，于是我带领变电所几名同志和解放军同志一起把整理好的物资一趟趟搬运到车上，当时雨越下越大，雨水打湿了我们的头发和衣服，可我们全然不顾，依然一趟趟奔波在雨中。近 2 个小时后，装车完毕，车辆集结开往新机场。凌晨 2 时左右车队到达新机场，此时雨已经停了。我顾不得脱下湿冷的衣服，带领同志们一起在最短时间内卸车并整理摆放好物品。做完这一切工作，拖着疲惫的身躯回到家时，已经是凌晨 4 点多了。在此后几次机场搬迁押运工作中，我每次都积极做好协调联系，认真地对搬运物资做好监护，避免了物资的丢失和损坏，顺利地完成了搬迁押运任务。

五　做平安电网的守护者

更为先进的设备，新技术，新领域，全新的一切，都是摆在我们面前的新挑战。同时我也意识到，只有带领全站的同志早日学习新知识，掌握新技术，才能适应新形势，为构建机场"平安电网"做贡献。

应对新挑战

时光荏苒，在结束了近十年的电气维修工作后，我走上了长春机场中心变电站站长的岗位。长春机场自 2005 年通航后，更为先进的设备，新技术，新领域，全新的一切，都是摆在我们面前的新挑战。同时我也意识到，只有带领全站的同志早日学习新知识，掌握新技术，才能适应新形势，为构建机场"平安电网"做贡献。

"打铁先要自身硬"，要使变电站适应新形势，自己首先要成为新机场电能管理方面的行家里手。于是，我利用工余时间熟悉电路图，查看线路走向，不断学习送配电方面的知识。在较短的时间里，就掌握了 GIS、66KV 及 10KV 备自投等当时的新技术，为适应工作扫除了障碍，也为变电站安全运行提供了可靠的技能储备。与此同时又把自己掌握的新技术毫无保留地传授给全站的同志，使大家的业务技能得到全方位提升，从而保证了变电站新设备安全、可靠、优质运行。当时负责建造我们变电站的单位，就是我父亲工作的单位省送变电公司，借着这个便利条件，送变电方面的专家和工程负责人就住在我家楼上，于是在一年多的自学时间里，我经常请教楼上送变电建设专家，把获得的知识毫无保留地全部告知大家。当建设乙方撤离，提出 30 万元可以有偿代运行，我的上级领导问我行不行时，我毅然回答说没问题，这钱给了他们，单位还养我们干什么？事实证明我们行，变电站在我们接手后至今已经安全运行 11 个年头了。

人生中有很多第一次，转到长春龙嘉国际机场后的供电工作，对我来说也是第一次。

机场电网"合环"倒闸，是一种全新的运行操作模式，不仅能优化机场供电质量，而且能够提升机场能源系统的安全系数。转场到新机场几年来，中心供电设备由于技术等因素，不能实现该系统的合环倒闸，自通航以来这个问题始终困扰着动力能源公司领导，也困扰着我。"合环"操作离不开背后严谨的理论支持，为此，我先后查阅了大量的技术资料，走访供电行业专家，经过反复研究，终于总结出一条适合本机场供电系统的"合环"思路，并组织电力运行人员通过讨论、分析、模拟演练，编制了"合环"试验操作程序，并在"合环"操作中成功得以实施。

供电运行保障工作向来都存在着很大的危险性，是一个风险系数较高的行业。很多人都知道纯净的六氟化硫气体本身是无毒的，但是经过电弧反应后，则会变成有毒气体。中心变电站的 GIS 组合电气设备内，充装的就是这种有毒气体。有一次，该电气设备出现气体微泄，严重影响到机场的供电安全，通过严谨的相关理论信息查阅并向厂家咨询后，我冒着随时可能中毒的危险，第一次独立完成了在设备现场对 GIS 设备实施六氟化硫补充，证明了相关理论与厂家技术指导的可操作性，也为日后该设备排除故障积累了宝贵经验。

工作当中，还有很多像这样的第一次，摆在我和我的团队面前，而我们总是一次次地齐心协力将故障隐患排除掉。虽然在作业中也承担着很大风险，但为了保障机场供电的可靠性，我们觉得值。

愿做机场供电保障工作中的一块基石

时间的车轮从来不会停止，冬去春来转眼间又过了五年。由于组织上的信任和十五年工作经验的沉淀，通过竞聘，我走上了电力保障部主管的岗位，对于习惯与设备打交道的自己，这将又是一次新的考验。

走上业务主管岗位后，我面临的第一项任务就是"如何继续深化节能工作"。在我10多年前当电气维修工时，我对这件事就特别重视，但当时想法很简单，几乎没什么节能环保的概念，只是单纯地想通过维修使照明电气使用寿命延长。我利用以前所学的电气知识，先后对一些灯加装二极管，照明灯泡的使用寿命明显延长，但是也有缺点，就是光源不稳而且二极管一般使用一年左右就烧坏了，这种情形还是达不到我的期望值。后来我就把很多区域的灯的线路改造成两两串联，再配上功率大一些的灯泡，这样既解决了光源不稳的问题，又大幅度提高了使用寿命，当时很多区域都是人走不关灯，灯几乎是24小时长明。作为电气维修员，机场各类照明设施数以万计，开、关灯不是我的职责所在，但这种浪费现象确实给我们带来了大幅度的工作量，当时天天到处报修，一个人根本干不完，在采用了这种改造办法后效果显著，最长的照明灯连续开启5年都不坏，某种程度上极大地降低了我们的劳动强度；后来发现这种方法虽好，但浪费能源确实可惜，90年代我们地区与南方相比，还是比较落后的，包括节能工作，直到若干年后我去电气材料市场买材料，偶然发现声控照明类灯具，随手买了两个品牌的，对其性能质量进行了测试，觉得效果非常不错，立即上报领导，在机场各个公共区域进行安装使用，劳动强度与节能工作得到了更大幅度的提升，就这样，我们部门的节能工作开展起来。担任电力主管后，为更好地完成节能工作任务，深挖节能潜力，只靠一个人想是不够的，要集思广益找出更好的节能办法，于是我带领大家积极动脑筋想办法，先后对一些大功率设备安装节电节能设备。凭着多年电气工作所积累的经验，对机场路灯控制系统进行了技改，将原来简单的时控方式改进为"阶梯式递进启停控制方式"，使路灯控制方式更为科学，节能效果显著。通过节能技改，为长春机场年均节约电能三十万度左右。后期通过与同事们在节能方面的讨论，认为目前光靠人严盯死守和已有手段的应用远远不够，要向新科技新产品要效益。在我的带领下，形成了整体机场照明LED光源改造计划，该计划已经作为年度工作计划上报领导，虽然技改投资较大，但经计算该项节能技改实施完成后，年均节约电费一千万元左右，同时维修各项成本及人工成本也将大大降低，真希望这项工作计划能早日实施。

在做好生产运行管理的同时，我积极推进部门的班组基础建设工作，通过与班组成员讨论与协作，对机场供电的行业安规及工作标准流程进行全面的梳理完善，先后制定完善了《变电站标准工作程序》《变配电室检修指导标准工作单》《长春机场突发停电事件综合处置预案》等标准文件，几年来建立完善了各类规章制度 17 项、各类业务工作程序 16 项，建立健全台账 24 种（变电站原来的记录只有两种而且不正规，我通过与地方供电系统行业标准对标，全面进行了补充完善）。这些标准程序文件的形成，有效降低了运行风险，提升了机场安全供电的可靠性。

从事机场供电工作 20 年来，工作过程中也出现了一些波折，但是通过我与部门全员的共同努力，机场的电力设备完好率达到标准 98% 以上，安全运行保障率达到 100%。因此近年来我个人与部门均获得了很多荣誉，我的团队并未因此而骄傲，未来我将与我的团队一道，继续推进基层班组建设，不断优化机场供电管理，做好最基础的服务保障工作。

这就是与各位分享的我的平凡工作中的平凡故事。最后，有句我在工作中总结出的话，与大家一同分享：

从来没有一个人的社会，也没有一个人的集体。因为我始终是他们中的一员，我在工作中的所有点滴，都是我们团队共同努力协作的成果，我愿做长春机场供电保障工作中的一块基石。

致敬词

　　他的劳动，是在创造和谐的劳动关系，也是在创造不平凡的自己。他以最超迈的想象，跨越自然与物理的极限，让一次次处于高危环境的机场电网恢复重生。那个特殊工种，变成了他施展魔法、挑战不可能的特技演练高地。

　　他，是一个脑勤、腿勤、手勤、嘴勤的"小电工"，更是一名构建"平安电网"够铁够硬的机场贡献者。

　　致敬——吉林机场集团动力能源公司电力保障部主管信振寰！

为绿水青山守护
永不褪色的军魂

—— 山东潍坊市环卫处污水处理工张经尧的故事

人物小传

张经尧 男，汉族，中共党员。1970 年 2 月 28 日出生于山东五莲县。山东潍坊市环卫处污水处理工。2009—2014 年先后荣获山东省城市环卫行业岗位技术能手、潍坊市劳动模范、山东省富民兴鲁劳动奖章、全国住房和城乡建设系统劳动模范、全国五一劳动奖章。

一　我的军旅生涯

成长就是你的主观世界遇到客观世界那条沟，你掉进去了叫挫折，爬出来了叫成长。我梦想着成长，我还有机会吗？我扪心自问。

我叫张经尧，来自潍坊市环卫处。在我的职业生涯中，前12年是一名空军地勤机械师，后12年是环卫行业的一名污水处理工。看似毫不相干的职业，其实有千丝万缕的联系，那就是都和装备打交道，手里握有相同的工具，那就是钳子和扳手。机器设备是我一生最亲密的伙伴，它们运转得好坏直接关系到我职业生涯的荣辱得失。

高考落榜生的成功逆袭

我是上世纪70年代初出生的，那个年代，读书求学是最好的人生出路。1988年7月，经过十年寒窗苦读，我经历了人生的第一次高考，结果名落孙山。面壁十年图破壁，1989年我参加了复读，同样金榜无名。我昏睡三天，欲哭无泪。高校的大门好像已经对我关闭。我的出路在哪里？在那个计划经济时代，一个农村孩子梦想鲤鱼跃龙门，改变面朝黄土背朝天的命运，也只有当兵这一条出路了。

穷则变，变则通。1990年3月，我毅然应征入伍，走进了火热的军营。部队是一座大熔炉，新兵连成百上千次摸爬滚打的锤炼，成就了我们站如松、坐如钟的威武军姿，整齐划一的内务要求和队列行进，还有砸地有坑的豪迈步伐。下基层连队一年半的时间里，我们更是百炼成钢，达到了"政治思想好，军事技术精，作风纪律严，完成任务好"的优秀士兵标准。

记得当兵时我从家带走的唯一物品是一套高中课本，由于高中学的是文科，物理、化学基本没开课，所以在部队只能参加初中士官的招生考试，面对陌生而又熟悉的课本，业余时间我重操旧业，秉烛夜读。当然，高中毕业的我面对初中知识，非常轻松地通过了部队院校的统一考试。

1992年9月，我双脚踏进了空军第一航空学院的大门，成为中专士官

班的一名学员，专修强五机械专业。虽然只是一名中专生，这也是我梦寐以求的，因为这里号称中国空军院校的"西点"，毕竟和我的大学梦沾边了。在河南信阳，我领教了什么叫条令化、制度化，什么叫魔鬼训练，接受了人生最严酷的考验和挑战。满负荷的32门文化技术科目学习，满负荷的48个军事科目训练，难忘的必备"早餐"是5公里越野，最难啃的骨头是为期十天的全副武装大别山深山拉练，还有野外生存的考验。面对教官下达的一个个训练科目，我们只能见招拆招，一招接一招，从疲于应付到庖丁解牛、游刃有余，我们逐步完成了向职业军人的蜕变。

做一名合格的机械师

在校学习期间，按照学院规定，第一学年文化基础科目每门成绩在90分以上，就可以升入大专班，并且转为国家干部。由于一时的疏忽，我的物理成绩仅得87分，我又一次黯然神伤。毕竟这次我的大学梦近在咫尺。机会对每个人都是平等的，就看你能否抓住，有时不是你的智商太低，而是情商不高。成长就是你的主观世界遇到客观世界那条沟，你掉进去了叫挫折，爬出来了叫成长。我梦想着成长，我还有机会吗？我扪心自问。

既然升入大专班无望，那只能先安于现状，学好专业知识，做一名合格的机械师，为祖国的战鹰保驾护航吧。从地狱的磨炼到炼狱的锻造，时间是那样的漫长，痛苦啊！毕业季节来了，我仿佛重回人间天堂，幸福啊！当我从校长手中接过毕业证书和优秀学员证书的时候，突然感到责任重大：国家的财产，一架飞机从几千万元到上亿元；战友生命的安全，一名优秀空勤人员的价值其实是无法用金钱衡量的，如果非要折算一下，其价值等同于和其体重相等的黄金；战斗的胜利，平时的训练保障任务，已经交到我们这一代航空机务人手上。正像校歌所唱的那样："为了捍卫祖国的领空，航空机务重任落在我们肩。"

到达老部队时，我们师已被整建制划归快速反应部队，又叫应急机动作战部队。部队待遇有所提高，但训练时间翻番，训练科目难度大幅度提高，各种实战科目按部就班地进入了我们部队的训练大纲。

空勤兄弟的精彩发挥，离不开地勤人员的精心维修。毕业后，在半年时间里，我把厚厚的两本《飞机维护规程》和《检查程序》熟记于心，面对机务分队长、中队长、大队长、机务副团长的层层考核，我对答如流，和其他五位同学都成为首批单飞机械师，真正担负起了机务维修的重任。此后 8 年里，我先后圆满完成了安全飞行保障 500 小时、800 小时的保障任务。

部队生活占了我职业生涯的一半时间。机械师的工作，看似有点死板教条，其实都是前辈经验的总结。机械师的工作精神，是一种一丝不苟、脚踏实地、默默无闻、甘于奉献的精神。虽然我们亲手放飞了战鹰，但空中精彩的对决是由空勤兄弟完成的。条令条例看似限制，其实是一种负责任的约束，你只有遵守规程，才能少犯错误。直到今天，我身上还存在大量机械师的痕迹，那就是认死理，执着地干一件事。其实谁都不是全才，干一件事容易，想干好不简单。首先不出纰漏，然后追求完美。所以我认为完美就是把简单的事做得不简单。师傅把 11369 号飞机交给我，我完好无损地交给了徒弟。交接完所有资料后，我如释重负。感谢军校近乎苛刻的条例要求，教育我树立守纪律、懂规矩、远离危险底线、确保安全的工作态度，正是部队培养的这种脚踏实地、敢于担当的作风，才成就了我以后的劳模之路。

二 脱下军装的日子

老黄牛精神不过时，脚踏实地之人不吃亏。我做的工作领导认可了，同事看到了。领导给予了机会，我把握住了机会，有天时，有地利，有人和。

创新的魔力

"铁打的营盘流水的兵"，2002 年冬，我完成了自己的军旅使命，2003年我通过了事业单位的笔试、面试，被分配到了潍坊市环卫处。报到以后，我先后在运输队、清扫队、督查中队、城乡一体化锻炼过，最后，领导把我像一颗螺丝钉一样拧在了生活垃圾处理厂，并且顺便打了一个"冲点保险"，于是，我在新的工作岗位一干就是十年。

2004 年 5 月，赶上单位调整组合，各个科室竞聘上岗，主任动员大家积极参加报名。作为一名刚到单位的新人，我本着重在参与的想法参加了竞聘。出人意料，我竞聘成功，成为污水处理站的负责人。开始我有点沾沾自喜，但报到以后才感到困难重重，因为污水处理站的设备是一套十年前的老设备，老化腐蚀严重，技术落后，基本停止运转。看到 8 万方的污水沉淀池，我首先想到了退缩。这时，部队转业的几位领导轮流找我谈话，在多次交流中，我认识到，自己的维修专业可以在污水站一展身手，至于污水处理工艺，我可以从头学起。就这样，面对困难，我重拾信心，调整好思路后，我把部队的机务工作"三三四四两化三要"的工作原则稍加修改，挂在了墙上，简简单单的不到 100 字，让大家找到了工作的基本原则；趁热打铁，我修改了操作规程，编写了检查程序，让工作做到有据可循。

污水处理工艺，大体分为预处理、厌氧处理、好氧处理、过滤消毒处理四个步骤。在设备运行中，加热设备故障频现。经检查，我发现铝制加热棒腐蚀严重，再加上每组三根串联，一根损坏一组跳闸，严重影响了加热效果和工作进程。找到原因后，我会同电工，改变加热方式，将所有加热棒改为单根并联，单闸控制，并将铝制更换为不锈钢材质，彻底解决了问题。

随着设备的正常运转，我发现处理量在100吨左右徘徊，稍微超量就不能达标排放。整个系统大局已定，只能从细节入手。在综合分析以后，我在预处理工艺前，充分利用设备空间，安装一台冷却塔，但利用的不是它的冷却功能，而是吹散功能，把水流变成水雾，让空气带走一部分有害气体，如硫化氢、一氧化碳、二氧化碳、二氧化硫、氨氮等，尽量减少后续工艺负担，实践证明效果良好。

尝到了改革创新的甜头后，我在多处细节上进行了改进，虽然收效很大，但设备老化是事实，污水积压也是事实。在这种情况下，我及时提交了全面改进建议报告。2009年冬，在那个枯水季节，我们的设备进入更新换代改造期，在上级领导的安排下，我进入改造设计小组，会同专业技术人员一起攻关，根据我多年的实践经验，适时提出了多项改良建议，无论是缩短工期还是节约成本，百分之九十都被采纳。在此过程中，我牺牲了所有的休息时间，全身心投入工程改造，直到任务胜利完成。

滴水之恩

随着自己年龄的增长，家中老人也一天天老去。90多岁的奶奶本来小脑萎缩，不小心摔了一下，从此卧床不起，父亲也查出了结肠癌，需要常年放疗和化疗，费用每年达十多万元。父母和奶奶家住农村，家庭情况不是很好，所有费用由我和弟弟两人均摊。由于家属多年前早已下岗，孩子上学，我的家庭生活压力猛然增加，最困难的时候入不敷出。这时，单位多位同事向我伸出了援助之手，听说我请假去医院陪床，就帮我凑够医疗费，在我最困难的时候，帮我渡过难关。什么叫雪中送炭？为什么要受人滴水之恩，当涌泉相报？只有你在崩溃的边缘，才会找到答案。患难见真情，也只有此时你才会真正领会到。经济的拮据是次要的，精神的折磨才是最痛苦的。两年内，父亲经历了大小七次手术，也就是这两年内，我真正感受到了父子情深、父爱如山的真谛。父亲患病期间支持我上学，父亲嘱咐我常回家看看，父亲甚至把他的后事都做了周到的安排……最终，父亲还是安心地离开了我们。

也就在这时，同病相怜而具有经济头脑的一位同事帮我找了一份兼职，利用业余时间，接送学生上下课。面对家庭的困境，面对家人对美好生活的憧憬，一个男人应该担当起改变生活的重担。一份毫不起眼的兼职，一开始我不屑一顾。但当我用心去做之后结果让我震惊：收益有时和我的工资不相上下。态度决定一切，劳动创造价值。从此以后，我的生活压力大大减小，在来校学习之前，偿还了所有的债务，并略有结余。

本职工作是我们的饭碗，干好本职工作是每个男人养家糊口的第一要务。加班加点、无私奉献是劳模精神的具体体现。如果你深陷经济困境的泥潭无力挣扎时，你才会明白：必要的物质条件是很重要的。关键时刻的贵人相助，把我从绝望中重新拉回来。贵人即恩人，吃水不忘挖井人。这个道理我有深刻的体会。

面对已经离去和即将离去的亲人，大家都有同感："男儿有泪不轻弹，只是未到伤心处。"刚开始，我面对现实，不愿接受，更不愿别人提起它。时间长了，心理自然调整过来，正像古人所说的那样：来是偶然，去是必然，尽其当然，顺其自然。

面对荣誉

在一线基层单位，我默默无闻、脚踏实地地干了五年。2009 年，迎来了环卫工作的市场化运营，与生产有关的单位全面推向市场。一些具体工作我虽然不再亲力亲为，但监管责任仍重于泰山。也就是从这一年开始，荣誉接踵而至，我先后获得了"山东省环卫行业岗位技术能手""潍坊市劳模""山东省富民兴鲁劳动奖章""全国建设系统劳模""全国五一劳动奖章"。

在我获得的所有荣誉中，我最看重的是"山东省环卫行业岗位技术能手"，它是对我多年埋头苦干的第一次充分肯定。虽然它仅仅是一个证书，但正是有了这个平台，才有以后多枚奖章的叠加。记得工作最劳累的一个雨季，我满身污泥、肩扛水泵忙碌时，有位好事者瞅着我坏笑道："吆，劳模呀！"当时，我知道这是一句风凉话，但是头脑中根本没有劳模的概念。没想到几年后，我从"潍坊市劳模"一步一个脚印走到了"全国五一劳动奖章"面前，走进了神圣的人民大会堂，获得党和国家领导人的亲切接见。真是"有心栽花花不发，无心插柳柳成荫"。

非常幸运，作为一线工作的一名普通职工，在如此短的时间内获得如此多的荣誉。像我这种只会低头拉犁、不会抬头看路的一根筋的人，能获得如此高的荣誉，说明了一个道理：老黄牛精神不过时，脚踏实地之人不吃亏。我做的工作领导认可了，同事看到了。领导给予了机会，我把握住了机会，有天时，有地利，有人和。

古人曾经慨叹：世有伯乐，然后有千里马。千里马常有，而伯乐不常有。真是这样吗？其实你的各级领导都可能是你的伯乐。正是他们的运筹帷幄，才有一线小兵的决胜千里。你所做的工作，他们都会看到、记着，如果你真是块金子，迟早会被发现。

面对荣誉，我们应该保持清醒的头脑。荣誉是什么？荣誉是对你过去工作的肯定，面对将来，你要从零开始；荣誉挂在胸前沉甸甸的，那是催你前进的动力；荣誉是一朵小红花，不要沾沾自喜，得意忘形，那只是上级对你的一种鼓励。看开了你才不会虚荣，想开了你才会明白，不过是别人躺着，你坐着，别人坐着，你站着。这就是你和别人的区别。人与人的差别可能就是一点点，但是聚沙成塔、集腋成裘。你始终如一的坚持，成就了你和别人最大的区别，这是一个从量变到质变的飞跃。

在工作过程中，难免有这样那样的矛盾，我们的生活也处处充满矛盾，时时存在矛盾。关键是抓主要矛盾，那就是自己的本职工作。在主要矛盾里面，要抓住矛盾的主要方面，那就是自己，要干好自己的本职工作，做到"俯首甘为孺子牛"。既然自己情商不高，当然要摆脱次要矛盾的漩涡。几次摔打之后，我爬出了是非纠缠的沟坎。退一步海阔天空，妥协非常必要。

我的环卫观

作为固废处理中心的一名普通员工，虽然我从事环卫工作的时间不算太长，但回顾一下固废处理的历史，我感到环卫工作走过很多弯路，有经验，但我们更应该吸取教训。

建国初期，我国的经济发展水平较低，人民生活条件相对艰苦。但生活垃圾的产量也很少。人畜粪便完全回归田地，能够燃烧的物质都作为柴草利用。所以垃圾基本做到循环使用。这个时期，环卫工作承受的压力并不大。

改革开放以来，随着国民经济的长足发展，富余劳动力大量涌入城市，城市人口暴增，城市规模不断扩大，但是城市公益配套设施没有跟上。一些单位污水不经处理随处排放，固废处理任意随便，没有统一的全国标准。至90年代初，这种现象普遍存在。

90年代以来，随着环境问题的日益突出，联合国教科文组织向我国援助了日本福冈技术，固废处理工艺有了统一的全国标准。简单的防渗漏设施普遍应用，沼气通过收集发电，实现了有限的节能减排、废物利用。但是，由于管理的疏漏和工艺的简单，渗漏现象时有发生。露天作业的弊端给污水处理带来了沉重的工作和经济负担。

进入21世纪，固废处理全面推向市场，吸引了大量资金的涌入。一批现代化固废处理工厂出现，部分分拣回收、多数焚烧发电成为环卫行业时代的主题。国家政策的倾斜，企业获得丰厚的回报。但占垃圾总量十分之一的炉渣同样需要填埋，这里面含有大量的重金属等有害物质，处理不当，后患无穷。

垃圾是放错位置的资源，固废处理是朝阳产业。如果放眼世界，你会发现西方发达国家已经回到重复利用的老路。国土狭小的日本给世界做出了最好的榜样。由于垃圾分类回收的严格执行，固废处理的重复利用率达到百分之八十以上，剩余的百分之二十左右堆积发酵，添加辅助原料后，成为绿肥重回自然。这才是固废处理的正确方向。

改革开放以来，在经济利益的驱使下，我们走了同西方国家一样先污染后治理的老路。国家对环境的欠债太多，所以才出现有毒的大米、面粉、蔬菜、鸡蛋等，这是自然界对人类愚昧无知的报复。"位卑未敢忘忧国，位高未敢忘忧民。"好在上自党和国家领导人、下至黎民百姓，已经充分认识到了这一点。所以一系列环保法律相继出台，一些工厂关停并转，加大了对环境违法的处理力度。我认为这还不够，环境工程的理念应该进入从小学到大学的全部课程，垃圾强制分类应该尽快立法。因为人类不过是世界的匆匆过客，留给子孙后代的不应该只是物质财富，更为重要的应该是碧水、蓝天和脚下的一方净土。

在创新的道路上提升自我

"一分耕耘一分收获"，这是大家共同的感受。同样，面对单位一批批报到的大学生，我们充满对知识的渴望。我感到了竞争压力，我想提高自己的文化知识水平，改变自己的命运，给妻子孩子一个更好的交代。大学之门终于对我敞开，2016 年 3 月，我跨入了中国劳动关系学院的大门，成为劳模班的一名学员，梦想成真。"省事是清心之法，读书是省事之法。"拿起书本，从零开始吧。老师、学校希望自己的学生毕业后在各自单位一马当先，更希望自己的学生在全国各条战线上万马奔腾。不断提高自己的文化底蕴，学会和不同层次的人协调和沟通，回到工作岗位后，为单位建立和谐的劳动关系、人际关系和工会工作出谋划策，是我们来此的唯一目的。祝愿我们学有所成，满载而归。

致敬词

在部队，他是一名普通的空军机械师；到地方，他退伍不褪色，当起了一名污水处理工。职业锤炼着他的威武和豪迈，为一方绿水青山奉献着、坚守着、守护着他那一份永不褪色的军魂。不变的是他手中的钳子和扳手，"安全第一"，对战友负责，对人民负责，是他始终如一的人生信条。

他，埋头拉犁，是一名在污水处理改革创新中"一根筋"的坚守者。

致敬——山东潍坊市环卫处污水处理工张经尧！

用"隐形的翅膀"守护蓝天

—— 上海东航集团股份公司机组放行人员
张连镖的故事

人物小传

张连镖　男，汉族，1963年生于上海，中共党员。三级飞机整机放行，供职于东方航空技术有限公司，现任浦东飞机维修部定检维修分部空客定检二车间整机放行值班主任。他是一名有三十多年飞机维护工作经验的老机务，参与过多种机型的重大改装等重要项目，其中包括更换全机起落架、更换发动机和THS作动器、飞机A/C检及全机队重大改装工程等。具有飞机维修AP执照和航线、定检整机放行资质、飞机发动机试车资质、飞机检验员和OJT教员资质。1998年，完成A340飞机首次自主更换主起落架封圈的任务；1999年，参与B－2383飞机世纪首航保障任务，参与解决了飞机计算机千年虫问题；2008年，完成汶川地震灾区救援航班保障任务。2006年荣获上海市五一劳动奖章，2007年荣获上海市劳动模范称号，2010年荣获全国劳动模范称号。

一　从孩童到中学时代：六七十年代的老故事

两个月学工工作结束后，学校给我们每人发了十几元的津贴，这是我第一次拿到这么多的钱，当时别提有多高兴了，拿到家就直接交给了母亲，我觉得自己很骄傲：这是我自己亲手挣的工资！

我出生于上海，记得三岁时，全家五口人一起到我父亲所在的部队待了一年，那是在四川省江油县。当时人也小，大多事都记不得了，印象最深的就是能听到部队的起床号，看到部队整齐划一地集合。住在部队家属区没有自来水，水是从山上用毛竹引进积水池内，水有时不干净，只能用明矾进行净化。当时我们家里养了几只下蛋的母鸡，每天听到咯咯声我就很兴奋，连忙去鸡窝里看是否有鸡蛋。有时会下好几个蛋，够我们吃的了，给全家人增加了营养。

我们在四川待了一年后乘火车回上海，由于我父亲工作忙不能回上海，只有我母亲带着我们三个小孩。当时铁路规定，只能一个大人带一个小孩，我父母只能委托一起回上海的其他亲属，让他们帮忙各带一个小孩。当时在成都很顺利地上了火车，火车要开几天几夜，由于没有座位了，晚上我只能睡到长椅子下面，早上起来，我满脸都是灰尘，我母亲看到我这个样子都笑了。当火车到达上海时，发生了一件事。由于出火车站，也是只能由一个大人带一个小孩，我当时人小，性格也内向，不愿意和陌生人走。当他们带着我走的时候，我就哭闹。没办法，母亲只能带着我补了一张票。

我小时候最喜欢的游戏就是放风筝，自己找个竹片做风筝，用写过字的本子糊起来，风筝的牵线只能偷家里缝衣服的线，不让大人知道。每次我偷线，都是过几天抽一些线，再过几天抽一些，这样家长不容易发现。由于放风筝要有宽阔的场地，就只能跑到马路上去放。在马路上放风筝是一件很危险的事，车多人多，不幸的事情终于发生了：我在放风筝时，由于全神贯注关注着风筝的升起，没有注意到自行车向我驶来，不小心被自行车撞到了，我的前额碰到了自行车后轮钢条上，当时鲜血直流。骑自行车的大人看到这个情况也很着急，急忙到附近工厂的门房间打电话叫了救护车。母亲当时也急忙从家里赶来，救护车直接把我送到了解放军长征医院，军医给我缝伤口时问我："小朋友痛不痛？"我只能咬咬牙说不痛，军医就觉得这个小孩挺坚强的。其实当时我心里也害怕，出了这个事都是自己的错，因为家里人也反对我放风筝，所以所有的委屈只有自己来承担而故作坚强。最后伤口缝了十几针，至今还留着疤。母亲当时看到我这个样子很心疼，默默地流着眼泪看着我。

1970年我上小学了，当时不知道什么原因，一般学校都是秋季招生，而到了我们这届却是春季招生，这是从来没有过的事情。学校整个春季班就招了一个班，我们都是就近入学，上学都是自己去自己回，中午也只能回家吃饭，吃完饭再回到学校学习。在这个学校上了两年后，我们整个班级又不知道什么原因并到另一个小学去了。小时候我们玩的游戏就是弹珠、滚圈，还有捉迷藏。我从小喜欢体育运动，乒乓球、三毛球、羽毛球、足球等。每当我进入校园时看见学校篮球队训练时，心里总是痒痒的，心想要是我也能进入学校篮球队，那多神气。

到了中学时代，我最喜欢的就是物理课，我们学的内容有力学、光学、流体力学等。老师讲得好，我也学得进去，强大的物理变化原理对我的吸引力也很大，越听越想学。老师对我也很信任，让我当了课代表。在一次物理课上老师讲到电话时，老师说以后的电话会有可视电话，当时我认为这是我们下辈子都不会有的事情，结果没过多少年就有了可视电话，而且也很普及了。在我们读书的那个时代，国家号召知识青年到农村去，到边疆去，到祖国最需要的地方去，中学生必须要学工学农学军。学农的都是到郊县农村去，一般是除除草、放放羊。我们学工的都安排在暑假里，学校基本上是安排我们到附近纺织厂去当学徒工，跟着厂里的老师傅们学习接线和换纱等流水活。我们在车间里看到的都是一排排的机器和在机器上忙碌的纺织工人的身影，车间里的机器都是二十四小时不停地运作。工人上班是早、中、夜班，一个星期六天换一次班，特别是夜班工人，非常辛苦，这使我深刻理解了我们父母一代人的辛苦和不容易，我们身上所穿的衣服和盖的被子都是在纺织工人的手上一寸一寸做出来的。我们虽然只学习了两个月，但我从这些老师傅的身上学到了很多学校里学不到的吃苦耐劳的优良传统和刻苦钻研的精神。两个月学工工作结束后，学校给我们每人发了十几元的津贴，这是我第一次拿到这么多的钱，当时别提有多高兴了，拿到家就直接交给了母亲，我觉得自己很骄傲：这是我自己亲手挣的工资！

二　我的军旅生涯

我终于如愿穿上了崭新的军装，带着美好的梦想，雄赳赳气昂昂地奔向部队这个大熔炉里去了。

1980 年，经过十年的学习，我高中毕业了。听说空军到我们学校招飞行员的消息后，就第一时间去报名了，当时有五六百个同学都报了名，在第一次体检中，第一关视力检查就淘汰了几百个学生，按照单科淘汰制，只要一点不行就淘汰，这说明空军飞行员对视力的要求是很高的。通过层层检查，当天只剩下了十几个人，第二天经过更严格的体检，又淘汰了十几个人，最后只剩下我和另外两名同学。过了一段时间通知我复检，由于检查的当天我有点感冒，在检查鼻子的时候没有通过，被淘汰了。当时听到这个消息后，我感觉非常郁闷和沮丧，小时候的梦想就是当一名飞行员，像风筝一样飞向祖国的蓝天自由地翱翔，但这个梦想由于一场感冒被彻底地破灭了。带队老师知道这个情况后，赶忙跑过来安慰我说：这次没机会了，但以后有许多机会在等着你呢。果然没等多长时间，又有部队到我们学校来招兵了，由于前面体检留下的阴影，这次我没有报名。后来老师发现我没有报名，就找到了我，问为什么不去报名参军，因为老师知道我前面的体检非常好，这次参军应该没有问题。经过老师的引导和安慰，我自己也慢慢地想通了，决定还是去当兵吧，也好减轻家里的经济负担，同样也可以为祖国的国防事业做出贡献。不出所料，这次体检顺利通过。由于这次报名是瞒着家里所有人的，我母亲知道后坚决反对，因为我父亲是在部队工作的，长年不回家，而我又是家里最小的孩子。后来老师知道后，就带着部队领导来家访，做我母亲的思想工作，通过耐心的劝导和解释，我母亲终于同意我去当兵了。等到当年 12 月，我终于如愿穿上了崭新的军装，带着美好的梦想，雄赳赳气昂昂地奔向部队这个大熔炉里去了。

穿上军装可不等于就是军人，从老百姓到军人有一定的距离，为了缩短这个距离，新兵必须到新兵连训练一段时间，在新兵连首先要遵守纪律。当时学唱的第一支歌是《三大纪律八项注意》。班长讲话，新兵要听，不能顶撞班长、干部；新兵外出要请假，不准一人外出；每天晚上也要点名讲评。其次是军人姿态，军人要坐有坐相站有站相，服饰要整洁，帽子要戴正。早上六点听到起床号即刻起床，集合出操"一二一"。早操后洗漱，整理内务卫生，被子要叠得有棱有角。吃饭时不能有嘈杂声，不许讲话，午餐后不得躺在床上休息。白天上课时间除了几次政治课外，全是队列训练，主要由带兵班长带领练习"向左、向右、看齐"等。晚上九点三十分听到就寝号就睡觉了，不管你睡着睡不着，都得躺着，把灯熄了，更不准说话。隔几天晚上就要搞紧急集合。当人熟睡的时候响起紧急集合号，那才急人，不准开灯，不准声张，快速打背包，全副武装，到指定地点集合，然后进行急行军，有许多新兵会丢三落四出洋相。经过三个月的新兵生活，经考试，面临着分配下连队。我被分配到了战斗团维修飞机，到机务教导队学习飞行理论知识以及飞机机型改装，我学的是歼5型战机，经过六个月的教导队培训考试合格，最终被分到基层连队。

刚下连队什么都不懂，连最基本的"一"字螺丝刀和开口扳手的基本用法都不会，后经机械师和老机械员的带教，从点工具箱开始学起，知道了工具的基本用法，开口扳手、梅花扳手尺寸大小一眼就能看出，也能排除飞机的一般故障，经过三个月的锻炼，自己也能够独立工作。在第一年的新兵生活中，只知道完成各项飞行训练任务的维修工作，在思想上比较单纯，没有远大的理想和目标，只想四年义务兵到期就退伍复员。连队指导员和机械师了解到我这个情况后非常着急，经常找我谈心，跟我讲人生的理想和抱负以及做人的道理，要我平时多关心集体和战友，做人要有精神，不能整天混日子，每天都要充实自己，不断学习，不断认识自己、改造自己，做好每一项工作，让家里的父母放心。看到别的战友都立功受到嘉奖，我也不甘心落后，想想别人能做到的我也能做到，于是我在工作中更加严格要求自己，积极上进，关心连队建设，经常到食堂帮厨，自己工作完成后经常帮助其他战友的工作。就这样，我通过自己的不懈努力和追求，最终从一名普通士兵成长为一名光荣的共产党员。

三　此生与蓝天结缘

每次为一架航班做检查，就意味着这个航班上的生命托付给了我们，对待这份人命关天的工作，我们承担的是沉甸甸的责任。

1984 年，我从部队退伍回到了上海，被分配到塑料厂工作，做了一名普通的操作工，上班是早中晚三班制。自己觉得工作不是很称心，但是想想既来之则安之，还是认认真真地做好每天的工作，由于自己的努力工作，每年都能评上厂级先进工作者。

东航的召唤

到了 1989 年，我被招聘到东航维修工程部三车间做 MD80 飞机维修。当我第一次接触到民航飞机时，觉得又好奇又苦恼，好奇的是民航飞机能够自动驾驶，苦恼的是维修资料全是英文，还有许多英文缩写，想想自己的英文基础实在太差，只知道 26 个英文字母和简单的英文单词，对于专业的英文就更加不懂了。想想要在这里做下去的话，不充电是不行了，于是买了本英文字典回来，对着维修资料一个单词一个单词地翻译，直到弄懂为止，并经常和有经验的老师傅参加通宵排故，回到家后还要对着资料钻研昨晚的排故过程，以便更快地提高自己的业务能力。通过 5 年对 MD80 的维护，自己的维修能力得到了大大的提高，比如 MD80 飞机经常碰到双发油门杆不一致，维修时需通过校装油门杆反馈机构再调节燃油止挡，还有夏天位和冬天位等。航前经常发现发动机震动指示故障，为了不影响航班的正常飞行，我们每次都要提前对震动指示进行测试，如发现故障及时排除，以保证航班整点发出。还有我经常发现发动机消音层打坏脱落超标，都要及时地换发。后来，车间又成立了排故小组，我在这个小组参加了无数次的排故工作，比如空调系统增量活门，这个部件的位置很难接近，只能一个人在狭小的空间进行操作，难度可想而知。记得有一天晚上，我们已经更换了两架飞机前起落架封圈，接着又要更换一台发动机，工作量非常大。像这样的工作，我们不知经历了多少次，但我们每次都出色地完成了车间布置的工作和任务。

出国培训，接受新理念

到了 1996 年，由于 MD80 飞机下放到了分公司，我们又另外引进了新机型 A340 飞机，组织出于对我的信任，派我到法国进行 A340 飞机的改装培训。第一次离开祖国，踏上法国的土地，我既激动又担心。激动的是公司对我这样一名普通员工的信任和爱护，担心的是完不成公司领导交给我的任务，辜负了公司的一片好意和信任。因为 MD80 飞机和 A340 飞机在设计理念上是完全不同的，一个是用机械钢索操作，一个是用电脑电气操作，所以给我们在改装学习上带来了很大的困难。这次培训给我们带来了全新的概念，比如飞机的操作现在都是由计算机控制，所以对于飞机的电源系统要求非常严格。经过两个月的刻苦学习，我的考试成绩都在 90 分以上，终于完成飞机改装培训任务，顺利回到祖国。回到公司以后，马上就投入新机型的维护工作中，刚开始很不适应，但通过自己的摸索钻研，逐渐进入正常的工作状态中。

从虹桥机场到浦东机场

到了 1998 年，我又调到了定检车间，刚开始时既要开车领料，又要做起落架部门负责人，定检车间加上起落架负责人只有四人，既要做 A 检，又要做 C 检，还有 A340 机队改装工作，每天都要加班加点，甚至一两个星期都没有休息日。记得有一次，上级领导下达了更换飞机主起落架封圈的任务，以前这项重大工作任务都是由新加坡的厂家来完成，这次因种种原因没有来，需要我们自己来独立完成，压力可想而知。于是我们经过对工作单卡的认真学习和分析并明确分工，在实际工作中，对照工卡不断地摸索和研究，使难题一个一个得到了解决，经过五天的加班加点，顺利完成了这项重大艰巨的任务。

记得在虹桥机库的一次 A 检中，遇到了台风和暴雨，由于台风来得凶猛，将我们机库旁的活动房吹得移动了，被我们的维修人员及时发现。我当时的第一反应是赶快奔出机库，冲向移动活动房，但由于路滑，我不小心摔了一跤，我顾不得这些，爬起来拿着轮挡继续向前，但由于风力太猛，第一个活动房没能挡住碰着了飞机，幸好经过检查飞机无碍，第二个活动房终于被我们十几个员工制止住了，避免了活动房冲向其他飞机的危险，也避免了公司的重大损失。通过这些事情可以看出，我们公司员工的责任心非常强，也非常爱护和珍惜飞机。

1999 年，我们定检车间全都迁移到了浦东机场，一到浦东我们就接受了一项 2383 世纪首航保障任务，主要是对飞机计算机千年虫的问题进行测试。经过大家的精心维护，并不断地进行计算机测试，使 B－2383 飞机顺利完成了世纪首航任务，另外我还完成了多架次的专机保障任务，其中有每年两会专机、台商首航包机等。有一次已经下班，刚到家就接到车间紧急通知，有一架 A340 飞机需更换两个反推包皮，当时又刮风又下雨，赶快叫了出租车到了浦东机场，大家不顾劳累，又投入到紧张的工作中去，直至第二天早上才顺利完成任务，保障了飞机当天的正常航班。

2003 年，由于我的工作出色，车间安排我当了组长，从此我的工作压力更大了，不仅要关心组员的工作和思想，还要合理安排好车间布置的各项任务，平时一有空就和组里新来的大学生谈谈工作环境、工作制度等，并要求组里的老同志做好传帮带，使新来的大学生尽快成长起来。我还要经常和新员工的家长取得联系，介绍新员工在单位工作的实际情况和表现，使家长能放心地让他们的孩子在东航工作。

作为班组长，我的宗旨就是，每次工作前必须第一个到车间了解当天的工作任务，以便合理地安排好当天的工作任务，并做好开工前的准备工作，及时提醒各位员工需要注意的事项和规章制度，负责和各个部门的协调并解决工作中的难题。

情系东方，大爱无疆

2008 年 5 月 12 日，8.0 级的汶川大地震成了中国人心中永远的伤痛，突如其来的地震夺走了我们亲人的生命，然而也将 13 亿多人的心凝聚在一起，神州大地发起了一场规模空前的抗震救灾活动。东航作为国有三大航空公司之一，在灾难降临之初便挺身而出，肩负起央企应尽的社会责任，展现出一切以抗震救灾为重的积极态度。此时作为班组长的我主动请缨，申请参与了抗震救灾工作。地震发生的第二天，我们班组接到了一个紧急任务，为确保抗震救灾的救援人员和物资能够在最短的时间内送到第一线，原本计划三天的工作量必须在两天内完成。如此巨大的工作量即便在三天内完成都是一件极其艰难的工作，更换一台发动机就需近 12 小时，更不要说在 48 小时内完成 4 台发动机的更换以及常规的 A 检工作了。但是，接到上级指示后，我立即对原工作计划做出了调整，有条不紊地组织人员分批次不间断地 48 小时连轴转，加班加点。班组成员不但没有任何怨言，相反个个热情高涨，因为他们知道，现在在与时间赛跑，与一条条生命赛跑，包机若能提早一刻抵达一线，救援人员就有可能多拯救出一名受灾群众，救灾物资就有可能多救出一名伤者。

寂静的黑夜，偌大的机库灯火通明，"叮叮哐哐"，回荡着机械作业所发出的声音，仿佛谱写着生命交响乐。在场的每一个人都顾不得抹去满头的汗水，精神高度集中，即使是在有限的时间内突击赶工，也必须保证飞机的绝对安全和适航性。最终，整个班组终于在第二天下午六点左右，完成了这次看似不可能完成的任务。顾不上休息片刻，我又被派遣随飞机一起前往灾区，以保障飞机顺利完成辗转武汉和成都两地运送官兵和物资的任务。为了让其他组员获得充分的休息，我坚决要求执行这次跟班任务，并在当晚只身踏上了飞往抗震救灾前线的征程。

众志成城，成功更换 A330 机型全机起落架

在我三十几年的飞机维修生涯中，更换 A330 机型全机起落架工作，可能是我遇到的工作量最大和困难最多的工作项目之一。在更换 A330 机型全机起落架之前，这项工作原来是送外委（合资单位）执行，这需要负担巨额维修费用。随着我公司维修能力不断提高，A330 机队不断引进壮大，这项工作任务要本公司自己完成。一方面可以节约大量资金，另一方面也可填补公司不能更换 A330 机型全机起落架的空白。使公司维修能力更上一个台阶，同时也为公司拓展第三方维修市场提供安全保障。公司领导很重视这项工作任务，并把这个艰巨的任务交给我负责完成，这是领导对我的信任。当我接手这个任务时，也感到压力不小。因为这项工作具有很大的挑战性，没有多年的维修经验和扎实的理论与实践基础，是很难完成的。我立即召集人员，成立了项目小组。这个小组由十几个年轻人组成，他们的工作热情很高，但是同样他们身上的缺点我也非常了解，就是平时工作耐心不够，对于工作的关键细节不太注意。于是我在项目会议上向他们提出了明确分工，责任到位。这项工作的工作量很大，范围也广，工装设备又多。而每个人也不可能对那么多的内容了解到位。起落架有前、左、右三个，靠一个人的能力完全不能在短时间内掌握，只能这样先安排下去。接下来大家查找资料，首先学习更换起落架的手册，以便在实际操作中能够更快地掌握，也会知道工作的难点在哪里，这样心里有底了，学起来也会很方便。正好在当年 3 月份，外单位有一架 A330 飞机要更换起落架，于是我就组织项目小组去学习。一切的学习都要靠自己去看，自己去摸索，自己去弄明白，没有人会主动教你的。在学习期间我们不懂就问，但不是所有的技术难点人家都会告知你的。有时别人会加班加点干到深更半夜，我们也只能跟着他们加班加点，以免没有学到应有的技

术本领。外单位的人员第二天休息，我们却还得来，这样我们就只能住在单位里，不能回家了。通过这十几天的操作学习，我们基本上掌握了技术要领，接下来就要自己亲手做了。在当年6月份，我们接受了一架A330飞机更换起落架的工作，我们小组成员充分利用公司现有的资源和从兄弟单位学到的经验。在任务实施中，我们项目组战胜了初次工作的生疏，克服了连续工作的疲劳，一步一个脚印，边摸索，边总结，边实施。经过十一天连续紧张的工作，保质保量地完成了艰巨任务，飞机顺利赶在暑运开始之前恢复运行能力，按时投入旺季航班生产任务。

此次A330全机起落架的成功更换，是公司在建立自主维修能力之路上又迈出的坚定的一步。这一步，预示着东航技术就像眼前坚实的起落架一般，必将有力地支撑起我们的东航梦。

在飞往世界各地的航班上

作为国内三大航空公司之一的东方航空，航班密布国内和世界各地。作为一名飞机维修人员，不仅要做好本基地的维修工作，还要经常随机外出维修和排故。我作为一名老机务人员，也经常和整个飞行机组同机外出，去完成航班任务。能够出差到世界各地，在一般人眼里是很让人羡慕的事情，可以开阔眼界，了解各个国家的风土人情。虽然这是一个美差，但对我们维修人员来说，也不是那么轻松的。

每当我在空中入睡时，总会有乘务人员轻轻地把我叫醒，一会儿厨房烤箱、烧水壶、冰箱坏了，一会儿厕所洗手池、马桶堵了，娱乐系统不工作了，座椅坏了……这些在空中虽然不是我们分内的事，但我也会在第一时间解决这些问题。在每次长航线的飞行中，乘务员最怕的就是厕所的马桶被堵了，因飞机在空中要飞十几个小时，旅客不能上厕所，这便成了很急人的事情。如不能及时处理的话，飞机里将是臭气熏天，也将影响公司的服务质量以及信誉。

记得有一次，在纽约飞往上海的途中，乘务员急急忙忙地对我说厕所堵了，这次不是一两个厕所堵，而是整架飞机厕所都不工作了，因为飞机上的污水系统是用真空泵把污水吸进污水箱的，而每个厕所的污水系统都是相通的。这时我的第一反应就是根据自己的经验去查看乘务员面板上的显示屏，发现污水箱显示满位，这就说明计算机抑制了厕所污水系统的工作，以防止污水箱中的污水溢出。当时我的想法是飞机刚刚飞行了几个小时，污水箱不可能是满的。这一定是假信号，肯定是污水箱满位传感器粘上了外来物，使传感器错误地将信号反映给了计算机，计算机就错误地停止了马桶的工作。飞机还在空中，这个故障只能应急处理。处理这个故障也有一定的困难，因为污水箱的位置与客舱是隔开来的，接近污水箱，就必须到下客舱进入附件舱，打开盖板拔出传感器。当拔掉电插头后，显示屏就不显示满位了，而后整个飞机的污水系统又恢复了正常。要排除这个故障在资料上也不一定查得到，这就要靠你平时的经验积累才能排除。排除后，乘务员也非常感谢我，说师傅您辛苦了。

以上客舱这些故障不算什么事，最能让机务人员显示本领的就是在空中排除飞机重大系统的故障。有一次，飞机起飞前正在滑行中，将要滑到跑道头时，乘务员跑过来对我说机长需要我进入驾驶舱，当我听到这个消息，心里就想飞机肯定发生了故障。每次当我进到驾驶舱，我就会本能地看显示屏上显示了哪些警告信息，这时大脑会自动衔接应对故障的措施。这时我发现飞机没有时钟显示，机组也说时钟没有时间出现，然后我就很快地打开了电子舱门，找到了CMC（中央维护计算机的缩写）的跳开关，我拔出开关后再按下，这也算是重置了一下计算机。按下按钮时，机长说OK，时钟有显示了。这时的飞机已经滑行到跑道头了，就在这一瞬间，飞机起飞了。如果我在起飞之前没有把故障及时解决或在几分钟后解决，那飞机就不可能起飞，将会滑行到停机坪，这就会影响到公司的声誉和旅客的宝贵时间。这个故障的排除看似简单，但它的背后是技术经验的积累。

记得有一次随机跟班，去往德国的法兰克福，执行飞机在外站的停场维修工作和技术放行。早上四点钟我就起床了，四点半由当地服务人员接我到机场去，去迎接早上五点钟上海到法兰克福的航班。因为飞机早上到达后，要到下午一点半才再起飞回上海，这八小时内需要我们对飞机做航后、航前和排故工作。当天我根据工卡要求对飞机做了仔细的检查，并排除了飞机上的所有故障。这时当地开始下雪了，雪时大时小，我也不停地上下飞机进行一次又一次的检查，看看飞机是不是结冰，机翼上是不是有积雪。因为如果有冰雪产生，飞机是不可以起飞的，那就必须在飞行前进行除冰和除雪工作，如果做不好就会影响起飞时间。我每次下飞机检查的目的，就是及时了解飞机的情况，随时报告办事处的人员，让他们尽快联系相关的工作人员，对飞机进行除冰除雪工作，保证飞机顺利起飞而不延误。就在飞机起飞前，突然有一位办事处的工作人员走过来微笑着对我说，你今天这八小时的工作情况被德国一名监护飞机的工作人员看得清清楚楚，他说你工作仔仔细细不马虎，不怕苦不怕累，是一名有责任心的工作人员。你在这里的工作好坏，单位的领导是不会知道的。当时我就想这样做是分内的事，怎么会有德国人来关心我的工作？哦，突然想起德国人的工作态度就是这样的。

其实我在外站出差和排故的故事还有很多很多，例如在日本、韩国、巴厘岛、塞班岛、巴黎、罗马、莫斯科、纽约、旧金山、洛杉矶……

匠心守护劳模表彰

以上所说的其实都是我应该做的，但公司领导却给了我很大的荣誉，2010年5月，我荣幸地被评为2010年度全国劳模，上级领导给我这么高的荣誉，与其说是表彰我个人在平凡的岗位上做的一些成绩，还不如说是对我们公司几千名员工兢兢业业工作，为公司和社会做出贡献的褒奖。

2010年4月27日是我终生难忘的日子，这一天我作为全国先进工作者走进了庄严雄伟的人民大会堂，上午10时，当胡锦涛总书记、温家宝总理等党和国家领导人步入主席台时，全场自发起立，掌声雷动，此时此刻，我感到作为全国劳动模范无比的幸福和光荣。感受到党和国家没有忘记为祖国建设忘我工作的人们，没有忘记为祖国强大付出艰辛努力的优秀中华儿女。这光荣属于千百万劳动者。

　　机务维修工作承担的是生命和托付，需要超强的责任感和严谨的工作态度。很多人可能觉得机务人员总是和飞机打交道，不善言辞，缺少人情味，其实，机务人员所追求的是航班正点、飞行安全，他们同样重视旅客的乘机体验，用心工作，细心观察，匠心守护。每次为一架航班做检查，就意味着这个航班上的生命托付给了我们，对待这份人命关天的工作，我们承担的是沉甸甸的责任。

致敬词

　　将自己最炽热的青春，托付给了那飞翔中的翅膀。上苍因此赐予他最敏锐的眼睛，让他追寻天际，拷问每一双羽翼的动力参数。他一次次顶着工作压力提升一片蓝天的晴朗指数，成就着一翎更高更远的翱翔。

　　汶川抗震救灾中，他用一片爱心与时间赛跑、奋力争先，彰显了一名永不褪色的军人的品格。

　　致敬——上海东航集团股份公司机组放行人员张连镖！

美丽的旅途有我不寂寞

——吉林龙湾群国家森林公园金牌导游员 赵艳芳的故事

人物小传

赵艳芳　女，汉族，1979 年 10 月 9 日出生。吉林龙湾群国家森林公园导游员。国家高级导游员，国家优秀导游员全国职工技能培训专家，中国农林水利气象工会委员，第十二届吉林省青年联合会委员、常委，第八届通化市人大代表。先后获得 2015 中国好导游、第二届全国导游大赛优秀奖、吉林省关注林业十大杰出人物、第六届吉林省导游大赛第二名、吉林省金牌导游员、吉林省最美导游、吉林省优秀导游员、吉林省特等劳动模范、吉林省自学成才者、吉林省巾帼建功标兵、吉林省青年岗位能手、通化市最佳导游员、通化市特等劳动模范、全国劳动模范等荣誉称号或奖项。

一　曾忆少年时：不服输的农村女娃

人生第一次尝试了被电到时的滋味。可是，我把灯绳接上了，那种自我存在的满足感和自豪感悄悄地爬上心头。

妈妈从来不跟我讲大道理，可是长大后，我才渐渐体会到，这种耳濡目染的敬业精神都是从妈妈那里学来的。

我很庆幸自己没有生长在一个相对更富裕的家庭，否则就不会有现在这样积极进取的人生观了。小时候，妈妈抛过来一筐豆角，让我们姊妹三人摘完再出去玩，我有一个大我一岁的姐姐，和同岁的龙凤胎哥哥，哥姐总是摘了几下就跑到一边玩去了。我呢，即使再着急，含着眼泪也会把这筐豆角摘完，手里的活全部结束我才全身心地去玩。于是，这种执着的性格养成了。我的性格倔强，有傲骨，不服输，不认输。不轻易许诺，言必信、行必果，受父母的传统家庭教育观念影响很深。

我的爸妈是地道的农村人，所以我也是地地道道的农村女娃。从 8 岁起，每逢节假日，我就跟着父母在田间地头干农活。平时放了学，爸妈还没有回家，我就放下书包，跑到柴堆旁抱上一捆稻草，担起了做饭的责任。够不着锅沿，就搬来小板凳，拿起锅铲笨拙地在大铁锅里翻炒着。为的是赶在爸妈回来前把饭做好，减轻一点家庭负担。一次，厨房的灯绳断掉了，家里又没有大人，大姐胆子小，哥又不在家。我就拿着小板凳踩在锅台上，学着平时大人的样子，把接线盒拧下来，有模有样地接起了灯绳。可是，哪里懂得那个东西还有电，当手碰到电源的时候，我的浑身都突突起来了，麻。手一下子被打了下来，浑身没劲，半天没缓过神来，但还是继续上去把灯绳接上了。爸妈回家，跟他们说我麻了，身上突突了，爸妈吓了一身冷汗，说我那是被电到了。人生第一次尝试了被电到时的滋味。可是，我把灯绳接上了，那种自我存在的满足感和自豪感悄悄地爬上心头。

妈妈的脾气倔强，不服输，要么不做，做就做到最好。爸爸的脾气更甚之，一是一，二是二，他提倡没有规矩不成方圆，什么事情都得讲原则、讲规矩。一个普通农村家庭，根本没见过什么《弟子规》，可是当我

30 岁左右第一次拿到《弟子规》那本书的时候，却觉得，这些不都是爸爸平时教育我们时说的话吗？

小时候父亲教育我们要会心疼人，懂得孝道、懂得感恩。早上起来看见妈妈为了干农活，捂着腰，疼得哼哼呀呀、龇牙咧嘴，强忍起身的表情，我就躺不住了。有时候跟大姐一起烧饭做菜，有大姐在，我就是烧火的那个角色，夏天的烟囱容易堵不好烧，呛得我直咳嗽，流泪不止。母亲的性格对我影响最深，我们家农田里的庄稼永远长势喜人，郁郁葱葱，它的背后是母亲的辛劳。到了灌水时节，大队里会按顺序挨家挨户放水灌溉，为了稻田地里能及时分到灌溉用水，妈妈经常晚上 10 点多就扛着锹去了田里，直到把两亩水田都灌满水，已经是下半夜了。水对于面朝黄土背朝天的农民来说，是黄金、是命。有了妈妈的辛苦付出，我家的庄稼才会长势喜人。妈妈从来不跟我讲大道理，可是长大后，我才渐渐体会到，这种耳濡目染的敬业精神都是从母亲那里学来的。

14 岁那年，我开始挑水，扁担过长，索性绕上一两圈，肩膀太疼会有瘀血，就用整个背部担回家。那时一心只想减轻家庭负担，我多干点，妈妈就少干点。秋天跟着妈妈在稻田里收稻子，不小心把脚割到了，没敢告诉妈妈，怕她会心疼，坐在地头，看着妈妈汗流浃背，一直弯下去的腰，想起早起时，她捂着腰慢慢起床时疼痛的表情，我不禁问自己：难道真的要过这样的日子吗？对于农村人来说，"两亩地一头牛，老婆孩子热炕头"就够了，很满足了。但这是我想要的生活吗？不，我不想这样锁定我的人生！

二　艰难行进在职场的大潮中

我独自一人走在街头，看着人来人往，商店里播放着歌曲《大约在冬季》："轻轻的，我将离开你，请将眼角的泪拭去……不是在此时，不知在何时，我想大约会是在冬季……"我的眼泪再一次忍不住流下了。

毕业后我的第一份工作是在食品厂当工人。工人耶！挣工资了，能给家里减轻经济负担了。我高兴得手舞足蹈。在这个工厂里，我努力工作，希望被认可。我永远是工厂里挣得最多的那个。如果发现有一次别人干得比我快挣得比我多，我都会睡不着觉，我就会仔细分析原因，找方法。不超过人家，我就不甘心，一定要比他们更优秀。我的工资是一定要交到家里的，因为，这是我人生价值的体现，我可以赚钱养家养自己了。

21岁时我成了一名代课教师。学校在离家10公里的地方，条件很艰苦。当人们还在被窝里熟睡时，我已经踏上了去往学校的路，骑上一个半小时的自行车，才能到学校。学校是县里唯一的一所村办中学，学生少，一个年级一个班，一个班十几个学生，设施很简陋，很艰苦。学校没有大门，白天的时候，有些小痞子就会从窗外跳到窗台上听我给学生们讲课，嘴里还会叼着一根草，摇头晃脑，不时地搭讪。学生们也知道他们，都不敢做声。我说了几句狠话，痞子们没有吭声。回到办公室跟同事们说起此事，原来对这种现象老师们都已习以为常了，还说我初生牛犊不怕虎，居然还敢顶撞那几个小痞子，并暗示我，他们惹不起。晚上我住在宿舍里，一个石头飞进来，炕上地下都是碎玻璃片，不敢动，就这样三个女教师在屋子里守着玻璃碎片熬到天亮。为了保险起见，也为了镇住他们，第二天我在腰间别了一把小刀，能折叠的那种，故意露出来，让那些小痞子看见，心想着这是用来防身用的，谁都别惹我，我可是有家伙的。如今想想都有些可笑。因为我的年龄和高年级的同学差不了几岁，很快就跟他们打成一片。我教他们语文课，他们非常喜欢。下课时我跟他们一起跳皮筋，上课时我严肃起来，一根针掉在地上都能听得到。如今我教的同学有的已经考上大学，参加工作了。毕业时我给每个同学的日记本上都写了不少于200字的寄语，希望他们在未来的人生道路上敢于尝试，成为国家的栋梁。

代课教师是有期限的，一个学期结束了，校长找了我两次，想让我再代一学期的课。我回绝了，原因是那个时候已经取消了代课教师转正，如果继续当代课教师，就是一辈子的代课教师，永远不可能转正。所以，为将来打算，我不得不放弃自己十分喜欢的教师工作。后来我进了一家国企吉林辉南森林经营局当了一名勤杂员，每天接电话、分发报纸、打扫十个局长的房间，工作倒也清闲。午休的时候躺在沙发上看着时钟秒针一圈一圈地转动，不由得可惜，觉得自己在虚度光阴。于是我闲暇之余跟着办公室文秘学会了五笔打字，懂得了一点电脑操作知识。

我的第三份工作就是兼职导游，我喜欢带着游客饱览祖国的大好河山，我喜欢通过我自己的语言，把我家乡的壮美山河带给我的每一位游客

朋友，满满的自豪感和存在感使我足够证明自己的价值。也正是这份工作成就了我的未来，跟我今天的命运紧紧结合到了一起。

为了生计，冬天我出去卖过对联。去市里进货就得坐车，极度晕车的我，为了不吐在车里，早饭、中午饭都不敢吃，直到回到家里，才能吃上一顿饭。东北的冬季很冷，在最爱美的年龄我选择了吃苦，穿着破旧的羽绒服，只露出两只眼睛，在瑟瑟的寒风中大声招呼着来来往往办年货的人，没有一丝的难为情。一个春节下来，能挣到2000元，满足感早已掩盖了被冻坏了的手脚和脸蛋。我开过水店，为了省下1元的人工搬运费，九十几斤的我一个人背起40斤的桶装水，一口气上五楼，累得脸像包公一样。有时走错了门，还要扎下来，重新背上去，一桶水送完回来累到几乎虚脱。我只想通过自己的努力过上舒适的生活。我烤过羊肉串，每天晚上熬到12点左右，第二天早早地起床还要到幼儿园上班。门市房的门口，我借了一口大锅，现场炒瓜子、卖瓜子。我不怕苦不怕累，就怕别人说我过得不好，就想证明自己过得不比人差。

一个人的日子是孤独的、艰难的。曾经，我独自一人走在街头，看着人来人往，商店里播放着歌曲《大约在冬季》："轻轻的，我将离开你，请将眼角的泪拭去……不是在此时，不知在何时，我想大约会是在冬季……"我的眼泪再一次忍不住流下了，仿佛这首歌是单给我一个人准备的。

三　从此是坦途

"没问题的，你来吧，小芳。"就是这一条短信，改变了我，让我走上了从一个农村娃变成全国优秀导游员、吉林省金牌导游员，甚至全国劳模的道路。

人生最难得的是遇到一两个真诚、有智慧的朋友。我很幸运，有这样的朋友。我的朋友爱心和曲伟在我结婚后渐渐淡出了我的圈子，这是我的错，婚后我把精力全部用在了家庭上，完全失去了自我空间，跟朋友也是互不往来。后来我重新捡起了丢失两年的朋友。

父母性格不合离婚了，那年的第一个春节，我一个人在姐姐家度过，姐姐回了婆家过年，妈妈出去给人家当保姆打工，我忽然觉得自己好可怜，没有家了，没有谁可以投靠，我一个人趴在床上哭着写了日记。后来我听到爸爸在姐姐家门外敲了好久的门，接我回去过年，我没有应声，心烦意乱有些想逃避。一个人来到单位打开电脑，播放着伤感的音乐，静静地听着，伤感着他的伤感，寻找着共鸣。就在此时，房间的门打开了，闺蜜爱心，看着我甩出了一句："小样的一猜你就在这儿，手机咋不开机？"随手在包里拿出一个猪蹄，"给，我妈刚炖好的，让我给你送来。"我的泪水已经浸湿了整个眼眶，爱心看着我，不由得跟我相拥而泣。那个年是我最难忘的一个年，晚上十点半，四五个朋友已经来到门外集合了，一直陪我到大年初二。那时我真想说"有你们真好"。也就是在这一年，我给自己定了目标，并告诉自己如果不优秀，认识谁都没用。一定要活出个样来！这个世界上除了自己，谁都不能是我的依靠。看着仍在忙碌的人们，感动于每一个人一如既往地勤奋着，他们都在尽着自己的本分，我知道这叫做责任。我仰天问道：我是谁？我的价值在哪里？我要做我人生的总设计师，未来的路要靠自己走！

我辞去了幼儿园稳定的工作，继续做起了导游。那时，囊中羞涩的我穷到连买个手机的钱都没有，幼儿园给我结了 200 多元的工资，我卖了身上所有的首饰，还了为了开串店欠下大姐的 1500 元钱。印象当中，毕业后第一次要了爸爸给的 500 块钱，姐夫给拿了 400 块钱，买了一部手机，才得以开始导游工作。回想此情此景，我又哭了……

一个人的日子，工作变得更积极，全身心投入工作当中，我告诉自己，年轻人能吃苦耐劳不是可以炫耀的资本，而是本分。这句话就像是闪耀的星光，让我在疲惫的时候，仍旧可以重拾信心，面对未来的重重挑战。工作中表现积极，难免不经意地成为别人眼中的异类，背后指指点点的人也比比皆是。我呢，最大的缺点就是太过于追求人人眼中的完美，事实上做到所有人眼中的完美是不可能的。而当我听到一些关于我的恶言恶语的时候，有些气急败坏，睡不着觉，翻来覆去想不通，为什么要这样诋毁我？我究竟怎么了？做错什么了？一个人躲在黑夜里哭，哭得很伤心。哭过之后仔细想想，只有冷静，让时间来证明这一切。单位要报考导游证了，我也报了名，有人跟我说："赵艳芳，你不用考，你考也考不上。"就是这句话，深深地刺痛了我强烈的自尊心，"我考不上？我为什么考不上？"为了这口气，我看书、学习、做笔记，我告诉自己：我必须考上，我一定要混出个样来，不给你们任何贬低我的机会。心中较着一股劲，使我更加要强。长春考试，没有钱住宾馆，找最便宜的住，30元一晚，屋里小到没有窗，推开门就已经站在了床边。不出去吃饭，大城市饭店吃一顿饭好贵好贵，一边吃着从家里带来的饼干，一边背题。我很少在外面买水喝，觉得那是奢侈的消费。有人说："不懂感恩的人最可悲，感谢折磨你的人、鄙视过你的人。"是啊，正是他们的鄙视、他们的不屑，才激发了我的斗志，我才知道，我还可以做得更好。所以，我感恩所有在我生命中出现的人。

未曾失意的人不懂人生，未经挫折的人难以成熟，在饱尝艰辛之后，才能迅速成长。我就是这样在挫折中站起来的。

26岁那年，我拿到了国家旅游局颁发的全国导游资格证。当得知已经考试通过后，我喜出望外，拿起了手机，找到了长春导游沙黎明的电话，发了条短信给她："黎明姐，我导游证考下来了，想上长春发展，可以吗？"（一次带团去辉南龙湾群国家森林公园，我是她的地接导游，跟了一天团下来，住在同一房间。她跟我说："小芳，你这口才在这小地方当导游有点可惜了，将来你如果想到长春发展，你给我打电话，我带你。"）因为好久都不联系了，她已经忘了我是谁了，经过一番询问得知我是龙湾的导游，她回了一条信息："没问题的，你来吧，小芳。"就是这一条短信，改变了我，让我走上了从一个农村娃变成全国优秀导游员、吉林省金牌导游员，甚至全国劳模的道路。

我背着一个小包，里面装了一套换洗衣物就来到长春火车站大钟底下，等着我的师傅沙黎明。跟她的团就是一种享受，她上团，对待游客热情，富有激情，丰富的导游词，让她在介绍景点时侃侃而谈，经典故事娓娓道来。她不慌不忙，有条不紊，把长春的概况、特点、景点介绍得恰到好处。她是我心中的偶像，有了这个崇拜目标并为之努力，我想成为她的骄傲。共同的身世、共同的经历让我们彼此更近，更有共同语言。正所谓近朱者赤近墨者黑，师傅给我的影响不单单是学识上的，还有为人处世上的，她为人善良、宽容，她常说我是她的关门弟子，可这门怎么也关不上，只因为她太善良，乐于助人。所以我今天说，恩师是我的财富，是我的恩人，一辈子感激不尽的恩人。第一个团跟下来，坚定了我留在长春市场的信心。下团已是深夜 11 点，师傅领着我找公寓，安排妥当已是深夜12 点。就这样，第二天我去买了笔和本子，在公寓里整理导游词。我买了一张伪满皇宫的门票，在里面一待就是一整天，一支笔，一个本儿，悄悄地跟在一个又一个导游的后面，偷听着他们的导游词。俗话说，三人行必有我师，从每个导游身上我都学到了他们的精华。在没有正式接团的前期，每天都要花销，我只能自己节省。记得很清楚，那个时候五天吃饭花了四块钱，一袋方便面分成两顿吃，第一顿干嚼面，第二顿就打开料包冲水喝，有时一天只吃一顿饭。一个红薯两块钱，饿的时候吃两口，不饿的时候就不吃了。为了省下租公寓的 80 元钱，我每天给公寓打扫卫生，将厨房、卫生间、客厅打扫得干干净净，公寓老板为了感谢我，免了我的房租。后来带团了，也很少出去逛街，因为出去逛街就得花钱，现在想想那时的我对自己有点狠，可在当时一心只想多赚点钱，混出个样来，出人头地，不被别人看轻了。我是个农村孩子，为了自己的理想努力奋斗，三百六十行，行行出状元，我要抓住机会，我要刻苦钻研，没有比人更高的山，没有比脚更长的路，世上无难事，只怕有心人，让自己在导游事业上努力工作，为旅游事业发展贡献力量，在平凡的工作岗位上做出不平凡的成绩，把敬业进行到底。只要肯努力，到处是机遇。

在省会长春打拼学习，到处都是精英，我和 30 多名应届大学生同时竞聘，我被留住了，印证了那句话：文凭不代表水平，学历不代表能力。为了能让自己快速地进入这个行业，我不怕苦，我是从山沟沟里走出来的孩子，是一个普通得不能再普通、一个丢了几天都不会有人察觉的人，我深知渺小的我来城里找一份工作有多不易，自己不努力证明自己，有谁知道你存在的意义。所以我珍惜每一次学习的机会。从 2006 年开始，我作为全程陪同导游，跑遍了大半个中国，那段日子很艰苦，对道路不熟悉，酒店、景点经常要步行过去，有时一走就是大半天；对不熟悉的导游词，我就买个小录音机，在公寓里反复地练习、反复地听、反复地写，看电视对我来说是奢侈品；也不知道怎么坐公交车，又怕不懂被别人笑话，我就一个人站在站点前反复琢磨。因为外地车辆来本地旅游，司机对道路不熟悉，为了加深印象，严重路痴的我都要先亲自走上一遭，熟悉道路，再认真做好每一次接待工作。有了一定的工作经验后，我在长春市场留了下来，站稳了脚跟。

四　我的导游我的团

作为导游不怕遇事，就怕不会处理事；不怕出问题，就怕处理问题的态度不正确。导游员很轻微，但责任很重大，遇事不慌，勇于担当，意志坚强，灵活应变，以心换心，赢得支持，是一名合格导游员应当具备的基本素质。

勤能补拙，勤奋可以创造一切

我是一个严重路痴又极度晕车的导游，在刚刚步入省会城市长春做导游那阵子，我徒步找酒店、找饭店、找景点成为旅行社的一段佳话。我知道，能吃苦才能拥有美好的明天，成功路上没有捷径，唯有勤学苦练。明白了这个道理，我选择了最笨的办法，就是一个字："多"。别人学 4 个小时，我每天学 14 个小时，别人学 8 个小时，我就学 18 个小时；别人晚上睡觉了，我弄不明白就是不睡觉。每次出团，我的三大件一件都不能少——

方便袋、风湿膏、晕车药。有一次感冒发烧，吃过药后体温仍高达 39.2 度，室友发现后将我背进卫生所，打了一针。第二天早上，我依旧拿起了麦克风，扛着导游旗精神抖擞地站在游客面前："各位游客大家好，我是你们的导游！"就像打了鸡血一样满血复活，看到他们对我笑，我无比自信。每次出去带团，很多导游尝遍了当地的特色小吃，而囊中羞涩的我只能将工作化为精神食粮，我会把入住的每一个团队，都仔细地查上一遍，万般叮嘱，要注意安全。

合格导游要具备处理突发事件的能力

我很庆幸我的团队十多年来没有发生一次重大交通事故，也没有遇到多少令人惊心动魄的危急时刻，但在为无数的国内外游客导游过程中，我却变得如此强大，也留下了数不清的难忘回忆。虽不似大江大河，波澜壮阔，却也是涓涓细流，迂回百转，川流不息。把过往的积淀、学识的积累、自身的感悟融入一份沉甸甸的责任感，加上特有的热情，把一路快乐奉献给自己的游客。

导游工作非常繁杂，从拿到计划的那一刻起，就开始进入状态，上下车时的搀扶，穿越马路时的提醒，时不时地嘘寒问暖，行李的提拿，宾馆房间的巡查，等等，把游客当亲人，热情就会不自觉地迸发出来。旅行中，会出现许多突发事件，作为一名导游是团队的主心骨，出了问题就是大家的依靠，要具备处理突发事件的能力，沟通最重要，稳定安抚少不了。不同的团队有不同的方法，老年团节奏比较慢，就更要有耐心；妇女团、教师团、医生团等都有不同的带团方式。认真地研究客人的客源地、年龄和职业，努力去做到个性化、人性化服务，让不同年龄、不同层次的游客都能在旅行过程中得到与之相适应的需求满足。2009 年在九寨沟，一位老年客人在洗澡时不小心滑倒，一只胳膊粉碎性骨折，我带着游客来到县级医院，跑去买冰水进行冷敷，把自己身上的衣服给老人披上，家属排队交款时，我寸步不离守在老人身边照顾着，老人满含热泪带着歉意对我说："小芳，你比亲人还要亲啊！"我却欣然一笑："这是我应该做的，导游本来就是游客的亲人嘛。"一系列的检查救治过后已是凌晨两点，悄悄地回到跟客人一起住的房间，和衣而眠。第二天早上 5 点钟，我已经在楼下的餐厅里了。这一天的行程里，我对这位阿姨关怀备至，同时为了能让独身出行的客人不虚此行，我几乎成了他们的专业摄影师。

三勤三快

多年的导游经验让我认识到，一名合格的导游要做到"三勤三快"——手勤、腿勤、眼勤；手快、腿快、眼快。一旦起程，我们就不仅是组织者，更是服务生，很少能轻松地吃顿饭。急匆匆冲进餐厅，招呼着端茶倒水，又跑到厨房帮忙端菜打饭，再回到桌边，问咸问淡，等到自己匆匆端起饭碗时，很多客人都已经吃饱等待起程了。

我们很少住舒适的房间，要么没有窗户，要么阴暗潮湿，火车专列的途中，有时没有导游的铺位，我们经常和衣蜷坐在过道处，紧紧地裹着散发着异味的毛毯，翻来覆去好不容易进入梦乡，天已经亮了，早上5点钟起来给客人的暖壶打满热水。看到的是这样的一幕：车厢内，横七竖八的导游员，几乎躺满了车厢的过道，各种临时性的铺位铺满了地面，俨然成了难民。

带团时我的工作时间一般是早上5点到晚上10点半，十几个小时的工作时间都是少的。记得一次在火车上为游客打水时，一个急刹车，就与锅炉来了个亲密接触，还好距离脸还有0.01米的距离，但手就没那么幸运，被烫伤了，而这只是为了让客人吃上热乎乎的泡面，喝上热水。

有一年9月，我们在九寨沟预订的饭店一下子来了2000多人（正常情况下最多能接待500人），客人没有座位不说，饭菜更是供不应求，餐台的案面上到处都是米饭、菜汤和菜叶，一些老人本能的反应就是怕自己吃不上饭，都去抢饭，导致场面一片狼藉。没有桌位，游客们或蹲在墙角吃，或靠在窗台吃，脾气大的更是不吃了，接下来的事情就可想而知了，没吃好饭，却窝了一肚子火，把气撒在我们身上，就成了顺理成章的事情。在这样的情况下，为了稳定游客情绪，保持旅游秩序，我自己掏腰包去给客人买便当，笑脸相对，百般抚慰（饭店的用餐选择不是导游决定的，有统一的调度安排），事态平息后，陪同游客上山，可是途中突然觉得自己呼吸费劲，嘴唇发紫，一阵阵地肠鸣，才想起自己也没有吃饭，体力不支，导致缺氧，只好被同事搀扶下了山。集合的时间到了，天空却下起了小雨，我怕打伞会让茫茫人海中的游客找不到自己，于是，打着导游旗顶着小雨在外面足足站了一个半小时，终于接到了最后两名迟到1个小时的游客。上车以后，鞋子里面全是水，依旧拿起了麦克风，满脸笑容地跟游客一起回顾这一天的行程、收获和接下来的安排，直到看到大家累了，才慢慢地放下麦克风，坐到了导游座位上，把鞋里面的水倒掉，把袜子上的水拧干，找了两个塑料袋套在了自己的双脚上，9 月末的九寨沟很冷……这类事件比比皆是，在我看来，这些都是小事，甚至是导游的家常便饭，微不足道。我认为认真带好每一个团队，把游客安安全全地带回来，看到游客像亲人一样一个个与自己道别，并索要电话号码期待下次重逢时，心中不时涌起一股股暖流。难道这就是大家说的成就感吗？

刚当导游那会儿，有一次大巴车行驶在高速公路上，我正讲解着，一名游客晕车，猛地一下直接吐到了大巴车过道处，那股味道在空调车里可想而知，为了不影响到其他游客，我想都没想，直接蹲在那里，双手套上方便袋，将那一堆呕吐物直接装进袋子里，拿来车上的卫生纸来来回回擦了好几遍，当我起身时，看到游客的表情，我笑了：有的用很惊诧的眼神打量我，有的则捂住口鼻用排斥的眼神看着我，有的投来赞许的眼神。无所谓了，当时想到的就是，不要影响其他客人，一封封感谢信是我最大的成就和得到的认可。

多一份细心，多一份关爱

我有一套独特的工作方法，很简单，我会给团队的每位游客发放彩绳，系在皮箱上，大家互相帮助，不到一天的光景客人之间成了一家人；

一个 16 人的团队，我分别起了别称，本团特有的，赵大叔，李二叔，七仙女和三姐妹。

一次带团去山东，一行 17 人，因为手里有客人的名单和身份证号码，我发现团里 74 岁的李叔这天过生日，便在早餐的时候悄悄地向餐厅要了两个鸡蛋，大巴车上，我把两个鸡蛋送给了李叔，在车上组织了同团的客人，为李叔唱了一首生日歌，晚餐时给李叔要了一碗生日面。李叔激动地握着我的手，不知道说什么表达他的感激之情，干脆站起身，深深地给我和全团的队友鞠躬致谢。我知道，那次李叔很高兴，我敢肯定地说，那一次意外的小惊喜一定是李叔记忆里印象最深刻的一次生日，看到他们开心的样子，我心满意足地笑了。

任何时候都不能丢下我的游客

只要是上团，我就从来没有午休概念，也没有固定的午餐地点，能在客人上车前扒上一口饭，就算是幸运的了。客人走丢了，晕车呕吐了，丢失东西了，这时候，我就是万能的了，我就是老师、警察、医生。我的服务宗旨就是让他们开心，让他们满意，让他们不虚此行。

有一次一个从舒兰来的旅游团来龙湾参观，这个团里多数是摄影爱好者，当作为地陪导游的我走到大龙湾对岸水上森林时，由于一直在讲解龙湾的美，听到客人说："这片芦苇荡真的好美！"我突然接上去，后退着讲解这片水上森林里的芦苇荡，和水上森林的成因，正当陶醉时，一只脚踩空了，我掉进了大龙湾的水上森林，我第一时间将手里的喇叭高高举起，几名壮汉将我拉上岸来，我擦擦身上的衣服，抖抖浸湿的头发，拿起了手里的喇叭，继续讲解。客人有的笑了，有的哭了，都用佩服的眼光打量着我，拿起了手里的照相机，跟我拍照。他们说："小芳，你是我见过最敬业的导游！"

多年的导游生涯使我清楚，作为导游不怕遇事，就怕不会处理事；不怕出问题，就怕处理问题的态度不正确。导游员很轻微，但责任很重大，遇事不慌，勇于担当，意志坚强，灵活应变，以心换心，赢得支持，是一名合格导游员应当具备的基本素质。

五 积极进取，实现人生再跨越

优秀的导游员就是一道温暖游客心田的美丽风景。一切为大众带来快乐和幸福感的人都是可爱的，是美丽的！这种美丽即便是在瑰丽的自然山水之美中，仍然光彩夺目。

重返故乡，拓展业务

2008年，我带着学到的知识回到家乡，开辟了组团业务，把家乡的游客也带出去，让家乡的导游走出去，同时兼职导游业务，主要负责政务接待。业绩逐年攀升，个人累计创造效益1300余万元。

截止到2013年，我共接待游客1100多批次。从几十人、上百人的大团到几个人甚至两个人的小团，我都以精心、诚心和耐心，赢得了广大游客的赞许。2012～2013年两年间累计带团510余天，接待游客一万余人次。工作中我以娴熟的知识和热情周到的服务，出色地完成了每项接待任务，在所接待的团队中，实现了安全无事故、游客零投诉的带团纪录。

组建家庭，告别单身

就是在我回到家乡的那一年，经同事介绍，结识了我人生中最重要的一个男人，就是我的老公纪久辉。他是一名医生，他的朴实、善良、正直深深地吸引了我。经过三年的爱情长跑，我们最终走到了一起。他的出现，给我的生活带来了无数美好的回忆和运气。

舞台圆梦，再次证明自己

平台让你成长，又能让你成功。曾经在电视里看过导游大赛现场直播，看见一个个导游精英在舞台上彰显才艺，心中暗自崇拜、敬仰，心里

总幻想着，如果有朝一日我也能站在这样一个舞台上，介绍自己家乡的景点，那该是一件多么自豪的事情啊。也许是我的愿望太渺小，所以总是能很早地实现，带给我源源不断的喜悦。2012年的导游大赛，彻底颠覆了我的人生，在国家舞台上，我以88.88分的总成绩，获得了全国第23名，以吉林省第1名、东北三省中文组第1名的成绩，获得了全国优秀导游员称号。为了更好地宣传龙湾、展示龙湾，取得好的名次，我做了充分的准备。掌握1800道知识问答题，是我最大的绊脚石，它也几乎成了我的全部生活空间，每天的工作就是背题、写题、导游词整理，我总说好记性不如烂笔头，到了后期找来五六个朋友分时间段在网络上进行提问，错误的就标记起来，再筛选，为了不影响家人和邻居，卫生间里就成了我练习快板的地方，我把快板的尾部套上线手套，这样响声不至于影响到家人和邻居，每天在家对着镜子一遍一遍反复练习，从站姿到仪容仪表，用录像机反复地找毛病，没有时间做饭，没有时间看电视，逛街根本做不到，太奢侈。机会总是留给有准备的人，这次大赛，我获得了喜人的成绩。

当我站在国家的舞台上，我这样讲道："我的导游格言是，我以家乡为荣，家乡以我为傲！"说到这里的时候，我的声音是高亢的，因为，我知道我做到了，我把家乡的美景宣传出去了，这又一次体现了我的人生价值，局里给了我一次破天荒的现金奖励。

平时的努力、工作的积极，换来了一封封感谢信和领导的认可。2015年我迈向了人生的最高点，走进了人民大会堂，我光荣地被评为全国劳动

模范，受到了党和国家领导人的接见，是吉林省旅游界第一人，也是吉林省林业系统第一人。我手捧着荣誉证书，回顾我的坎坷人生，再一次泪如雨下。导游是祖国的一面镜子，是一个地区的形象大使，有涵养，有风度，在我的身上得以体现，我做到了。这算是通过自己的努力，给自己交了一份满意的答卷。我真的很庆幸，在我最迷茫的时候，我选择了脚踏实地。我交到了良师益友，我用我自己的方法改变了我的人生。荣誉带给我的不是沾沾自喜，更多的是一份前行的动力，脚踏实地，勤劳务实，做服务行业的排头兵，做导游界的领头羊才是我的新方向新目标。我对自己说：三百六十行有三百五十九行是别人为我服务，我又有什么理由不去服务好他人，把本职工作做好？

我有一个公益梦

帮助别人是一种高尚的美，以雷锋为榜样，让世间充满爱，长期以来我有一个公益梦，可公益梦怎么做？家境本不富裕的我，采取了最简单的方式，那就是坚持为群众做好事，无论是献血还是捐献造血干细胞，或是募捐，我都积极踊跃参加，一直坚持着，只要遇到我能帮到的，我就义不容辞地往上冲，2009 年至今，我连续九年义务献血。特别是收到血站信息短信，说我的血已经运用到临床的时候，我感到无比自豪，心里想的是我又救活了一个人，这不正是当初的想法：活得有价值、活得有意义吗？

2010 年，我带了 30 人团队来到汶川地震遗址，眼前的一切让我们触目惊心，我们的地接导游胡静的父亲就是在这次地震中不幸身亡的。在大巴车行驶的路上，几名小学生向我们的车庄严地敬了个队礼，在我诧异间，导游胡静告诉我，地震以后，所有活下来的汶川人都抱着一颗感恩的心，感谢解放军、感谢志愿者，给他们带来了生的希望。临行的时候，在我的带领下，把带去的随身衣物和现筹集的募捐款交给了胡静，让她去帮助那些更该帮助的人。活着就好，一句朴实的话把人世间的一切功名利禄都化成了轻烟；活着就好，在汶川就像雨后的彩虹光彩夺目。

在我们县城有这样一组家庭：父亲和儿子都患强直性脊柱炎，卧床不起，母亲得的是脉管炎，手脚溃烂不能下地，唯一的劳动力只有 80 岁患有脑血栓的父亲。家庭本不富裕的我，自发地先后帮扶这家人两次筹集善款近 2 万元。在校期间，我还先后帮助过尿毒症患者西藏同胞旦巴次仁、患白血病女学生许祥悦等筹集善款。我加入了北京慈善义工协会，成为一名义工，参观太阳村，关爱服刑人员的子女；还跟着志愿者参加治理雾霾、抵抗风沙、绿化植树活动；利用周末到老年公寓，陪伴老人聊天、唱歌。我想把我的爱心延续下去，趁着我还年轻，趁着我现在还有能力，有一分热发一分光，传递正能量，让世界充满爱。

我爱我的导游事业

随着旅游业的蓬勃发展，人们对导游的要求越来越高。导游员的言谈举止、素质品行，直接反映出一个城市精神文明建设程度，折射出一个城市市民的素质修养。尤其是在出境旅游业越来越繁荣的今天，导游已经在不经意间担负起了文明引导员和文化使者的双重职责，已然成为国家城市的名片，而且可以说是最美的名片。我们在平凡的岗位上贡献青春，挥洒着汗水，我们诚实守信，乐于奉献，积极向上；我们有诚心诚意的服务态度，诚实守信的服务行为；我们崇尚职业美、品德美、行为美；我们热爱旅游，服务旅游，奉献旅游，导游提升素质，弘扬正能量。

有人说，导游到底是个什么工作？导游是摄影师、调解员、演说家，是家长、是杂家？其实，一个优秀导游能做一个企业的高管，需要各种办事能力，聪慧、沉着、冷静。我也经常遇到一些不固定的问题，答不上来就马上充电，补充能量。三百六十行，行行出状元。专注并执着地干下去，锲而不舍、兢兢业业。因为专注，所以执着；因为热爱，才会以此为荣，把游客当成自己的孩子，才有足够的热情和主动性去做好每一次接待任务。全力把工作做到最好，任何细节都做到尽善尽美，不可浅尝辄止，更不可敷衍了事，要持之以恒。我常常换位思考，假如我是游客，我会喜欢什么样的导游，我就去做那样的导游，让游客不虚此行。抓住机遇，在自己的领域找到适合自己的位置，打造出属于自己的一片天地。

同行们这样评价导游：

——导游是一个电话，拿起行李包，单身走天涯的人。

——导游是旅游团中在车、船、飞机上永远坐在最差位置上的人。

——导游是在万人指责中，仍笑脸相迎的人。

——导游是还在父母照顾的年龄而去照顾他人的人。

——导游是面对每天都见的景点仍然饱含激情、津津乐道的人。

——导游是在亲人团聚、共度佳节时自己却身在异乡一筹莫展的人。

——导游是被误解和委屈时努力将泪水咽下肚的人。

…………

一句"祖国河山美不美，全凭导游一张嘴"的赞誉，让导游员在整个旅游业界的重要性和社会地位得以肯定和凸显。不错，导游员精彩而专业的讲解使祖国的大好河山更加熠熠生辉，使尘封于千百年古迹中的辉煌历史和精彩瞬间在游客心中再现，同时把旅游文明的种子润物无声地播撒到每一位游客的心田，成为一颗颗传播中华正能量的粒子，使每一次旅程都充满阳光。可是有导游经历或了解导游的人都会十分清楚，做好导游不仅凭一张能说会道的嘴，更需要一颗善良、温暖、坚强的心，语言的交流和心灵的交汇使导游员成为善解人意、聪慧可爱和值得信赖的人，记得有位名人说过，"人不是因为美丽才可爱，而是因为可爱才美丽"，导游员就是因为他们所具备的责任意识、敬业精神和诚实劳动、辛勤奉献、乐观向上、助人

为乐的优良品质而可敬可爱。优秀的导游员就是一道温暖游客心田的美丽风景！一切为大众带来快乐和幸福感的人都是可爱的，是美丽的！这种美丽即便是在瑰丽的自然山水之美中，仍然光彩夺目。

三百六十行，最难的就是和人打交道的服务业，当导游很累，让整团人都满意很难。在工作中不管做任何事，都将心态回归到零，把自己清空，将每一次任务都视为新的开始、一段新的体验，让游客们看到我最佳的精神状态，对我的鼓舞、赞许，是我最大的收获。我的工作情绪也像野火般蔓延开来，并感染着身边的同事们，再一次体现了我的人生价值。

当一段旅途很长的时候，你如果一个人坐车基本上会昏昏欲睡，最多睁眼看一下窗外的风景，然后接着睡。而只要有我在，就会无时无刻不趣味横生了，除了绘声绘色的讲解、幽默的笑话段子、讲故事猜谜语、做游戏，时不时地来首歌调解车里的气氛。只要有我在，游客们一定会拥有无

美丽的旅途有我不寂寞　**213**

数的欢乐。我的存在，就是让那些下了车或者飞机后两眼一抹黑的游客放松心情，甚至可以闭目养神，其他的事我来做，我会安排最佳线路，避开堵车。到了景点，就更能体现我的价值了。看那些自助游的游客，在景区即使拿着地图，仍然会绕来绕去，悄悄地跟在我的后面听我的讲解，有的连个厕所都要找好久，有的游客为找一个景点会连续绕上几圈，甚至会遗漏掉最好的景色。而我呢，则是带着他们走最精彩的路线，找厕所、休息区更是准确无误，节约时间、劳逸结合、省时圆满。我为我的存在、我的价值观充分体现会心地笑了。一路走来，当导游很累，但乐趣很多，这个职业付出很多，但收获更多，每次尽可能地满足大家的需要，让每一位游客的脸上挂满了笑容，让他们不虚此行，就是我最大的欣慰，也体现了我的价值。我喜欢这个职业，我享受跟他们分享美景的喜悦，一封封感谢信是我最大的成就和得到的认可。中央电视台、《吉林日报》、吉林电视台、《通化日报》、通化电视台、辉南电视台都相继对我进行过报道。这条路我要继续走下去，做导游业的形象大使、行业标兵。

走进大学校园

　　人的一生总会有很多机遇，如果说导游大赛是我人生的一次转折，那么走进大学校园将是我的再一次跨越。当我得知我以全国劳模的身份进京读书的时候，早已按捺不住激动的心情。我问了即将上高中的女儿，懂事的女儿毫不犹豫地告诉我："妈妈你去吧，我这边你不用担心，千万别放弃这么好的机会。"爱人开始有些不相信，怎么会有这么好的事？一切尘埃落定，我如愿以偿成为中国劳动关系学院的一名劳模本科班学员，学期脱产两年、函授两年。我加倍珍惜这次学习机会。同学们都是全国各地的劳模、各个行业的精英。我告诉自己，要把在北京的每一天当成生命中的最后一天，不虚度，不荒废，让每一天都过得充实有意义。在北京的日子，我努力学习，课余时间去各个图书馆，参加一些义工活动，组织同学们外出旅游，还带着同学们回到了我的家乡辉南龙湾出席活动。我珍惜每一次上台讲演的机会，尽可能地宣传家乡的美景。我还去了内蒙古和张北参加义务植树活动。通过了英语三级考试，年底被老师和同学们推选为优秀学员干部。这一切都是那么值得回味。经历也是一所大学，没有压力就没有动力，拿出直面困难的勇气，真正的困难是我们自己，保持一颗积极的心态，处事不惊。站在校园里，我再一次仰天长问：我的价值是否得以体现？如今，我给家乡增了光，我用自己的行动证明了自己。这就是我并不完美的人生。快乐是一种选择，恬淡知足就够了。

致敬词

真诚、勤恳，让她走出平淡；不服输、不认输，让她人生变得精彩有价值。锻炼与成长，从抉择中一次次走向必然的辉煌，是因为她的善良和勤奋，始终怀揣着奔流不息的爱！每处山河都是她彰显才艺的舞台，她那充满激情的精彩的导游解说，让游客心中暗自崇拜、敬仰。

面对每天都见的景点仍然饱含激情、津津乐道是她的爱岗敬业；被误解和委屈时仍然努力将泪水咽下肚、笑脸相迎是她的乐观坚强。

致敬——吉林龙湾群国家森林公园金牌导游员赵艳芳！

"一带一路" 铁路线上的
快乐使者

——中国铁路济南局集团有限公司
　济南客运段列车长赵侦峰的故事

人物小传

赵侦峰　男，汉族，现年 44 岁，济南客运段乌鲁木齐车队列车长。2005—2007年，连续三年被评为段优秀共产党员；2008年被评为全路党员服务明星；2009年被评为路局优秀共产党员；2011年被铁路总工会授予火车头奖章；2013年被评为路局劳动模范；2015年被评为全国铁路劳动模范。

一　我和我的"金桥号"

"服务他人，快乐自己"，我要让自己的服务过程，成为旅客的快乐旅程，这就是我的服务理念，也是我始终追求的目标。

我叫赵侦峰，今年44岁，是济南客运段乌鲁木齐车队的一名列车长。中国铁路济南局集团有限公司济南客运段是铁路企业从事旅客运输的服务单位，全段共有职工3200人，下设10个科室、3个车间（整备车间、旅服车间、后供车间）。担负着济南至北京、上海、广州、深圳、长沙、杭州、重庆、乌鲁木齐、金华西、青岛、烟台等方向的50多对旅客列车。济南客运段坚持"以人为本，创新发展"的工作思路，弘扬"旅客至上，追求卓越"的企业精神，围绕铁路运输安全、服务质量、经济效益三项重点工作，党政工团齐抓共管，以实施素质工程、创新工程、品牌工程为动力，拓展服务渠道，规范服务行为，实现了经济效益和社会效益的双丰收。在实践中以旅客满意为服务标准，以浑厚的齐鲁文化为依托，开展"全心为旅客，诚信伴您行"主题实践活动，大力加强"济客·齐鲁情"品牌建设。荣获路局先进单位和山东省"职业道德建设"先进单位称号，还有"火车头奖杯"等荣誉。

我在列车乘务岗位工作十多年了，从 2000 年开行时的 25K 型车，到后来的 25B 型绿皮车，再到 25T 型空调列车，在列车乘务员的岗位上，我与车队一起成长。我们列车连接山东、新疆，全程往返运行 7434 公里，77 小时 24 分钟；停靠 45 站；途经鲁、苏、豫、皖、陕、甘、青、新八个省区，是全路运行里程最长的旅客列车之一，也是段精心培育的进疆品牌列车——"济客齐鲁情·金桥号"。为了打造品牌列车，我自觉践行"厚德敬业，实干先行"的济铁精神和"一切为了旅客，一切为了职工"的企业精神，自觉以"济客兴衰我有责、济客发展我尽责"为己任，认真履职尽责，勇于担当奉献，热心服务旅客，立足本职岗位，取得良好的社会效益。

　　2005 年，我连续三年被评为段优秀共产党员；2008 年，被评为全路党员服务明星；2009 年，被评为路局优秀共产党员；2011 年，被铁路总工会授予火车头奖章；2013 年被评为路局劳动模范；2015 年被评为全国铁路劳动模范。可我却一直认为，自己只是列车乘务中一名普通的职工。工作中我时常想的就是，怎样更好地与旅客交流沟通，怎样更好地服务旅客。这些年，让我感受最深的是，随着社会文明程度的不断提高，为我们推出的服务提供了良好的社会基础，并得到了越来越多的社会认可，"服务他人，快乐自己"，我要让自己的服务过程，成为旅客的快乐行程，这就是我的服务理念，也是我始终追求的目标。

二　父亲和母亲：我的第一任老师

家庭是人生的第一所学校，父母是人生的第一任老师。每个人的性格形成、志向树立、见识格局、处世胸怀、做人境界，无不带有家庭熏陶的烙印。父母的教育使孩子耳濡目染，言传身教给孩子终身的影响。

我出生在山东泰安市宁阳县一个偏远的小山村，村名叫"乱石崖"，听到村名可想而知我村是石崖上的村子。家的北边是山梁土峁，山上石多土薄，不宜耕种。每天，都是上山下山围着石头转，可以说石头成了我童年的好伙伴，是孩子们玩游戏、捉迷藏的靠山和阵地……父辈们常年与石头抢空间，不断扩大种植农作物的面积，父亲讲："只要种下一粒种子就有一分收获。"小时候，记忆中父亲总是早早出门，很晚才回来。后来，父亲成为生产队长，每天为村里的事忙碌，那时，我认为父亲是大队的人。

家庭是人生的第一所学校，父母是人生的第一任老师。也有人说：家庭是孩子的一面旗帜，父母是孩子的一面镜子。说得好不如做得好。要求孩子讲文明、有礼貌，父母就必须先做这样的人；要求孩子积极进取、坚强勇敢，父母也要以身示范。只有这样，才能对孩子产生积极健康的影响。每个人的性格形成、志向的树立、见识格局、处世胸怀、做人境界，无不带有家庭熏陶的烙印。父母的教育使孩子耳濡目染，言传身教给孩子终身的影响，真是无处不在。

记忆中，母亲是村里唯一的裁缝，整天忙忙碌碌。特别是春秋季节或阴天下雨时，奶、婶、姑姑等，都围着我母亲，让给她们裁剪衣物或是缝孩子的书包。我母亲给奶、婶们裁剪衣服后，有的拿了几个鸡蛋或几毛钱给我母亲，都被母亲一一拒绝。母亲讲："自己力所能及，为他人做点事，心里就是图个高兴。"

小时候，爸爸常讲铁棒磨绣针的故事，让我明白了"宝剑锋从磨砺出"的道理。古往今来，大凡成大器者必先吃苦锻炼自己。我从小就在父母的教导下，力所能及地帮家里做点家务，比如扫地、拔草等。每次，无论做得好与坏，都会得到父母的赞许，真是累也快乐着。在我十岁那年，暑假里，因村里好多人去刨石英石卖钱，十二岁的哥哥和我商定，去放羊时瞒着父母刨石英石。我们找了个荒废的石坑，哥哥负责刨石英石，我用背心一趟趟地兜到平地上，两天下来我崭新的背心成了筛子，最后还是被父母发现并制止了。可是后来听父母说我哥俩刨的石英石卖了二十元钱时，我们心里美滋滋的。

1987 年 7 月，一个星期六的晚上，父亲对我说，他们的口号是"大干吃馒头"——这是 70 年代大集体时期，生产队社员加班加点抢收抢种，中午就有馒头吃。当过生产队长的父亲，只要叫我一块去干点什么活或帮点小忙，就唱响"大干吃馒头"的约定。一天父亲告诉我，明天跟着一起去卖菜。次日，早晨五点钟，父亲就在我骑的自行车货架两边各放一捆葱，然后再在货架上放一捆，三捆葱也就七八十斤重。父亲自行车货架上装了满满一驮筐韭菜，韭菜上面又放了三捆葱。我跟随父亲，一路东张西望，小山、河流、大水库，一切都那么新鲜。父亲不时提醒我注意安全，不要东张西望。来到距离我家三十里路的堂城镇集市后，父亲摆好菜摊，随后在集市转了一圈，发现韭菜就我家一份，父亲说"韭菜今天是物以稀为贵"。在家一斤韭菜卖五分钱，来到这儿卖一毛五，100 多斤韭菜很快卖完了。葱按一毛钱价格，批给了菜贩子。这天，我和父亲都无比高兴，因为我们骑行三十里路，创造了三倍的收益。父亲也兑现了承诺，请我吃了俩馒头外加一个香喷喷的猪尾巴。后来我知道，在 80 年代堂城镇是矿区，老百姓比较富裕，种植蔬菜的很少，所以，菜卖得又快又贵，这让我明白了只有了解市场，才有更好的收益。

三　当兵的人，就是不一样

晚饭后，班长命令直接下达，让我做俯卧撑、仰卧起坐，做了一轮又一轮，我含着眼泪坚持、再坚持。

1991 年 12 月，我收到红红的入伍通知书，成了一名光荣的北京卫戍区警卫战士，这是每一名热血青年保家卫国的梦想。

新兵连每个班派遣一人轮流到食堂值班，主要工作就是为全班战友盛好饭，摆放好筷子。有一天，轮到我去食堂值班，在分发筷子时发现少了一双，就问邻桌战友筷子多不多，战友说"不多"。很快，我到炊事班要来一双筷子摆放好。无巧不成书，吃饭时邻桌少了一双筷子，战友一口咬定是我拿了他一双筷子，并汇报给新兵班长。晚饭后，班长命令直接下达，让我做俯卧撑、仰卧起坐，做了一轮又一轮，我含着眼泪坚持、再坚持。此时，我们班唯一的秀才（大学生）对我说："赵侦峰，我清楚筷子不是你拿的。送你一副对联，上联：大肚能容天下难容之事；下联：开口便笑天下可笑之人；横批：笑口常开。"拥有此联后，工作、生活再苦再累，有再多委屈，一笑了之。

1992年11月，我被调到五团农场。指导员讲："虽然环境艰苦，但也许会更有利于自己的发展。"我暗下决心，自己一定要立功、入党、学技术；目标明确了，就有了前进的方向和动力。工作中，我不怕苦、不怕累，积极主动，努力学习技能和业务知识，全身心地投入工作中。部队是个大熔炉，能打造坚强，赋予勇敢，给我义无反顾去拼搏的力量。1993年，我学习了汽车驾驶技术，取得了汽车驾驶证。1994年12月，我因工作成绩突出，被授予"三等功"军功章。1995年6月，我加入中国共产党。

我认为，成为一名党员，就要干出党员的样子，以主人翁的精神，想在前、干在前。工作中积极主动，勇于承担急、难、险、重等工作，起到模范带头作用。引领更多人敬业乐业，努力进取，树立党员良好的形象。不断加强党性修养和党章党纪的学习，做到学以致用，用以促行，知行合一。这是责任，是对党的情怀的具体体现。

1996年10月，我调到东北空军司令部管理局嫩江生产基地，以新同志的标准严格要求自己。我积极地工作，尽快熟悉各项工作，努力与领导战友们搞好团结，并主动向他们请教大型机械的操作和维修技术。工作中，我时刻牢记"问人不舍脸，舌头卷一卷"这句话。我所在的分场，主管我的是雒场长。他技术全面，能及时诊断机械设备故障和维修。工作上许多事需要请示雒场长，每次雒场长总是不冷不热，让人有一种冷冷的感觉，我一直想走近雒场长，也许是我诚心不够，始终未能打开我们中间的那层纱。工作上，我做得再好似乎总得不到雒场长的认可。有一次，机器检修时我放弃了休息时间，自己造了一个简单的杠杆吊车，一人独立完成俄罗斯产履带式收割机变速箱的维修。雒场长知道后，投来了冷冷的目光。让我感到安慰的是，班长和老军工技师都称赞了我。在与雒场长共事的五年中，我一直在努力，想和他能说说话或聊聊天，或是得到一点认可，几年中我一直努力，最终，还是带着点遗憾而回家。部队的生活是丰富多彩的，让人难忘，美中不足的是，每当想到雒场长，心里总是有隐隐约约的不舒服和纠结。

1998 年，我从部队回家探亲。有一天，哥哥的批发部来了一位五十来岁的阿姨，买了一提啤酒；然后，她对我哥说："帮我送到五楼好吗？"哥爽快地答应了，十几分钟后，哥气喘吁吁地回来了。我质问哥说："你批发价一提啤酒才赢利一毛钱，为赚取一毛钱来回十层楼值吗？"哥笑笑说："我是用行动换取顾客的认可和信任。"此话让我长时间深思。

四 服务他人，快乐自己

我始终以快乐心情、快乐工作状态服务旅客，让车厢成为旅客的"快乐之家"。我总结出的"快乐服务法"已成为我们济南客运段、路局推广的工作法之一，"侦峰服务示范岗"被评为全路党内优质品牌。

2003 年，我从部队转业，分配到济南铁路局济南客运段工作，感到无比荣幸和自豪。此后，我一直在段运行里程最长和运行时间最长的济南到乌鲁木齐线路上工作。

一开始，我对客运工作也感到枯燥，有换工作的想法。此时父亲的教导在耳边响起："人始终站在地上，不要这山看着那山高。要干一行，爱一行，专一行，精一行，就要把一行做到极致。"这时，我的浮躁心又落地了。逐渐地，我对客运工作的态度有了转变，由开始的不适应到适应，由适应到对工作产生兴趣，由有兴趣到喜欢，由喜欢到热爱。

尽职尽责做好每一件事

工作中，我把各项事情都做好，如安全部位检查了、重点旅客走访登记了、车内卫生打扫了、自我检查工作到位了……如果工作干不到位，喝的白开水也是涩涩的。生活中，我体会到只有用心用情、尽职尽责地做好每一件事，就是一杯白开水，也能饮出甜蜜味。

　　有一次，按班组要求终到乌鲁木齐进行卫生保养。我和同事你争我抢地对车内墙壁、四室擦拭清扫，不到半小时就大汗淋漓。这时，我们车队领队检查卫生走过来，指着墙面说："干得不错！"走到内直门时又说："下通风窗太脏。"我对领导说："我马上干。"我拿起抹布仔细擦拭直门通风窗，同事冲我说："侦峰不用擦了，领导走了。"我说："很快，一会儿就干完。"同事自言自语道："你啊侦峰，不是说你，太头诚了。"十多分钟后，我已基本擦完通风窗。这时，领导二次返回，见我擦的通风窗物见本色，队领导笑着转身回去了。同事对我说："侦峰，你是对的，工作就应脚踏实地。"从此，我的车厢成了卫生标准的免检车厢。

从细节做起

　　在乘务中，我也遇到过很多尴尬的事，在这里我讲两个故事。一次，我巡视车厢来到连接处，有一位五十多岁的老先生站在直门后，我怕门打过来伤着他，便对他说："出来，出来！"可能是声音高语速快，造成了旅客的误会，他很生气地说："你这人说话这么难听。"我立刻意识到旅客对我的服务不满，连忙微笑着说："对不起，因列车马上进入大隧道，连接处的风骤然增大吹动直门，怕挤伤了你。"我再三诚恳解释，才消除了误解。还有一次，我正在扫地，一位三十岁的女旅客生气地对我说："是不是存心不让我吃饭？"并且两手紧捂着方便面。通过这两个故事，我体会到我们在服务中本来是出于善意，但是可能由于不恰当的方法、不恰当的时间、不恰当的语言表达方式，被旅客误解。列车乘务工作看似不起眼，做的都是琐碎小事，但真正做好实属不易，做一名称职的列车乘务员必须从细节做起，急旅客之所急，想旅客之所想，帮旅客之所需。

只要你付出了爱，就能收获到爱

　　穿上铁路制服，我就时刻提醒自己，一举一动都代表着铁路形象，要做一名称职的列车乘务员。这些年来，我把对旅客的真诚，通过许多小事体现出来。比如旅客上车时，我会主动帮着递一下行李；旅客下车时，我会轻轻扶一把；旅客换票时，我会顺便问一下旅客还有什么需求；

旅客放行李时，我会提醒一句把茶杯拿出来。

有一次，我在巡视车厢时，发现一位70多岁的老大爷坐立不安，神情焦虑，并伴有一阵阵臭味。我便主动询问老人是否身体不舒服，老人很难为情，声音很低地说："肚子不舒服。"我赶紧扶老人去厕所，这时老人又说："已经拉裤子里了。"我马上拿了块毛布，拿了自己的内裤，在厕所里帮老人脱掉污染的内裤，用水帮他洗干净，最后换上了准备好的内裤。老人掏出50元说："用了你的内裤我应报答。"我说："谁没点难事，这是我应该做的。"我谢绝了老人。回到车厢后，老人很激动地对周围旅客讲："我有多年肠炎，又做过肛瘘手术，刚才大便失禁，是这位乘务员帮我洗的，还给我一条衬裤。这事让我很感动，也很对不起人家。"有一位旅客说："你看他的胸前挂着党徽呢！肯定是位好党员。"这些事情让我感受到，只要你在服务中付出了爱，你就会收获到爱！同时也对我段"博爱、包容、诚信、团结、敬业"的理念有了更深的理解。

顺向服务 + 逆向服务

2005年，在一次班组座谈会上，探讨服务的技巧和方法，大家谈体会、谈心得，各抒己见，车队领导也参加了。当我谈服务的方法和时机时，无意中提到"顺向服务和逆向服务"；会后，领导对我说："侦峰讲得不错，回去把顺向服务、逆向服务总结一下，交给我。"真是说者无意，听者有心。在书记的指令下，我只好硬着头皮总结"顺向服务、逆向服务"工作法。经过半个月的努力，服务法总结完成。所谓顺向服务，即满足旅客在旅途中的需求，是旅客所期望的服务。逆向服务是指为旅客提供的服务使旅客感到受约束，需要旅客配合完成，而且这种服务往往涉及旅客自身和列车的安全，是容易被忽略的细节工作。在乘务工作中，顺向服务和逆向服务两者相辅相成，缺一不可，我把顺向服务和逆向服务和谐地融合在一起，提升了服务质量，产生了良好的社会效应，得到段领导的鼓励和认可。领导叮嘱我，今后工作中有什么体会和感想，及时地记录。从那以后我开始有了写笔记的习惯，同时为我打开学习之门。在服务中学习，讲方法、讲选择、讲效率，学好了心中自然升起一股乐趣。

一次我在车内作业时，见15-16号下铺有几位四五十岁的大姐，正拍着手唱生日歌。这是回哈密的18人旅游团成员，那天是王大姐56岁的生

日。我通过列车广播给王大姐送上生日歌，表示祝福。我用彩纸折了蓝色的百合花和黄色的大寿桃送给王大姐，祝她生日快乐。王大姐激动地对周围的姐妹说："你们都过了几十个生日，可你们有谁比我的这次生日更有意义啊！听着列车里为我播放的生日歌，收到列车员为我叠的百合花和大寿桃，太幸福了！"这时，另一位40多岁的旅客李姐对我说："列车员教我们折百合花吧！"很快，我们每人手中拿着一张彩纸，一个步骤一个步骤地折了起来。十几分钟后，四位大姐在我的示范下折出了不太标准的百合花，大家都把自己的这一份心意送给王大姐，王大姐看着五颜六色的百合花，笑得无比灿烂。

学会担当

我有一位对班，工作非常卖力，也很主动。每次，车长布置车厢卫生保养时，我俩都能很好地完成任务。但是，车长在检查我们车厢卫生时，总是能美中不足地找出一点问题。也许，这就是严管厚爱或是工作无止境，没有最好只有更好吧！迎接领导检查卫生时，对班就主动迎来送往，领导看看连接处边角、摸摸车厢墙壁或是厕所，不断点头。当伸手摸窗帘盒时一手灰，领导说："这是谁擦的？"对班回答说："赵侦峰擦的。"就这样，领导检查工作只要有点问题，对班总是回答说"赵侦峰干的"，我听到也装作没听到。时间长了，领导就牢牢记住了我的名字，也许他们认为工作是默默无闻的我干的，其实不然，我的对班是非常能干的。要说我与对班的区别，我只是多了一点"担当"而已。

组织的关爱

2009年，我爱人被查出患有乳腺癌，需要马上做手术，领导了解到情况后，迅速帮助我在段工会互助金中借取了1万元，为我爱人垫付了住院费。2013年我父亲病重，各级领导得到消息后多次到医院走访、探望，并把救助金交到了父亲手中。老人病危的那天，我正好赶上值乘，车队得到消息，立即通知班组当班车长，让我提前下车，还为我查询到最快的返程车次和路线。段领导知道后，立即通知车队干部一同赶往我的家中，虽然我还是没有见到父亲最后一面，留下了终生的遗憾，但是组织对我和家中老父亲的关爱却使我终生难忘。组织的关爱之情，更激发我的创新精神，用"感恩之心"回馈企业关爱。

我始终牢记全心全意为人民服务的宗旨，立足本职岗位，用真心真诚做好每一件小事，努力在平凡的岗位上树立一个共产党员的良好形象。脚踏实地，一丝不苟；好好做人，好好做事。我对岗位责任的理解，就是"在岗一分钟，敬业六十秒"。

我的"快乐工作法"

2010年，我根据多年的服务经验，总结出了"快乐工作法"。我怀着愉悦的心情投入工作，在内心根植快乐的种子。我秉持"服务他人，快乐自己"的理念，设身处地地为他人着想，不断完善服务技能，努力提升服务质量，总能让旅客满意。一句真诚的问候，一张亲切的笑脸，一个优雅的手势，都能让每一位旅客感到铁路人的温暖和殷勤，也体现了乘务员岗位的职业价值。把乘务岗位当作自己快乐工作的舞台，变被动、机械的服务为主动、快乐、专心用情用心的服务，形成独具特色的"快乐工作法"，赢得了旅客的高度赞誉，在社会上产生了强烈反响。

快乐永存心间。只要时常保持心境开朗，快乐是很难舍弃你的。目中有人，才有路，心中有爱，才有度。一个人的宽容，来自一颗善待他人的心。一个人的涵养，来自一颗尊重他人的心。一个人的修为，来自一颗和善的心。"舒"字由"舍"和"予"组成，告诉我们：人要想活得舒服，就得学会"舍"和"予"。"舍"：施舍、舍弃、放下；"予"：给予、付出。付出了才有回报，为别人付出就是给自己铺路。口中有德，目中有人，心中有爱！服务他人，快乐自己，让我明白厚德能载物，助人能快乐。

我始终认为，列车乘务员是一个高尚的职业，我热爱这个职业，我也理解"乘务"二字的含义，乘务就是为乘客服务。服务旅客的水平高低是乘客评价铁路服务工作优劣的标准。工作中我体会到了四个字，这也是我的工作理念，那就是"知、行、遵、融"，知就是知乘客之需求，行就是行乘客之方便，遵就是遵领导之重托和纪律之规范，融就是融入朋友之真诚。多年来我努力用好、用实这四个字，遇到任何挫折和困难我都能克服，再苦再累都能乐观向上、快乐工作。

我时时告诫自己，绝不忘记组织的培养之恩，我时时刻刻提醒自己，心中不但装着旅客，而且装着班组这个集体。因为，光靠一个人的优质服务是远远不够的，只有全车班的服务达到一个较高的水平，才能让更多的旅客感受到人民列车的温暖。这就是一荣俱荣、一损俱损的道理。

服务没有最好，只有更好。为了让不同层次、不同年龄的旅客满意，我学会"角色转换"，总结并熟练掌握了对老人要"捧"、对女人要"宠"、对小孩要"哄"的服务技能。以"让旅客满意"作为衡量工作成败的标准，千方百计为旅客解决困难。当有旅客问我：这样的工作有意思吗？我回答：我追求的是"意义"而不是"意思"。我始终以快乐心情、快乐工作状态服务旅客，让车厢成为旅客的"快乐之家"。我总结出的"快乐服务法"已成为我们济南客运段、路局推广的工作法之一，"侦峰服务示范岗"被评为全路党内优质品牌。

2013年，在各级领导的关爱之下，拍摄了以我为原型的微电影《遥远的乌鲁木齐》和专题片《心会跟爱一起走》，产生了很大的反响。有很多同志怀疑，侦峰是不是真的能像电影里那样全心全意为旅客服务，帮旅客之所需、急旅客之所急、想旅客之所想，饱含舍小家顾大家的爱岗敬业精神？有的同志带着怀疑的心态乘坐我所值乘的列车，但最终消除了大家的疑虑，他们纷纷投来赞许的目光。我珍惜每次与旅客相遇的机会，也许，有好多旅客就是我一生中只能见一次的亲人。有时工作之余，也会聊些工作上的情况，有人问我来回五天累吗，我说："任何事情都完全决定于对人、对事、对物的看法，就像书上的那句话'人变了，世界就变了'。"我们只要喜欢这份工作，就会充满热情，就能带着愉悦的心情投入到工作中去，"快乐工作，快乐生活"。后来，大家说："侦峰的工作是十年如一日，我们真的很难做到，他的敬业、乐业精神，这种快乐工作的态度是我们必须学习的，因为这会让我们的生活更加幸福、快乐。"

2014年以我的名字命名的"赵侦峰劳模（创新）工作室"被济南局首批挂牌命名。自工作室成立以来，在上级组织和领导的关心和帮助下，我始终坚信"一枝独放不是春，百花争艳春满园"。赵侦峰劳模（创新）工作室苦练团队内功，集体攻克了客运服务中的多个疑难问题，工作室攻关团队成果"消除高站台安全渡板隐患"及"消除旅客列车突发精神异常隐患"获得总公司 QC 成果优胜奖，被命名为 2013 年度、2014 年度和 2015 年度全国优秀质量管理小组。赵侦峰劳模（创新）工作室成为传承"快乐服务"、聚才育人的基地。

2015年4月25日下午，我得知被评为"全国铁路劳模"，心情无比激动，心中感慨万千，感谢各级领导多年的培养和厚爱，感谢同事们的大力支持帮助，感谢家人的给力……

此时，我突然释怀，还要感谢亲爱的雒场长，他对我多年心智的培养锻炼，才使我内心一天天强大。从这一刻起，我心中没有了对雒场长的纠结或不舒服。细想，我与雒场长并没有对立或冲突，回想起来就是自己的心态问题。所以说，心态是快乐的总阀门。生活的历练就是成长，我们应感谢伤害过你的人，是他让你的人生与众不同；感激为难你的人，因为他磨炼了你的心志；感激绊倒你的人，因为他强化了你的双腿；感激欺骗你的人，因为他增进了你的智慧；感激蔑视你的人，因为他觉醒了你的自尊；感激遗弃你的人，因为他教会了你的独立……

在荣誉面前提升自我

2016 年春节前，段党政工团领导百忙之中从济南驱车 150 多公里，到宁阳老家看望我的母亲，并且段领导还走访了我村村委会领导。当听到段领导给村委会领导叮嘱，因我常年跑车不在家，拜托照顾好我母亲时，那一刻从内心感到组织巨大的力量和温暖。似乎看到，母亲不再孤独，有全村人的关怀和照顾。瞬间，我对母亲的牵挂已释怀。母亲从那时起也更加坚强，叮嘱我"一定要安心工作，干好工作就是对母亲最大的关怀"。从此，我别无牵挂，全心投入工作，因母亲有组织和父老乡亲的关照。

2016 年 3 月，我踏上 G482 次列车北上，走进中国劳动关系学院的校门，成为一名大学生，圆了我的大学梦。我感恩国家对劳模上大学的优惠政策，感恩各级组织和领导对我的培养和厚爱，感恩同事们的支持和帮助，感恩家人……这次难得的学习机会，开启了我的学习之门，我会倍加珍惜，努力学习，用新的理念新的知识充实自己，将来回来把侦峰品牌、济客品牌塑造好，以更好地服务他人，适应大服务时代的新征程，为铁路客运事业建设出力。

随着时间的推移，我获得了一个又一个荣誉，无形中使我感到自己责任和使命越来越大，我的言行不由得产生了自律意识。话到嘴边留三分，事尽量多干。以前偶尔会闯个红灯或是横穿马路，如今，以知促行，自律意识不断提高。我感悟关心自己就是更好地关心别人，更明白了热爱生活、珍惜生命的意义。保证安全，才能更好地实现生命的价值；点亮自己，温暖和照亮更多的人。

我始终坚持三个不能忘记：一是不能忘记自己是一名共产党员，要做到全心全意为旅客服务，只能为党添光不能给党抹黑。二是不能忘记组织的培养和领导的重托。三是不能忘记自己的责任，积极践行"厚德敬业、实干先行"的济铁精神。

正如正在开展的"两学一做"学习教育，真正从"要我学、要我做"向"我要学、我要做"转变，努力将党章党规内化于心、外化于行；要做到知行合一，以知促行，用习近平总书记系列讲话精神武装头脑、指导实践，真正从灵魂深处激发内生动力，培育"精益求精的工匠精神"。

五　对人生及行业的思考

我要让自己的服务过程，成为旅客的快乐旅程。铁路是国民经济的运输线，是服务旅客的感情线，更是连接铁路与乘客的生命线，我要做一枚纽扣，在这条纽带上发光发热，直到永远！

我参加工作以来，一直穿着制服，是军装和铁路制服，党龄二十二年。我自豪地讲："俺是党的人、国家的人。"就像小时候我认为父亲是大队的人一样。我入伍时，营区大门屏风上写着"为人民服务"五个金光闪闪的大字。从那一刻起，每当看到或想到为人民服务，心中就热血澎湃。转业到客运段，成了一名列车员，我庆幸自己真正踏上为人民服务的快车。雷锋说过："人的生命是有限的，可是，为人民服务是无限的，我要把有限的生命，投入到无限的为人民服务之中去。"有人比喻说，共产党人的思想灵魂是金子，那是因为他们的灵魂都牢牢地扎根在马克思主义、毛泽东思想、邓小平理论、"三个代表"重要思想、科学发展观和习近平新时代中国特色社会主义思想的实践之中，它是特殊材料铸造而成。而这个伟大实践的根本落脚点就是"为人民服务"。党的十八大报告指出："为人民服务是党的根本宗旨，以人为本、执政为民是检验党一切执政活动的最高标准。""以人为本，执政为民"，"权为民所用，情为民所系，利为民所谋"，"群众利益无小事"，这些朴实无华而寓意深远的话语，成为当今最响亮、最实在、最激动人心的语言。

我是幸运的，我是幸福的，我更是快乐的。我要带着爱的情怀永远奔走在欢快的快车上，当好服务员。用青春和热血，"服务他人，快乐自己"。我要让自己的服务过程，成为旅客的快乐旅程。铁路是国民经济的运输线，是服务旅客的感情线，更是连接铁路与乘客的生命线，我要做一枚纽扣，在这条纽带上发光发热，直到永远！

我明白，"人生是一次无法重复的选择，珍惜眼前你所拥有的吧"。人要想得开、看得透、悟得懂，其实，人生是感悟的一生。只有悟懂才能看开、想透，才能不惑。珍惜现在所拥有的，是一种唯美的想法，世间有许多东西，但真正属于自己的并不多。看庭前花开花落，荣辱不惊；望天上云卷云舒，去留无意。在这个纷扰的世俗世界里，能够学会用一颗平常的心去对待周围的一切。以舍为得，助人自助。

在互联网大数据时代，国民经济快速发展，人民生活水平日新月异，旅客的需求不断提高。我们必须转变思维，把铁路这条国民经济的生命线，打造成国民经济的大舞台。

为保证旅客列车安全，给旅客创造安全温馨的旅行环境，普速列车全面禁烟。做法是，上车时逐一提醒旅客，列车广播不断广而告之，重点区域进行重点盯防，对不听劝阻者进行处罚。当然还有很重要的一点，那就是让吸烟旅客在沿途停靠 5 分钟以上的站点下车吸烟，并用专用水桶收集烟蒂，及时提醒旅客上车，严格而不失周到。列车禁烟，也会换来更洁净、更安全的环境。相对于允许抽烟的人性化考虑，让所有旅客更安全、更健康，无疑才是更好的服务。

由于时代快速发展，人民物质生活水平不断提高，广大旅客的需求日新月异；由于高速铁路快速发展，已不再是一票难求，基本能满足广大旅客出行畅通。针对现状，应对部分普速列车席位进行改造：一是改进列车车厢的隔音材料，减少列车轮轨噪声对旅客的干扰，让旅客感受到铁路出行的安静和温馨；二是硬座改造成可调式软座，降低旅客旅行的疲劳；三是硬卧可适量改造标准间和家庭房。列车上设置标准间为两个加宽铺位，家庭房可设置一大床、一小床铺位。这样，更能使旅客感受方便出行、温馨出行，也更能体现铁路人性化，同时铁路体现社会的和谐发展。只有紧随时代发展，不断满足旅客的新需求，接受新挑战，不断创新创造，才能推动铁路大发展。

弘扬传统文化，以文化为引领，建立责任文化、企业文化、快乐文化。人人树立责任意识，责任决定一切；尽到责任就会得到内心安慰，这是人生最大的快乐。中国近代思想家、政治家、教育家梁启超说："尽得大责任，就得大快乐；尽得小责任，就得小快乐。"

国无德不兴，人无德不立。一个国家、一个民族的强盛，总是以文化兴盛为支撑，中华民族伟大复兴需要以中华文化繁荣为条件。在我看来，爱岗敬业、担当奉献就是人之德。

致敬词

在这流动长廊中他真情演绎着不平凡的精彩，把平凡的岗位视为自己快乐工作的舞台，变被动、机械的服务为主动、快乐的服务，创造了独具特色的"快乐工作法"，呈现铁路人快乐服务的魅力，服务别人快乐自己是你奏响的最动听的音符。

在他值乘的车厢里，没有给旅客抱怨和不满的机会，只有大家的欢声笑语和一致赞扬。不怕脏、苦、累，待旅客如亲人。他像关心自己父母一样服务着老年旅客，贴心服务每一位需要帮助的旅客……用那独有的光和热点亮了"快乐使者"的生活追求。

是他，暖心的问候，谦恭的微笑，优雅的举止，让每一位旅客感受到铁路人的真诚与博爱。

致敬——中国铁路济南局集团有限公司济南客运段列车长赵侦峰！

把现代生态农业梦放飞
在三晋大地上

——山西太原市晋源区街道东关村养殖人
郑翠生的故事

人物小传

郑翠生　男，汉族，生于 1983 年，太原市晋源区街道东关村养殖人。曾荣获"三晋创业就业明星奖""第四届中国县域农村合作组织杰出人物奖""农村创业创新标兵""青年科技致富带头人""太原市劳动模范""山西省特级劳动模范""全国劳动模范"等荣誉称号。2017 年当选为山西省太原市晋源区总工会兼职副主席。其所在的企业太原市农之乐养殖有限公司被评为"太原市农业产业化基地龙头企业"。

一　少年情怀

> 改变家乡、改变自己家，让这里的生活追赶时代的脚步，这也是我从小看着父辈艰辛的生活，埋在心底、发誓要依靠自己的力量实现的一个梦想。

负气出走，外出打拼

我的出生地太原市晋源区东关村，是市区农副产品供给基地，素有养蛋鸡的传统，我家也是村里的蛋鸡养殖户。东关村是养育我的故土。作为"80后"，我也有着和许多同龄人相似的追求与梦想。从小在村里、镇里的学校，度过了自己的童年、青少年时代，对故乡的眷恋是不变的情怀。改变家乡、改变自己家，让这里的生活追赶时代的脚步，这也是我从小看着父辈艰辛的生活，埋在心底、发誓要依靠自己的力量实现的一个梦想。

当年高考落榜后，刚开始也是在父亲的养鸡场帮着打理，这里曾一直是自己利用课余时间帮忙的地方，一切是那样的熟悉。但多年过去了，这里仍旧没有多少变化，甚至说，越来越显得有些破旧，养殖场的生意不像以往那样兴旺了。自己从新闻等渠道了解到的信息，说明养殖的模式正在发生变化，尤其是发达地区，已经有许多非常先进的养殖技术和方式。

但是，当自己把这些想法拿出来和父亲讨论时，父亲大手一挥，说自己养了多少年的鸡，你刚刚学校毕业，还没有到社会上闯荡呢，懂什么懂！一下子就把我的热情浇灭了。于是，我仅仅在父亲的养鸡场待了两年多，就因与父亲一言不合而负气出走，外出自己打天下了，当时信心满满：不信闯不出一片属于自己的领地！

一个高考落榜生，负气出走也不可能带多少钱，还能创什么事业？无非是像许多刚出来打工的青年人一样，一家一家店铺挨着打问，是不是需要打工的。最终，落脚在太原手机销售的集聚地——大南门市场，每天坐摊销售手机。

这样的日子过了三年多，其间，虽然没挣多少钱，但认识了不少朋友，每天直面市场一线，市场变化日新月异，客户需求一天一个样、一人一个样，生产厂家更是像走马灯似的，一拨上来一拨下去，适应的，就很快做大做强，不适应的，就很快被收购，销声匿迹，甚至不管你曾经多么牛。

在这期间，我也曾到南方许多地方考察市场，了解各种创业机会。我发现，从农村里出来的娃娃，对自己家乡，对哪些行业适合在自己那一方村镇发展，仍是情有独钟，难以自拔。特别是我还亲临那些自动化、规模化养殖场，考察了包括养鸡在内的多种养殖业，体会更深。如果说，当初自己看到父亲养殖场多年做不大，惨淡经营，付出多，收获却不大，自己只是纸上谈兵，夸夸其谈说了一番要改变、要大变的大道理，有想法，但没有可行性方案；那么，经过这几年的磨砺和对市场的感悟、思考，我已经逐渐形成了一个比较清晰的思路和方案。一个坚定的想法刹那间涌上心头——回乡创业。

回乡创业，只为剪不断的乡愁

那时候，父亲的养鸡场本来就在艰难维持，又经受了禽流感频发的侵袭，完全难以支撑了。听到父亲打算停下养鸡场，把那片地转租给别人，此时胸有成竹的我，拍着胸脯向父亲打包票：把这块地交给别人，还不如交给自己的儿子，过几年一定办成一个很像样的养殖场。

父亲看着逐渐成熟和沉稳的我，不再固执，不再倔强，默默地点头了。

那一刻，自己是那样兴奋，就像中了头彩似的。终于，在父亲的眼里，他的儿子可以放心、可以托付、可以依靠、可以创业了！

我与父亲的观念之争画上了句号，而我的事业也由此驶上正轨，不断向前、向前。

于是，2008年7月，我毅然辞掉手机销售的工作，满怀信心，和一帮有意从事养殖业的伙伴们商议"起事"，决心大干一场。经过几年磨砺和市场熏陶，自己已不再是莽撞少年，而是一个意气风发、扬起事业之帆的"舵手"了，我们几个合作伙伴计划：

第一步，考察市场、引进先进的养殖模式；

第二步，创办公司，按照现代法人治理结构，从一开始就建立现代企业制度，明晰产权，把"好兄弟也要明算账"落实到市场行为中；

第三步，要么不办，要办就办最先进的。

按照这个思路，几个年轻人开始考察、注册公司、筹资、建场，几件大事同步推进。

此时，父亲全力支持我的事业，并且坚守在场里，做我最坚强的后盾。

经过紧张的筹备，2008 年 11 月，我和我的合作伙伴共同创建的太原市农之乐养殖有限公司正式注册。紧接着，我们开始了 2009 年初的北京之行，那次考察彻底震撼了我和我的合作伙伴。在京郊，看了那些"高大上"的现代养殖模式后，我们一行人茅塞顿开，信心倍增。当年 5 月，第一座面积 1200 平方米、存栏蛋鸡 1.5 万只的鸡舍矗立在乡亲们面前。这是太原市第一座符合农业部部颁标准的现代化全自动鸡舍，实现了自动通风、自动喂料、自动供水、自动除粪、自动控光、自动调温消毒、自动出蛋、自动捡蛋等 8 个"自动"，在全省同行业中也屈指可数。不仅是对传统养殖行业的一次革命性提升，而且所节省的人工和实现的效益也是非常可观的，因而引起上级关注。农业部专家组和省、市有关领导曾亲临指导，给予积极评价和鼓励。前来参观考察的同行也络绎不绝。我和我们的"农之乐"蛋鸡养殖场在业内开始小有名气，独树一帜。

二　面对人生的第一次大考：突如其来的暴雪

父亲用自己坚强的脊梁支持我、鼓励我：爬起来，拍拍土，整理行装，再度出发！

政府和各部门、金融机构的大力支持，给了我们信心，使我们在灾后很快重新振作起精神，积极投入灾后恢复和重建。

2009 年，从筹集资金到第一座鸡舍建成、鸡苗入舍，用了不到半年时间。我和我的团队看着 1.5 万只叽叽喳喳的小鸡一天天长大，心里憧憬着、打算着，计划筹集到第二笔款项时，就立即兴建第二座鸡舍，进一步扩大规模。

也许是太顺利了，当年 10 月份，刚刚产蛋不久，眼看投资在一天天回收，好日子就要来到了，这时候，一场突如其来的暴雪不期而至，厚重的积雪竟然把鸡舍的顶子一下子压垮了。刚产蛋不久的 1.5 万只鸡全部被压

死、冻死了。第二天早上一上班，全公司的员工看着这惨不忍睹的场面，真是欲哭无泪。我们几个投资创办公司的合伙人更是心焚如火：银行贷款怎么办？当下又拿什么进行灾后恢复、重建，东山再起？

在这关键时刻，父亲用自己坚强的脊梁支持我、鼓励我：爬起来，拍拍土，整理行装，再度出发！

在这关键时刻，当地政府惦记着我们，太原市政府惦记着我们。他们纷纷赶到我们这些遭受雪灾的养殖户现场了解情况。看到这个情况后，太原市一位副市长当即拍板，决定立即在我的养殖场召开现场会，各有关部门、银行等都相继赶来，伸出援助之手。

政府和各部门、金融机构的大力支持，给了我们信心，使我们在灾后很快重新振作起精神，积极投入灾后恢复和重建。第一座鸡舍又重新建起来了；第二年，第二座鸡舍也投入使用，职工队伍迅速扩大，带动了二十多人实现就业。

此后的几年，养殖场规模不断扩大，"农之乐"商标也获准在工商部门正式注册。2012年，公司被评为"太原市农业化基地龙头企业"，我也荣获了"三晋创业就业个人奖"等殊荣。

三　新时代新技术引领我们创新成长

在"互联网＋"已经成为国家战略的今天，如果跟不上技术发展、市场发展的脚步，不仅仅是落伍，而是将被时代淘汰，从此可能销声匿迹，难以再起。

这些年，我一直受益于应用先进技术、先进理念创办现代化养殖场，时刻跟踪关注养殖业的技术发展趋势、营销模式变化，一旦发现可以实施应用的新技术，就会和团队商讨实施，使自己的养殖场始终站在技术的前沿、养殖、营销理念和模式的前沿。自己坚信，在"互联网＋"已经成为国家战略的今天，如果跟不上技术发展、市场发展的脚步，不仅仅是落伍，而是将被时代淘汰，从此可能销声匿迹，难以再起。

这些年，我不仅带头学，参加了国家就业技术培训指导中心组织的专业培训，率先取得合格证书；还带领自己的团队、公司的员工不断学习。不仅参加各种培训，更把学习作为生活的必需品，随时随处，利用各种机会，各种平台、媒介进行学习。特别是当今，手机不仅成为我们须臾不离的伙伴，更是了解各种信息、办理各种事务的平台，也是最为便利和快捷的学习工具。我经常给公司的员工们说，手机这个东西，是个好东西。如果着迷于手游、购物、聊天等，那你只能是个"手机控"，如果迷得太深，甚至给自己带来伤害。但如果你还用它来学习、了解资讯，那就是效益，就是商机。我也经常鼓励公司的员工参加养殖、管理等方面的培训。我觉得，不断提升自己，就是提升自己的价值，提升自己的战斗力，这样才能在市场搏击中技胜一筹、领先一步。这是在培固自己的底座，基础牢靠，才能承载更重的使命和责任。

2015 年，我和我的合作团队紧跟互联网发展技术，根据国家及有关部门大力发展农业物联网建设、实现信息一体化及信息共享的要求，投资 100 万元左右，实施了蛋鸡养殖物联网建设项目，提升了企业的智能化管理水平。

我在带动乡亲们共同致富的时候，也不仅仅是传授一些养殖技术、提供一些免费的鸡苗，而是以公司为依托和龙头，在指导扶持这些养殖户创业过程中，为他们提供厂房设备安装、技术骨干培训、鸡苗饲料平价供应、消毒防疫定期巡查、物流销售一体配送等"保姆"式服务，将所掌握的现代养殖理念和技术无偿传授给周边农户，还出资聘请省畜牧所专家办培训班，先后办班 10 期，培养骨干人才；发放各类学习资料 20 万份，赠送光盘 800 余张，使这些养殖户共享科技惠农成果。现在，我们采取"公司＋农户"模式，已经建成以我们公司为主体、以星罗棋布的 150 多户养殖户为基本力量的养殖联合体，带动就业人口 6000 余人，年存栏蛋鸡 30 余万只，成为太原市菜篮子鸡蛋供应最大的基地，为丰富和保障省城市民菜篮子做出了突出贡献。

2010 年，山西省有关部门按照《农业部、财政部办公厅关于印发

〈2010 年畜禽标准化养殖扶持项目实施指导意见〉的通知》，于当年 11 月考核，我公司各项指标名列全省前茅。之后几年，公司业绩不断巩固提升，牢牢站稳了第一方阵位置，为太原赢得了荣誉。晋源区还把支持我公司壮大蛋鸡项目写入《政府工作报告》，我再次成为公众关注的新闻人物。

2011 年，公司获省级畜禽标准化养殖扶持优秀项目。2014 年又被中国科协、财政部命名为全国农村科普示范基地。

多年来，自己始终坚守诚信经营，坚守"让市民吃上绿色放心蛋"的道德底线，严把质量关，管控好饲料供应、蛋鸡防疫、出入库等环节，从来没有在鸡蛋、鸡肉质量、卫生方面发生问题。2010 年，公司被农业部评为"无公害基地"，2012 年，又被山西省有关部门命名为"创业示范培训基地"，乡亲们亲切地称我"鸡司令"。

随着城市的发展、工业的崛起，土地资源越来越稀缺，国家的土地开发利用政策也越来越严格。为了在有限的土地上扩大生产规模、提升生产水平，我带领公司员工积极致力于土地集约化开发利用。几年来，不断按照更高标准改造鸡舍，配套相关设施，为员工提供更为舒适的生产、工作、学习、生活环境；积极倡导同行业经营户行业自律，依法经营；在非公企业中率先成立了工会、团支部和青年志愿服务组织，维护职工权益，充分调动员工创新积极性。

目前，公司占地 8000 余平方米，有职工 18 人，其中技术人员 5 人。拥有总投资 1500 万元的现代化标准鸡舍 3 栋，鸡舍面积 5000 平方米，标准储蛋库 1 栋，员工休息室、现代化办公区 1 栋，配有兽医室、药品储藏室等。现有存栏蛋鸡 10 万只，日产鲜蛋 1.2 万斤，年销售收入 2000 余万元。

2016 年，我积极响应晋源区在黄楼沟发展农业养殖沟域经济的总体规划战略，计划在现有规模基础上，继续扩大养殖规模，在黄楼沟占地 200 余亩，计划未来五年新建蛋鸡鸡舍 10 栋，饲养总体规模达到 45 万只；新建育雏鸡舍 3 栋，年育雏鸡苗 50 万只；新建大型饲料加工厂一座，年生产优质饲料 1 万吨。总体投资规模将达 8000 余万元，资金来源为自筹、银行贷款及财政扶持三部分。该项目投产达到预期规模后，将成为太原市最大的鲜蛋供应保障基地，日供应鲜蛋 6 万余斤，年销售收入将达 3 亿元左右。该项目已经签署占地合同，进入规划阶段，2016 年已经完成土建工程山地平整项目，当年完成投资约 500 万元。

四 我的工会"缘"

我的事业因为他而风生水起，我的人生因为他而多姿多彩。我将不辜负总工会的期望，把养殖事业做得更好，帮助更多的乡亲就业，为太原市绿色蛋篮子提供更多放心蛋、绿色健康蛋。

在我的印象里，工会组织也就是做些扶危济困、解决劳资纠纷、帮助职工特别是农民工解决拖欠工资等事情。在电视上、报纸上也经常看到工会组织登门慰问之类的新闻。

但自从结识了太原市晋源区总工会主席刘志刚，我彻底改变了对工会组织的看法。

刘主席是"60后"，比我大将近20岁，论辈分，应该是长辈了。但刘主席在我这个后生面前，一点官架子也没有。我听说，刘主席曾经在党政机关许多部门任职，还出过国、写过书，在晋源区也是很有名气的一位领导干部，2011年秋天，刚刚调任晋源区总工会主席。

后来熟识了，他和我说，刚到任时，就听农口和晋源街办的同志说起过我，对我不屈不挠矢志创业、乐于帮贫致富的事印象深刻。从那时起，他就有总结我的事迹，并培养我成为全区示范典型的念头。

在一篇文章里，他写道：

> 阳光、帅气、朴实，眉宇间分明又透出几分睿智与聪颖，是"80后"太原养殖大王郑翠生带给人们的第一印象。
>
> 日前，在山西省委、省政府主办的猴年春节团拜会上，他比肩申纪兰、郭凤莲等重量级时代楷模，与省委书记、省长等领导互致新春祝贺。
>
> 我与郑翠生交往这几年，发现他勤思考、爱学习、严律己。连微信朋友圈传播的都是满满的正能量。在市、区总工会的鼓励支持下，2014年，他创设了以自己名字命名的职工创新工作室。去年所申报的"五小"竞赛成果，取得了良好经济效益，受到专家评审组的好评。在他带动下，公司工会创建省五星级工会和"六有"工会卓有成效，

不断增强职工的凝聚力和归属感，在全区起到了应有的示范作用。

前些天，见到翠生，他正忙着入驻姚村黄楼养殖园区进行规模化养殖前期准备工作，目前200亩土地的占地手续已基本办妥。"十三五"期间，一座饲养规模50万只、日产鲜蛋60吨的全市最大蛋鸡生产基地呼之欲出。

几乎与公司创立同步，郑翠生积极响应区总工会要求，组建了企业工会组织。在公司员工中推行了职代会为主要内容的企务公开、民主管理和征集合理化建议活动。开展形式多样的劳动竞赛，每年对先进生产者进行表彰奖励。建设了高标准职工书屋，进行助困帮扶。增强了职工的凝聚力和归属感。

他本人扶危济困，热心公益，吸纳残疾人就业5名，在资助贫困学生就读方面均有所建树。更为可贵的是，郑翠生扶危济困，热心公益。他总是在奉献爱心，不遗余力地对周边村一些特困户免费提供种禽和肥料，对其生活起居给予特别照顾。由他带领的公司志愿者现有25名，为贫困户办实事、做好事已成为常态，在父老乡亲中有口皆碑。此项支出每年都在10万元以上。

面对省城太原日新月异的发展变化，适应太原农业转型发展的新

要求，郑翠生已将养殖规模定位为五年内兴建 30 万平方米左右的养殖基地，联合体养殖蛋鸡存栏稳定在 50 万只以上。形成饲料加工、培育养殖、鸡蛋深加工以及鸡粪加工为一体的一条龙绿色循环养殖规模产业体系，打造特色品牌，新增就业岗位，带动就业人群提高收入。使"农之乐"真正成为引领生态农业发展的一张亮丽名片，为一流省会建设做出自己应有的更大贡献！

这些年，我创建以自己名字命名的职工创新工作室，从 2013 年到 2015 年相继获得太原市劳模、山西省特级劳模、全国劳模称号，都与刘主席的鼓励支持、大力推荐分不开。

2016 年底，在筹备晋源区工会第三次代表大会中，刘主席和晋源区总工会的同志们，在省城开吸收普通职工群众中的优秀代表进地方工会领导机构的先河，我也有幸受到推荐。在 2017 年 2 月召开的太原市晋源区工会第三次代表大会上，包括我在内的 3 名来自一线的职工和劳模当选该区总工会兼职副主席。此举在全省县级工会中也属首例。

在这位忘年交的长辈面前，我这个不善言辞的人，总觉得有那么多的话愿意和他说，遇到事情，也总愿意和刘主席商量。鲁迅先生曾经说："人生得一知己足矣，斯世当以同怀视之。"刘主席就是我的知己，更是我的"贵人"，我的事业因为他而风生水起，我的人生因为他而多姿多彩。

我将不辜负总工会的期望，把养殖事业做得更好，帮助更多的乡亲就业，为太原市绿色蛋篮子提供更多放心蛋、绿色健康蛋。

习近平总书记说："中国梦是民族的梦，也是每个中国人的梦。""国家好，民族好，大家才会好。""人民对美好生活的向往，就是我们的奋斗目标。"我感到，自己的梦和中国梦有着紧密的联系，面对未来发展，33 岁的我充满憧憬和信心。习近平总书记视察我们山西时强调指出，"要以构建现代农业产业体系、生产体系、经营体系为抓手，加快推进农业现代化"。我更感到，自己所从事的事业，从事的养殖业现代化，是国家农业现代化的组成部分。想到这里，我心中油然生出一份从未有过的自豪——

这是一个伟大的事业，这是一个有长远发展前景的事业，这更是一个值得青年一代新农民为之奋斗、为之拼搏努力的事业。

作为一名大家仰慕的全国劳模，我还有什么理由不继续在这个神奇的行业继续奋斗呢？！

致敬词

胼胝的太原青年，将养殖业发展成饲料加工、培育养殖、鸡蛋深加工以及鸡粪加工一条龙绿色循环养殖规模产业体系，以科技引领未来，适应太原农业转型发展的新要求。打造特色品牌，使"农之乐"真正成为引领生态农业发展的一张亮丽名片，以劳动托起中国梦。他不遗余力地对周边村特困户免费提供种禽和肥料，致富没有忘记乡亲，真情暖人间。

他，是一名博施济众的"奉献者"。"赠人玫瑰，手有余香"，他总是热心向社会奉献爱心，将所掌握的现代养殖理念和技术无偿传授给周边农户，共享科技惠农成果。

致敬——山西太原市晋源区街道东关村养殖人郑翠生！

亚洲第一富铁矿上的"钢铁战士"

——海南矿业公司轮钻机组机长郑文峰的故事

人物小传

郑文峰　男，汉族，出生于海南昌江。1991 年高中毕业，后就读于海南钢铁公司所办的技工学校，1993 年毕业后参加工作，一直在矿山一线从事钻机行业工作至今。2002 年任 2 号牙轮钻机组机长，2006 年入党，2010 年被聘为土石方操作主管技师，同年荣获海南省国资委颁发的"优秀共产党员"称号。2014 年 4 月荣获全国五一劳动奖章，同年 7 月被人力资源和社会保障部授予"全国钢铁工业劳动模范"称号。

一 海南矿业：事业的舞台

海南矿业矿石矿产资源丰富，以富铁矿石储量大、品位高而著称，被誉为"亚洲第一富铁矿"。

我简单介绍一下我所在公司的情况。它的前身是海南钢铁公司，位于海南省西南部的昌江黎族自治县石碌镇境内，占地面积60平方公里，北距海南省省会海口市192公里，西距东方市八所港52公里。1939年2月日本侵占海南后，对海南铁矿进行掠夺性开采，1939年至1945年，共运走矿石338.26万吨，海南解放后，石碌铁矿于1957年7月1日恢复生产。

海南钢铁公司自1957年复产以来，经过三期建设和扩建，已经发展为机械化程度较高，具有采矿、运输、破碎、筛分、选矿、实矿回收、电力、机修、电修、金属加工、炸药生产、基本建设等综合生产能力的露天矿山企业，矿山生产能力为年采剥总量1600万吨，原铁矿石460万吨，成品铁矿石350万吨，剩余的是排土量，矿石矿产资源丰富，以富铁矿石储量大、品位高而著称，被誉为"亚洲第一富铁矿"。产品主要供应武钢、宝钢、柳钢、上钢一厂等国内大型钢厂。公司于2007年和上海复星集团进行资产重组，更名为"海南矿业股份有限公司"，于2014年11月在上海证交所上市。

二 在岗就要爱岗，爱岗就要敬业

身为机组的"领头羊"，只有吃苦在前，任劳任怨，模范工作，才能带动组员努力工作。

"在岗就要爱岗，爱岗就要敬业"，这是我牢固树立的工作理念。从技工学校毕业时我才二十出头，靠着勤奋、吃苦耐劳的劲头，刻苦学习业务技术知识，几十年如一日，辛勤耕作，由一名学徒工到技术骨干，再到如今的机长、挖掘机技师。从2002年担任机长的那天起，我一直在生产中坚持走在前头、干在实处。我一贯爱岗如家，对待工作总是不怕脏不怕累，遇到钻孔工艺操作难度大、复杂烦琐的活儿，我会不厌其烦地教会同事技术要领，直至大家都能熟练操作为止，哪怕为此经常加班加点，我也从无怨言。

奋战在矿山作业一线

我们机组主要担负着矿山层面一线穿孔生产作业，北一采场36米2号潜孔钻和南矿采场288米2号牙轮钻间隔有几公里，机台人员共9人，由于人员分散，管理起来难度较大，但为了一份责任、一份担当，无论严寒酷暑，条件多么恶劣，我都穿梭在艰苦的生产一线。工作多年来，我始终把学习作为工作的首要条件，首先积极加强政治理论学习和业务学习。在学习、生活和工作中，不断提高自己的思想觉悟和业务技能水平。其次加强机台员工的思想、政治教育，定期组织开展各种政治学习与技术交流活动，提高了员工的政治理论素养和业务水平。坚持以人为本，抓好机组管理，挖掘蕴藏在机组人员身上的潜力。我深知要想把工作做得更好，光有实践及工作经验，没有理论知识，那也是行不通的，因此，我购买了很多钻机类书籍，自己钻研业务技术的同时也督促组员加强学习。目前，通过学习和应考，机台人员获得海南省技师资格的3人，高、中级技术等级的6人。作为机组的技术骨干，要做好机组的传、帮、带。近两年来，由于采矿部转岗分流的调整，机组人员岗位技术参差不齐，我结合岗位实际，合理进行组员作业搭配，经常性地组织组员技术学习和技术比武，实现了

组员技术的普遍提高。火车跑得快，全靠车头带，身为机组的"领头羊"，只有吃苦在前，任劳任怨，模范工作，才能带动组员努力工作。为此我经常加班加点，坚持每天提前到岗，从不计较个人得失。

及时处理提升链条折断故障

我们钻机行业最苦也最危险的活儿，就是处理提升链条折断故障了。2012年7月的一天，已是下午3点多，由于第二天有爆破任务，我把生产要点跟当班司机交代清楚后，准备下班去坐班车，刚走了几步，突然听到"轰"的一声，提升左边链条从天而降，断了。原来是机员在打好孔后，在提杆过程中，提升链条从大架顶部断开。当时天气也不好，下着毛毛细雨，按惯常做法，雨天是不能爬大架作业的，打滑不安全，现在接还是明天接？考虑到明天的爆破任务，如果明天爆破不了，后面的许多工作都要被延误，当时我就说："接，今天一定要把链条接好。"这个时候，也是考验你作为一名机长的毅力和号召力。首先人手不够，需要增加3人。其次，克服雨天上大架工作的难度。通知到的3个不当班的机员很快从家中赶到工地，通过我们6个人的互相协作，终于在晚上8点顺利接好了提升链条，晚班司机可以正常生产了。遇到设备有大故障，如拆回转箱，需要人手多，我就利用星期六、星期天组织不当班的组员提前到机台，先将钻杆卸下，然后协助维修人员争分夺秒地工作，这样就大大缩短了修理时间。像这样的加班加点，在我的机台不胜枚举，三年来，我带领组员抢修设备故障累计126次，个人加班加点268小时，为生产赢得了宝贵的时间。

生产一线是我的主战场，钻机作业生产采取四班倒制。24小时在作业点生产，打好一个合格孔后再移机继续打另一个孔，北一采场及南矿采场按四班倒班次两个人只能各操作一部设备，即一人开一台钻机，而且生产时间就是一整天，钻机作业尤为辛苦。我从班组管理入手，建立健全各种管理制度，制定了班组考核细则。在实际工作中，明确生产任务，在搞好本台班生产的同时，必须为下一班创造有利的生产条件，形成了一种责任感，增强了机组的凝聚力和生产能力。对生产质量精益求精，为保证穿孔质量，对不合格的孔位必须再加工，我经常连续上大班监督，直至符合技术要求，从而保证了孔位的生产质量要求。在南矿、北一采场来回往返的生产管理中，我从来没有松懈过，始终忙得连轴转。每天理顺各项生产细节，认真做好安全工作和设备的维护保养工作，哪里累、哪里脏、哪里有危险，哪里就有我们的身影。平时上大架调整链条更是常事。夏日里，气温高达 38 度，我和我的组员们顶着烈日站到 20 多米的高空大架上，蜷缩着身子接链条，汗水湿透了衣服，油渍沾满了衣服。

排除爆破险情

2013 年 1 月初的一天，南矿 228 米 2 号牙轮钻肩负着采场开沟任务，中午即将大爆破，2 号牙轮钻在移机避炮途中，行走履带板断开了两块，为了赶时间，不影响爆破，只有组织机员自己动手换履带板，接好后移至安全地段，保证了爆破作业的顺利进行，按时保质完成了部领导安排的开沟任务。

2014 年 5 月中旬某天，机台之前生产打好的一个爆区，可能由于爆破前填充炸药时，炸药没装到孔底，有十多个孔哑炮，虽然爆破完成了，但很多炸点并未爆开，不能达到预期爆破效果，所以生产技术员要求，将已经移开的钻机重新回位补打爆破点。其实钻机在这种地段作业存在更大的难度，一是地段内部已经松动，钻探提土出渣成孔率极低，二是容易出现卡钻现象。果然不出所料，本次生产任务的第一个晚班，就出现了严重的卡钻事故，当时钻孔作业到地下十三四米时（正常孔位应在 16 米左右），机台钻杆被完全卡死，一启动空压机风压就升高，不能正常排出气压，这时想要提杆是完全提升不动的，当班师傅进行了处理，完全没有办法，只能等第二天交接班后再行处理。第二天清晨，得到通知的我顾不上吃早餐，在最短时间内赶到机台，先从查看孔面排渣情况入手，不一会儿，车间领导也赶到现场，带来了焊工人员和平常处理卡钻的专用工具，之前的处理手段是钻杆如果真的提不出孔面，只能从副杆下接头处割断，然后提杆移机到安全地带。这样的话，将会损失两条钻杆和一条护杆器及一个钻头，经济成本将近 7 万元。我当时先启动空压机带负荷运转，发现往下动时，回转可以稍微有点反应，但一往上提，立即马上回转卡死，但重新钻杆下放或不提动时，回转还是可以动的。我决定先将空压机停止运转，不让风压把孔底的粉石吹散，让回转转速渐渐变快，在孔底靠自转磨出一条钻杆的有效空间，形成一个自然圈，把孔底散落的粉石往旁边上推，再等到回转电流正常时，就可以把钻杆往上提升。但提升的幅度不能过大，一且提升幅度过大，钻杆又会马上被卡死。一次只能往上提升 1 厘米左右，心急不行，一定要有耐心，如果提杆时又卡死，只能重新再来。就这样慢慢提，到中午吃饭时间时，总算拉高了 3 米多，而且越提升越有信心，车间领导也在一旁紧张地关注着，不时竖起大拇指，夸我处理得很到位，方法正确。一直处理到下午 3 点左右，才顺利地把整条钻杆提出孔面，终于把险情彻底排除了。

从这次事故处理中我总结出，有时我们在处理事故时，只能采用非正常操作程序，而且最关键的一点，是要有足够的耐心。

三　生命重于泰山，把危险降到最低

几年来，机组没有发生任何设备人身事故，并实现安全生产"四个为零""三个达标"，被公司评为"安全生产优秀合格组"。

在认真做好日常工作的同时，我坚持把保证安全生产、关爱组员身心健康、营造良好的安全生产氛围作为重点工作来抓，带头抓落实。担任机长 13 年来，坚持把工作体会、经验、方法随时记录下来，并实际运用到生产工作中。由于目前劳力减少，机组人员 9 人要开动两部甚至三部钻机，岗位生产有时就是一个人在作业，安全工作尤为重要。一是抓安全教育。充分利用班前、班后会，学习安全生产有关知识、操作规程等，提高安全意识和安全生产技能。二是抓安全管理。落实安全生产岗位责任制、联保制，并把安全规章制度、操作规程等装框上墙，牢记在心。三是根据机组的作业环境、设备状态进行分析，制定每个时期的预测预防措施。四是抓安全培训，抓好机组员工的各种安全学习培训，积极参加公司、部开展的"安康杯"、安全月等活动，机组员工参加学习培训率达 100%。五是利用车间组织的安全检查小组，每月对车间的生产、设备安全进行大检查，以此为契机，通过自查互查，对存在的问题加以整改完善，为实现安全目标打下坚实的基础。认真细致地做好安全防护用品的规范使用。始终依照安全生产目标，在生产现场进行认真指挥，严格监督安全生产作业。在工作中督促员工穿戴好劳动保护用品，如绝缘手套、安全帽、电工鞋、护目镜等，同时积极配合车间进行安全隐患排查活动，在立足本岗位工作的同时，结合生产实际找出工作中的不足之处，制定切实可行的整改方案和意见。几年来，向公司、采矿部提安全合理化建议 28 条，一些已得到落实整改。在我的带领下，机组认真开展安全生产活动，增加了安全氛围，安全生产工作始终充满活力和动力。几年来，机组没有发生任何设备人身事故，并实现安全生产"四个为零""三个达标"，被公司评为"安全生产优秀合格组"。同时，还注意作业现场的安全生产管理，结合工作实际情况，坚持"三查""三必保""三不伤害"制度，"三查"即小组员工每班分三次检查本岗位事故隐患，小组安全员检查班中是否有违章违纪情况，机长检查安全生产规定是否在岗位上得到落实。"三必保"是个人必保人身安全、岗位必保设备完好、全组必保事故为零。"三不伤害"即不伤害自己、不伤害他人、不被他人伤害。安全是一个共同的目标，作为本岗位的员工，不但负责生产的产量，还要负责打孔的质量，更要负责本岗位的安全。

四　视设备如亲友，在现场建立和谐关系

一个事故的发生，如果当时在现场，我们就能准确地判断出是哪部分出了问题，或哪个环节出了问题，这无形中就节约了处理事故的时间，避免人力、劳力的浪费。

加强设备管理，使设备更好地服务生产。要想设备好，首先要管好设备，这样才能在矿山生产中充分发挥设备生产的作用。多年来，在工作实践中，我渐渐地摸索总结出一套设备管理工作方法，以促进设备周期延长为目的，认真查找工作中的不足，有针对性地提出控制措施，制定相关的实施计划，落实机组人员负责制、维护保养制，并定期考核。坚持把重点放在设备的维护保养及督促整改、复查设备隐患上。设备进入大修期间，坚持跟踪监督设备的各个修理环节，要求修理厂规范化、程序化、标准化，确保大修设备保质保量如期完成，确保第一项修理基础的巩固，赢得更好的生产条件。2014 年 8 月上旬，2 号牙轮钻进行设备大修，我配合好维修车间修理人员充分落实各个修理项目，并提出一些整改意见，大修期间还组织机组员工利用不当班的时间协助修理工清洗设备油污油渍，落实

大修各项环节并保证修理质量。几年来，我抓这项制度落实得到充分验证，设备的安全使用周期也得到大幅度提高。

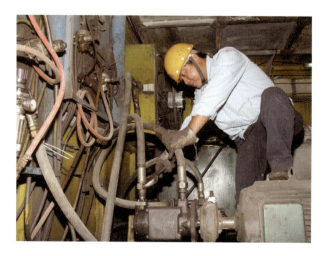

突出现场治理措施的落实。每天上班，我总是第一个到机台，除检查设备状况外，对生产的每个环节都不放过，每天正常巡视，检查生产记录，常年走动在控制室、机窜里，掌握设备的运行状况，精心管理，经常巡视检查生产现场，做到监控管理、隐患查找和整改有账、有总结，对存在的问题提出改进措施和整改计划，以强烈的责任感确保设备的正常运行。对事故的判断也很重要。一个事故的发生，如果当时在现场，我们就能准确地判断出是哪部分出了问题，或哪个环节出了问题，这无形中就节约了处理事故的时间，避免人力、劳力的浪费。如2013年12月的一天，2号牙轮钻空压机风路到达钻头的风压不足，造成空压机安全阀排见、卸荷，孔中的渣块排不上孔面，钻杆也给卡死了。经维修人员检查，认为是上大架固定无缝钢管弯头堵塞（因为我们矿山生产用的水含杂质较多，容易在钢管内部形成一层水垢，有时可以把原来的三寸管内部堵得剩下一个小口）。据此准备劳力和相应吊车设备折大架钢管，在修理时间上将严重影响机台的生产进度。经仔细检查，我发现在回转箱入风口上有少量的高压管碎片，所以我认为应该是大架高压风管内部破损、爆裂，造成管内部分堵塞，但整条风管从外部看是完好无损的，有可能是风压在风管中受阻造成风路压力达不到钻孔要求。对此经更换高压风管后，故障也就排除了。每周对配电柜进行除尘工作，空压机透平油每季度更换一次，空气过滤网每月清洗一次，经常性地检查行走单排链条注油保养、液压部分钢管接头有无漏油现象，使每一个危险点和隐患点"可控""在控"，从而提高了机组安全管理水平和设备健康水平。以设备管理优促进劳动竞赛的顺利进行，在参加公司、部开展的文明生产劳动竞赛中，几年来本机组以故障率低、开动率高成绩名列前茅，多次获得公司、部的奖励。设备的维护、保养及完好率几年来在同类机型中领先创优。

五　管理者不好当，肩上的担子更重了

国家提倡"工匠精神"，我想这些"工匠"们在各自的岗位上应该都有十多年、二十多年或更长的时间，靠长年累月积累出来的工作经验，不断地试验、创新，才能得出正确的结果。

加强生产管理，努力多做贡献。我始终牢记自己是一名共产党员，要处处起到模范带头作用，这样才能充分调动本机组人员的积极性和主动性，从而确保各项生产的全面完成。2013年春节期间，为保证节后恢复生产不影响出矿，矿山所属钻机正常生产。由于节日的因素，人心多少有些涣散，我带头坚守岗位，过年期间坚持天天上白班跟班作业，越是过节越要强调安全生产，同时维护保养好设备，到晚班还时刻了解生产情况。几十天下来，尽管工作辛苦，各台班产量和同类机型对比脱颖而出，机组产量稳创新高。又如2013年11月10日上午，正逢星期天，受强台风"海燕"影响，北一采场处于低地段的铲机、钻机设备急需往高处迁移，接到通知后，我立即赶往采场，当时采场已是风雨交加，能见度很低，此时是和时间在赛跑，早点移机上去，就是最大的安全。通过车间领导和员工的共同努力，终于把铲机、钻机等设备安全移到指定地点停放。

我坚持把工作体会、经验和技术方法记录下来，并且用于实际中。作为钻机技师，就应是本行里的行家能手，从这点出发，刻苦钻研业务知识，不断学习新技术、新知识，做到一专多能。刚当机长那年，新进的牙轮钻机技术性能和操作系统与潜孔钻机有较大的区别，特别是液压系统这块，比原来潜孔钻机的更复杂，还新增加了加压系统，为了尽快掌握此机性能，我不耻下问，向专家、技术工程师请教并潜心钻研，使得自己很快

上手并教会机员独立生产，而且日后成功地将三项技术革新用于矿用牙轮钻机，并使用至今。这三项技术革新分别是：（1）牙轮钻机副卷钢丝绳改装。原来的钢丝绳从底部滚筒出来到大架顶部是单层结构，在大架顶部设了2个导向轮，从大架顶部下来后是双层运作，最底部配有1个能承受5吨压力的轨道吊钩，平地起吊物体还可以，但在吊链条上大架高空时，两条钢丝绳由于受力不平衡，很容易打扭，我和一位机员当时在大架半空解钢丝绳时，都差点让它夹到手，确实太危险了。改装是在机大修的时候，整个大架已放平，先增大钢丝绳的硬度，由11公分改为13公分，由双层改为单层，将顶部导向轮位置移到中间的中心点，经改装后，使用效果很好，为机台更换提升链条和吊钻杆及别的钻具提供了更大的方便。（2）牙轮钻机行走主动轮固定座改造。原来的主动轮座固定螺丝一个月里断三四次，而且严重时把固定座底的轨道也拉崩掉。针对该事故，我经过现场反复研究，做出以下改进：第一，加大4条固定螺丝的硬底，在螺丝底部焊接面加焊45度倒角，使螺丝的韧性得到加强，加大受力面积平衡。第二，在主动轮座底部和侧面加焊接根用以辅助主动轮行走时所受的拉力，以达到受力平衡的作用。（3）加压电机的改装。原来加压所用的滑差电机已严重老化，加压系数达不到打孔的要求，还容易磨损钻头。更换整套加压系统，改成交流变频无限调速电机，从改装的效果看，生产效率大幅度提高，而且对钻头的使用也大为节省。当时，我要求厂家工程师开办了短期培训班，全体机员和维修电气部门员工一起参加培训学习。毕竟对新的设备要有个初步了解过程，整个电路板就靠1个ABB柜控制，所有出现的故障都会明显显示在ABB柜的显示屏面上，这样对于修理电气这块查找故障就容易多了。三项技术改造，为公司、部、车间的生产效益做出了积极的贡献。

凭着过硬的岗位技术，我积极带领机组员工开展修旧利废、节能降耗活动，一条钻杆按份活儿一旦磨损或发现裂纹可申报更换，但我坚持焊接修补钻杆4至6次循环再利用，直至钻杆使用至极限才拉回车间进行大修。又如旧钻头的再使用，作业钻硬孔时，钻头边珠磨损是会影响钻孔的进度的，但打一般的中软孔和软层地表结构，还是有潜力可挖的。经过论证实践，旧钻头的再利用不逊色于新钻头的穿孔速度，所以我坚持新旧钻头并用，一年下来，仅旧钻头的再利用于生产这项就为车间节约了十多万元的成本开支。

　　我们为什么要创新？我个人认为，就是因为我们在工作生产中，经常遇到容易反复出现的问题和出事故的位置，而且伴随着不安全因素的出现，或是某一设备在生产中造成极大的消耗，甚至是浪费的时候，也就是诱发我们创新的时候，创新只能从小事做起，从平时工作中的小改革做起。现在国家提倡"工匠精神"，我想这些"工匠"们在各自的岗位上应该都有十多年、二十多年或更长的时间，靠长年累月积累出来的工作经验，不断地试验、创新，才能得出正确的结果。

六　团队的荣誉与力量

　　"有了团队的荣誉，才有个人的荣誉。"也正是有了团队协作精神，我们机组于 2013 年拿了两个大奖，一个是"全国工作先锋号"，一个是"全国安康杯优胜小组"。

　　我注重班组的凝聚力，主动关心爱护组员，和谐的班组气氛，得益于人性化的民主管理。无论是工作上的要求还是员工年休假的安排，机组都按照车间的要求，做到公平、公正、公开，人员出勤率达 100%。把员工的安危冷暖放在心上，在积极响应并做好部工会、车部工会"送温暖、献爱心"活动的同时，注意人员之间的团结友爱，从思想上、工作上、生活上关心和爱护他们，人性化的管理，营造了机组团结、稳定，积极向上的良好氛围。如经常了解掌握组员的思想动态和近况，消除一些不良的浮躁情绪，无论是组员生活还是工作上遇到困难的时候，我都会组织大家围坐一起，相互商讨解决的对策。

　　"有了团队的荣誉，才有个人的荣誉。"也正是有了团队协作精神，我们机组于 2013 年拿了两个大奖，一个是

"全国工作先锋号"，一个是"全国安康杯优胜小组"。我个人也于2014年获得全国五一劳动奖章和"全国钢铁工业劳动模范"称号，并于2016年1月被公司聘为土石方操作主管技师，土石方行为包括钻机、电铲、反铲、装载机等，现在工作范围扩大了，也意味着责任更大，也可以说是任重道远吧。

致敬词

　　1600万吨的年采剥总量背后，是他365天的夜以继日；亚洲第一富铁矿之上，是他带领轮钻机组的兢兢业业。这是常人眼中脏、苦、累、险的活计，可在他眼中，这是要为之殚精竭虑的工作目标。术业有专攻，他将轮钻机组做出学问，创新生产管理，向技术要效益，向团队要协作。

　　以身作则，是他身为组长的表率；不耻下问，是他作为劳动者的敬业精神。他带领的轮钻机组，可以为不延误进度，在雨中爬上大架作业。他用自己的双手和智慧，钻出累累硕果，为社会创造了奇迹。

　　致敬——海南矿业公司轮钻机组机长郑文峰！

附录 书面访谈提纲

个人简介（500字以内）

一、家庭情况

1. 方便的话，聊聊您小时候的家庭情况。

2. 在您成长的道路上，父母分别扮演了什么角色？有没有印象特别深刻的事情？

3. 您有兄弟姐妹么？对您来说，兄弟姐妹对您有过哪些帮助？有没有令人难忘的故事？

4. 若方便，谈谈您现在的家庭。您在家庭中扮演什么角色？家人给了您哪些支持？

二、受教育情况

1. 请您谈谈自己的受教育经历。有没有令你终生难忘的老师、同学和校园故事？

2. 怎么看待自己的学业？学习的收获是什么？

3. 您的技能是从哪里学来的？很多人初中毕业后一般都会选择就读高中或中专，您为什么选择了职业院校？

4. 在受教育方面，有没有遗憾？如果有，是什么？为什么？

三、职业发展情况

1. 请您谈谈自己的职业经历。您是怎么转到现在的职业上来的？每一次职业更换是怎么发生的？哪些因素起了重要影响作用？

2. 第一份工作是什么？还记得自己刚参加工作时的情形么？自己是怎么适应工作岗位的？

3. 进厂的时候，有没有您特别敬佩的师傅？他对您的帮助具体体现在什么地方？

4. 在什么情况下考虑自己创业的？创业过程中有哪些难忘的故事？

5. 从什么时候开始，自己的职业开始稳定下来？自己的技能是怎么炼成的？有没有记忆犹新的故事？

6. 在您看来，自己现在从事的职业怎么样？怎么看待自己所处的行业？

7. 您是如何看待创新的？您觉得，作为一名产业技术工人，怎样才能实现创新？

8. 对于非物质文化遗产传承，最大的困难是什么？

四、荣誉获得

1. 您获得的第一个荣誉是什么？还记得当时的情形吗？对当时的你而言，这个荣誉意味着什么？你怎么看待这个荣誉的？

2. 后面又获得了哪些荣誉？到现在总共获得了多少荣誉？在所有荣誉中，您最在乎的荣誉是哪个？为什么？

3. 在您获得荣誉之后，您的同事怎么看你？有没有因为荣誉而带来烦恼？为什么？

4. 现在，您是怎么看待荣誉的？有没有带出更多获得各种荣誉的徒弟？

5. 您的工作室是如何成立的？有哪些成绩？您对于技艺传承有什么样的心得体会？

6. 您的家人怎么看待您所获得的荣誉？荣誉背后有着什么样的故事？

五、未来展望

1. 您是怎么来中国劳动关系学院读书的？是怎样一个过程？初衷是什么？

2. 您来中国劳动关系学院学习以后，家里怎么办？单位怎么办？有什么困难？

3. 从全国劳模（五一劳动奖章获得者、大国工匠）到大学生，您觉得学习中的最大挑战是什么？

4. 学成之后，您最想做什么？还有什么目标和心愿吗？如何去实现？

5. 经过一年多大学校园生活，收获是什么？

6. 在个人成长、成才、成功的道路上，您觉得什么样的品质最重要？为什么？

后 记

　　即将为这本劳模口述史画上句号之时，各种思绪涌上心头。2005 年 9 月，硕士刚刚毕业、登上大学讲台的我，第一堂课是为 2005 级劳模班学员讲授"社会学概论"。自那时起，我开始接触这个特殊的大学生群体——劳模班学员①。当时，在劳模学员中，年龄最小的也比我大一点，年龄大的已四十多岁。在为他们授课的过程中，我在扮演教师角色的同时，得以有机会领略这些我从小敬重、一直觉得离自己很遥远的劳模们的风采。因为这份敬畏，我在课堂上设置了一个环节：每一次课的前二十分钟，我请两到三名劳模学员到台上分享他们的经历或故事，题材不限。之后，我再进行点评，然后开启自己的授课。于是，我从火车司机那里知道了把着火的脱轨火车平安地开到站台扑火的惊险故事，从交警劳模那里我知道了每一个交通指挥标准手势背后的含义与分量，从一位年轻村支部书记那里，我知道了他十几年来呕心沥血带领乡亲们在一个荒芜的土坝上建造乡村集市的复杂历程……时间久了，我感觉他们每个人都是一部传奇，从他们身上，我不仅切实感受到以他们为杰出代表的劳动者的伟大，也从他们的经历中感受到每一位劳模作为普通人的心路历程，更感受到"平凡孕育伟大"的艰辛。

　　时光如白驹过隙。闭目想来，我来中国劳动关系学院工作已经 12 年有余，迈入第 13 个年头了。这期间，因为工作岗位变更的缘故，未能一直坚持给劳模班上课。回头看来，我有幸给 2005 级、2006 级、2010 级、2016

---

① 劳模班是 1992 年国家为全国劳动模范和五一劳动奖章获得者做出的一项制度安排，只要具有前两者中的任何一种荣誉，即可免试到中国劳动关系学院攻读成教本科（社会工作专业），毕业后获得干部身份。目前的学制为四年（前两年脱产，后两年函授），学员主要来自一线产业工人，也有少数公务员、农民、企业家。

级劳模班上过课。今年3月，我再次回归讲台，给2016级劳模班讲授"劳动关系概论"，为更好地帮助他们理解这门课的一些概念和原理，我沿袭了以往的做法，请他们讲述自己的经历。只是这一次，我将分享主题限定在职业范畴，请他们着重讲述与其职业、单位、行业相关的内容。巧的是，为弘扬劳模精神、彰显办学特色，学校官微开设了"身边劳模"栏目，每一期推送一位劳模学员的事迹，展示劳模风采，由于工作需要，我对他们的劳模事迹提前都有所了解。当现场讲述与事迹材料相遇时，却给了我一种冲击，那就是，他们的现场讲述远比他们的事迹材料立体得多、丰富得多，也更人性化、故事化。在与他们沟通交流过程中，我知道了更多他们作为普通人的小故事，进而感觉到在骄人的荣誉背后，他们还有着各种各样的酸甜苦辣。今年4月，在参加赵旭东老师主持的公正读书小组读书会时，我向他汇报了这一体会，老师建议："你可以做做他们的口述史，深挖他们背后的故事，这很有价值。"在导师的启发下，我萌生了为他们编著口述史的想法，经过反复思考和仔细筹划，最终下定了决心。

一般而言，通过事迹材料和媒体宣传来了解和认知劳模的时候，劳模的形象往往容易呈现脸谱化、概念化等特征，从而在一定程度上弱化了劳模精神的感染力。而有意识地运用口述访谈的方法，可以获取那些无法从事迹材料中得到的资料，进而能够更加全面、细致、深入、准确地了解一位劳模的成长历程。一滴水可以折射出太阳的光辉。其实，每一位劳模的口述史，也能够折射出时代变迁对一个人微观命运的影响，同时也反映出家庭、单位、时代等多种变量综合作用的途径及结果。这个时候，读者就不仅仅是在阅读劳模的事迹材料，而是在感受劳模作为普通人的酸甜苦辣和情感世界，在这一过程中，劳模们会变得更加可亲可爱可敬。于是，劳模精神不再遥远，更具感染力。

决心好下，实践复杂。我原计划是，设计一份详细的访谈提纲，然后对每位劳模学员进行结构式访谈并同步录音，再根据录音整理出他们的口述文稿，最后再进行编辑。但是，很快我发现这样做有几个困难：一是部分学员不善言辞，很少发言，也不愿到讲台上分享，沟通起来有较大困难；二是一些学员已经习惯了事迹报告会的风格，一开口就不自觉地回到了事迹材料里的内容，于是就不能感受到他们作为普通人的喜怒哀乐；三是这种方式耗时太长，精力难以保障；四是我以老师的身份访谈他们，会让他们多少感受到一定压力，不能放松，总以为与考试中的问答一样。鉴于这些考虑，我最后放弃了这种模式。那该怎么办呢？思虑再三，我决定换一种方式请他们口述。即先熟读他们每个人的事迹材料，再根据他们的共性设计出一个口述史框架。然后，根据每个人的事迹轮廓或材料中反映的一些有叙事价值的线索，我对每位学员进行个性化点评和针对性指导，再请他们根据个人实际情况把自己的故事分为成长历程、职业发展、荣誉获得、未来展望四个部分写出来。为提高文稿质量，我在课堂上对他们进行了专题辅导，从框架到内容、从文风到体例，都做了详细讲解。可我还是不放心，最后使用了一个最现实的方法来克服疑虑——限定字数，请他们尽量少用形容词、副词，多用记叙文的写法讲述自己的点点滴滴，且不少于一万字。给了他们一个半月的撰写期限，其间，我还委托他们班学习委员多次督促。从6月中旬到8月下旬，用了两个多月才将原始素材收集完整。可是，当静下心来，阅读完他们的文稿后，我再一次陷入纠结。实事求是地讲，在二十多篇文稿中，能达到我预期基本水平的不超过五篇。这时，我才意识到，真正的困难才刚刚开始。如果停下，前功尽弃；如果继续，工程浩大。

非线性是生活的一个基本特点，没想到一次偶然聚会带来了转机。经硕士同学于占杰博士引荐，在一次朋友聚会时结识了社会科学文献出版社的任文武主任，他听说这个情况以后，对我的这一想法很是支持，并表示将努力帮我完成这个目标，还帮我推荐了资深编辑。在朋友的鼓励支持下，我选择了继续前行。令人欣慰的是，这些劳模学员提交上来的文稿，已经不再是事迹材料的风格，而是提供了很多鲜活的素材，有他们的个人成长、有他们的崎岖坎坷、有他们的情感交织……应该说，虽然文稿不够成熟，但有了两方面的突破：一是素材更为充实；二是留下了更多的故事线索。有了这些，为我上手编辑提供了很好的基础。在修订文稿的过程中，我按照口述史风格进行文字调整，一方面尽量保持朴素、平实的文风，另一方面尽量让故事完整、让语句通顺。从重新拟定标题到基本勾勒出一个相对完整的故事模样，又过去了两个多月。每编辑好一位学员的故事，就将故事文本反馈给学员本人征求意见，请他们认真研读、查漏补缺，确认故事文本的准确性，并提出修改意见建议。在请所有学员反馈意见以后，将故事文稿交给编辑进行排版打印，然后将样稿再次交给学员本人审校，进一步修改完善。文本确定以后，经每一位劳模学员授权同意，启动了出版的后续程序。

起初，打算在编辑好一位学员的故事后，就根据该学员的故事进行分析点评。而实际上，在阅读、消化、编辑他们故事的过程中，多次心生酸楚、眼睛湿润，进而发现不管我的分析是否深刻到位，都将苍白无力。因为我不是故事的主人公，所以就无法体会到那种心境，更无法用所谓主观中立、理性逻辑来解读，我唯一能做的是清楚而准确地表达我的感受、我的敬畏。于是，我决定在每一个故事的最后用简短有力、特点鲜明、感情充沛的致敬词来表达心情。在撰写致敬词的时候，又广泛征求了劳模学员、同事、编辑的意见，最后才确定下来。

从与2016级劳模班学员有缘结识到这本口述史出版，我先后经历了多个角色的转换：首先是一名传道者，在课堂上我要认真扮演一个教师的角色，为他们讲授一些基本原理和学术概念；其次是一名聆听者，在他们讲述经历、分享故事的时候，我在倾听中加深了对他们职业的了解，知道了一个行业的一线生态；再次是一名编辑者，根据他们的事迹，拟定叙事框架，找到每位学员的特点，再根据他们的书面表述对口述文稿进行二次加工，绞尽脑汁想题目、反复琢磨定结构、用心体会讲故事、尽量客观留本色，经过多次与劳模学员互动打磨，基本完成故事文本的表述；最后是一名读者，当他们的故事成为白纸黑字、散发墨香的时候，我成为这本口述史的第一个读者，每一次阅读都让我感慨、给我力量。

这本书得以出版，我心中充满感激。衷心感谢这17位劳模学员的积极参与，尤其对于有一定难度的同学，我知道他们曾经经历过很多艰辛，而把这些故事用文字表达出来，或许更艰辛，但是他们坚持下来了，而且黄景图、梁艳花两位学员还为大家奉献了很多，在历次的打磨中也充分彰显了劳模精神。衷心感谢学院，正是因为劳模班的开设，我才有机会与他们近距离接触；也正是在学校科研政策环境持续改善中，本书得到了学院科研经费的有力支持，衷心感谢以燕晓飞教授为处长的科研处所有同事；也衷心感谢大国工匠与劳动模范研究所所长杨冬梅教授及所里各位同仁的大力支持。衷心感谢我的博士生导师赵旭东教授，自2005年师从赵老师研究人类学以来，虽然自身的人类学理论基础很是薄弱，但十余年的耳濡目染和在公正读书小组学习交流氛围中的长期浸淫，使我具备了一定的专业敏感性和田野调查的基本功；也是赵老师为这本书的诞生埋下了学术种子，让我获得了坚持前行的精神动力。衷心感谢社会科学文献出版社的任文武主任和连凌云编辑，正是有了这两位匠心编辑的鼓励、支持与鞭策，才将我的想法变成具体的实践。有意思的是，据任主任讲，他的网名一直是"编书匠心"，十余年来，他坚持用匠心自勉。没想到，十余年后，"大国工匠"和"工匠精神"成为社会热词，引起了全社会的高度关注，这也算是一种冥冥之中的缘分吧。连凌云老师是一位具有丰富出版经验的编辑，眼神中总闪烁着智慧的光芒，而在润饰文字中又有浓厚的人文情怀，在不急不躁中帮助我实现了文本的蜕变与升华。文至此处，忍不住再向两位仁兄道一声"谢谢"，他们的努力着实体现了出版人精益求精的匠心。

党的十九大报告提出，要"弘扬劳模精神和工匠精神，营造劳动光荣的社会风尚和精益求精的敬业风气"。习近平总书记曾深情指出，劳动模范是民族的精英、人民的楷模，是坚持中国道路、弘扬中国精神、凝聚中国力量的楷模，是最美的劳动者。劳模精神和工匠精神丰富了民族精神和时代精神的内涵，生动诠释了社会主义核心价值观，是伟大时代精神的生动体现。进入新时代，站在新的历史方位，我坚信，只要以劳模精神和工匠精神为引领，最充分调动广大劳动人民的积极性、主动性和创造性，就一定能最大限度地聚合起人们饱满的奋斗热情，激发起全社会昂扬的拼搏斗志，从而为早日实现中国梦提供强有力的精神支撑。

向中国劳模致敬！

李　珂

2017 年 12 月 31 日

于北京市海淀区增光路 43 号院

图书在版编目（CIP）数据

中国劳模口述史. 第一辑 / 李珂编著. -- 北京：
社会科学文献出版社，2018.3（2018.5 重印）
ISBN 978 - 7 - 5201 - 1992 - 4

Ⅰ.①中⋯　Ⅱ.①李⋯　Ⅲ.①劳动模范 - 先进事迹 -
中国 - 现代　Ⅳ.①K820.7

中国版本图书馆 CIP 数据核字（2017）第 314563 号

中国劳模口述史（第一辑）

编　著 / 李　珂

出 版 人 / 谢寿光
项目统筹 / 任文武
责任编辑 / 连凌云

出　　版 / 社会科学文献出版社·区域发展出版中心（010）59367143
　　　　　　地址：北京市北三环中路甲 29 号院华龙大厦　邮编：100029
　　　　　　网址：www. ssap. com. cn
发　　行 / 市场营销中心（010）59367081　59367018
印　　装 / 三河市东方印刷有限公司

规　　格 / 开　本：787mm × 1092mm　1/16
　　　　　　印　张：16.75　字　数：276 千字
版　　次 / 2018 年 3 月第 1 版　2018 年 5 月第 2 次印刷
书　　号 / ISBN 978 - 7 - 5201 - 1992 - 4
定　　价 / 68.00 元

本书如有印装质量问题，请与读者服务中心（010 - 59367028）联系